Jürgen Bevers
Der Mann hinter Adenauer

Jürgen Bevers

Der Mann hinter Adenauer

Hans Globkes Aufstieg vom NS-Juristen zur Grauen Eminenz der Bonner Republik

Ch. Links Verlag, Berlin

Abbildungsnachweis

Bildarchiv des Bundesarchivs/Presse- und Informationsamt der Bundesregierung: S. 9 rechts (B145-00008292)
Bildarchiv Preußischer Kulturbesitz, Berlin: S. 9 links
Dirk A. Frenkel: hintere Umschlagklappe
picture-alliance/dpa: Cover

Die Deutsche Nationalbibliothek verzeichnet diese Publikation in der Deutschen Nationalbibliografie; detaillierte bibliografische Daten sind im Internet über http://dnb.d-nb.de abrufbar.

1. Auflage, April 2009

Schönhauser Allee 36, 10435 Berlin, Tel.: (030) 44 02 32-0
www.christoph-links-verlag.de; mail@christoph-links-verlag.de
Umschlaggestaltung: KahaneDesign, Berlin,
unter Verwendung eines Fotos von
Konrad Adenauer (li.) und Hans Globke
im Januar 1963 in Bonn
Satz: Ch. Links Verlag, Berlin
Druck und Bindung: Freiburger Graphische Betriebe, Freiburg

ISBN 978-3-86153-518-8

Inhalt

»In fide firmitas« – »In Treue fest«

Wahlspruch der katholischen
Studentenverbindung »Bavaria Bonn«,
der Hans Globke angehörte

Vorwort

Dieses Buch basiert auf einer Fernsehdokumentation, die mein Kollege Bernhard Pfletschinger und ich im Jahr 2008 für den deutsch-französischen Kulturkanal ARTE und den Westdeutschen Rundfunk realisiert haben. Globke als umstrittene politische Persönlichkeit der frühen Bundesrepublik war in unserer Jugend Ende der 50er, Anfang der 60er Jahre ein immer wiederkehrendes Ärgernis der Adenauer-Ära. Für uns war Hans Maria Globke nicht nur der engste Berater des Bundeskanzlers Konrad Adenauer, sondern er war vor allem ein Mann mit einer braunen Vergangenheit, die ihn als einen Kommentator der nationalsozialistischen Rassegesetze immer wieder einholte. Ich habe zum Beispiel nie meine erste *Spiegel*-Ausgabe vom 15. Februar 1961 vergessen oder weggeworfen, in der ich auch einen Artikel über Globke unter dem ironischen Titel »Ein unbedeutender Mann« gelesen hatte. Es ging unter anderem um Globkes »Bikini-Erlass«, wie der *Spiegel* ihn süffisant nannte. Danach war eine Weisung Globkes aus dem Jahr 1944 aufgetaucht, in der er die Standesämter bei »Eheschließung von deutschen Staatsangehörigen mit Protektoratsangehörigen« aufforderte: »Die Aufnahmen für die dem Untersuchungsbogen beizufügenden Lichtbilder sind bei Frauen grundsätzlich im Badeanzug zu machen.« Die bislang verwendeten Nacktfotos von Bräuten aus dem Protektorat Böhmen und Mähren sollten zeigen, ob sie die erbbiologischen Voraussetzungen für eine Ehe mit einem deutschen Vorzeigearier erfüllten. Da sorgte sich nun der gute Katholik und Beamte im Reichsinnenministerium tatsächlich um Moral und Schamgefühl, während Millionen Menschen nackt in die Gaskammern getrieben wurden. Diese »Enthüllung« von Globkes Aktivitäten ausgerechnet mitten im Bundestagswahlkampf war damals auch vielen christdemokratischen Politikern eher peinlich. Aber wie immer wurde über Rücktrittsforderungen nur getuschelt und am Ende die Frage gestellt, auf die niemand eine Antwort wusste: Wie bringt man es »dem Alten« bei? Adenauer hielt eisern an seinem treuesten Diener fest – wohl auch, weil der greise Kanzler inzwischen nur noch mit Hilfe der gut und lautlos funktionierenden Maschinerie des Bundeskanzleramts unter Globke regieren konnte.

Im selben Jahr, 1961, begann in Jerusalem der Prozess gegen Adolf Eichmann, den Organisator der Massendeportationen der europäischen Juden in die Vernichtungslager. Einmal mehr stand Adenauer Globke zur Seite und sorgte dafür, dass sein Intimus nicht als Zeuge vor Gericht erscheinen musste. Trotz wiederkehrender Anschuldigungen und Vorwürfe gegen Globke blieb der Ministerialbeamte der Nazis und Staatssekretär Adenauers eine undurchsichtige Figur, ein Mann, der sich meist dezent im Hintergrund hielt und das Licht der Öffentlichkeit so weit wie möglich mied. Kritisch aufgearbeitet wurde seine Geschichte nie. Als er 1963 mit Adenauer von der Bonner Regierungsbühne abtrat, geriet der einst so umstrittene Globke weitgehend in Vergessenheit. Heute dürfte er den meisten Deutschen, vor allem den jüngeren, kein Begriff mehr sein.

Globke als Bonner Schlüsselfigur kam auch uns erst wieder in den Sinn, als wir über ein Filmprojekt zur Entstehung der Bundesrepublik nachdachten, eine Dokumentation, die sich mit den entscheidenden politischen Weichenstellungen in Westdeutschland und der jungen Bundesrepublik auseinandersetzen sollte. Als wichtigster Berater Adenauers hat Globke diese Entwicklung entscheidend mit beeinflusst. Aber welche Macht hatte Globke eigentlich? Wer war der scheue Aktenleser und devote Adenauer-Intimus, der gläubige Katholik, der zugleich Verfasser eines juristischen Kommentars zu den »Nürnberger Rassegesetzen« war? Fragen, auf die wir Antworten finden wollten. 60 Jahre nach Gründung der Bundesrepublik schien uns eine Beschäftigung mit dieser schillernden Figur längst überfällig.

Da wir nur einen Teil unserer umfangreichen Recherchen und Interviews im Film verarbeiten konnten, entstand die Idee zu diesem Buch, das Globkes Rolle noch umfassender darstellen kann. Mein Kollege Bernhard Pfletschinger konnte aus Zeitgründen an

Loyaler Beamter unter verschiedenen Herren: Hans Globke als Ministerialrat im Reichsinnenministerium 1940 (links) und als Ministerialdirigent im Bundeskanzleramt am 19. Februar 1951 (rechts)

diesem Projekt nicht teilnehmen, aber es stützt sich natürlich auch auf Ergebnisse unserer Zusammenarbeit, ergänzt durch weitere Recherchen. Dieses Buch ist keine erzählende Biographie, die sich darauf konzentriert, Globkes Leben nachzuzeichnen, sondern versucht, Globkes Handeln in seinem gesellschaftlichen Umfeld und seinen ideologischen Bezügen erklärbar zu machen. Dazu bedarf es manchmal etwas ausführlicherer Erläuterungen dieser Bedingungen, weil nur so die scheinbaren Widersprüche in Globkes Auffassungen und Handeln zu begreifen sind. Und es ist eine journalistische Arbeit, die eine immer noch ausstehende kritische wissenschaftliche Beschäftigung mit der Biographie und der Bedeutung Hans Maria Globkes weder ersetzen kann noch will. Eine lückenlose Bewertung von Globkes verschiedenen politischen Rollen wird auch erst dann möglich sein, wenn der gesamte Nachlass in der Konrad-Adenauer-Stiftung zur Einsicht freigegeben wird, was bis heute nicht der Fall ist.[1]

Die Kinderjahre der Bonner Republik

Der unaufhaltsame Aufstieg des ehemaligen Ministerialbeamten im Reichsinnenministerium Dr. Hans Maria Globke ist undenkbar ohne die enge Zusammenarbeit mit Konrad Adenauer, dem ersten Bundeskanzler der neugegründeten Bundesrepublik. Eine Beziehung, die in der Nachkriegszeit begann und erst mit dem Ende der Ära Adenauer im Jahr 1963, dem gemeinsamen Schritt in den Ruhestand endete. Globke wurde in dieser Zeit zum Schatten des Kanzlers, zum zweitmächtigsten Mann der Republik. Eine Karriere, die ohne den eigensinnigen Führungsstil Adenauers, ohne die besonderen Umstände des Neuanfangs und ohne das spezielle Bonner »Klima« so nicht stattgefunden hätte und nicht zu verstehen ist.

Schon die Kür des rheinischen Provinzstädtchens, der ehemaligen kurfürstlichen Residenz, zum politischen Mittelpunkt der neuen Bundesrepublik, war geprägt von den Winkelzügen des »Alten«, der hier zusammen mit seinem treuen Diener 14 Jahre lang das Regiment führen sollte.

Am 10. Mai 1949 wählte die verfassunggebende Versammlung, der Parlamentarische Rat unter dem Vorsitz von Konrad Adenauer, Bonn zur provisorischen Bundeshauptstadt. Der Rheinländer Adenauer hatte sich schon bald nach dem Krieg gegen Berlin als Hauptstadt gewandt und gefordert, »dass wir unter allen Umständen erstreben müssen, das politische Schwergewicht Deutschlands, das so lange in Berlin gelegen hat, von Berlin fort zu verlegen, selbst wenn Berlin nicht von Russen besetzt wäre«.[1] Im März 1946 erklärte der Katholik in Anspielung auf seine Zeit als Vorsitzender des Preußischen Staatsrats in der Weimarer Republik: »Trotzdem die Berliner manche wertvollen Eigenschaften aufweisen, habe ich damals schon immer in Berlin das Gefühl gehabt, in einer heidnischen Stadt zu sein.«[2] Adenauers Widerwille gegen alles Preußische, das sich in der Reichshauptstadt Berlin für ihn manifestierte, ging einher mit einer ausgeprägten Ablehnung des Ostens. Auf seinen Zugfahrten nach Berlin pflegte Adenauer ab Magdeburg die Vorhänge zuzuziehen, »damit ich diese asiatische Steppe nicht sehen musste«.[3] Aber es gab auch politische Einwände. Spätestens nach der sowjetischen Blockade 1948 schien Berlin als geteilte Stadt mitten in der sowjetischen Besatzungszone zu gefährdet als Sitz einer künftigen westdeutschen Regierung.

Daraufhin hatten sich mehrere Städte um den Hauptstadttitel beworben, wobei Frankfurt am Main als Tagungsort der Nationalversammlung, der ersten frei gewählten Volksvertretung für ganz Deutschland (1848/49) den stärksten Symbolcharakter für einen demokratischen Neuanfang und eine gute Infrastruktur aufzuweisen hatte. Der nordrhein-westfälische Ministerpräsident Karl Arnold (CDU) schlug mit Rückendeckung des britischen Militärgouverneurs, der die Bundeshauptstadt in die eigene Besatzungszone holen wollte, dem Parlamentarischen Rat die Stadt Bonn vor, die mit der früheren Tourismusregion Bad Godesberg–Königswinter–Bad Honnef über viele Räumlichkeiten verfügte, die nicht den Bomben zum Opfer gefallen waren. Konrad Adenauer hatte zuvor für Koblenz oder Bad Ems plädiert, aber er nahm diesen Vorschlag auf, auch wenn er augenzwinkernd zunächst darüber geklagt hatte, wie er denn wohl bei Nacht und Nebel von seinem rechtsrheinischen Wohnort Rhöndorf mit der Fähre ins linksrheinische Bonn kommen könne: »Soll denn die SPD alleine rejieren?«[4]

Dennoch machte Adenauer sich jetzt stark für das rheinisch-katholische Bonn als künftige Hauptstadt gegen den Konkurrenten Frankfurt. Mit den Umständen der Wahl hatte Bonn auch gleich seinen ersten Politskandal oder treffender: eine politische Provinzposse, bei der Adenauer Regie führte.

Eigentlich war die von den Sozialdemokraten unterstützte Stadt Frankfurt Favorit für die Abstimmung, denn sie wurde zunächst auch von den CSU-Vertretern bevorzugt, da die CSU-Spitze ungern eine Hauptstadt nördlich des Mains wollte. Doch Adenauer präsentierte den Bayern kurz vor der Abstimmung eine von CDU-nahen Journalisten gefälschte Agenturmeldung. In dieser »geheimen Meldung«

wurde kolportiert, der SPD-Vorsitzende Kurt Schumacher habe behauptet, eine Wahl Frankfurts wäre »eine Niederlage für die CDU/CSU«.[5] Mit diesem Trick brachte Adenauer die CSU auf Linie. Als Schumacher die angebliche Äußerung später energisch dementierte, interessierte das niemanden mehr. Der Parlamentarische Rat hatte sich für Bonn entschieden.

Ähnlich trickreich ging Adenauer vor, als die SPD im frischgewählten Bundestag noch einmal eine Abstimmung über die Wahl der Bundeshauptstadt verlangte. Der Abschlussbericht der Hauptstadtkommission, der bei der Abstimmung vorgelegt werden sollte, plädierte aufgrund der wesentlich geringeren Kosten und der besseren Infrastruktur eindeutig für Frankfurt. Um Gegenargumente zu sammeln, wandte sich Adenauer an den amerikanischen Hohen Kommissar, John Jay McCloy. Dessen Ehefrau Ellen, eine geborene Zinsser, war eine Großcousine von Konrad Adenauers Frau Gussi, geborene Zinsser. »Die Großväter seiner Frau und von Frau Adenauer waren Brüder. Frau Adenauers Großvater war mit seinen Brüdern nach Amerika ausgewandert, aber später nach Köln zurückgekehrt. Während McCloys Zeit in Deutschland wurde über diese Verbindung der Mantel des Schweigens gelegt, da es weder für McCloy noch für Adenauer besonders hilfreich gewesen wäre, wenn der Eindruck der Begünstigung entstanden wäre.«[6] Adenauer versuchte aber nicht nur McCloy einzuschalten, sondern versah seinen neuen Mann für alle Fälle, Hans Globke, mit einem Spezialauftrag, der bereits 1948 auf Empfehlung anderer CDU-Parteifreunde als Berater in Personalfragen für Adenauer gearbeitet hatte. Er und Globke hatten einiges gemeinsam: Sie waren beide rheinische Katholiken und waren Mitglieder der papstnahen Zentrumspartei gewesen, bis diese sich unter Hitler selbst auflöste. In der katholisch dominierten CDU hatten beide nach dem Krieg ihre neue politische Heimat gefunden. Adenauer hatte Globkes Fähigkeiten erkannt: als Verwaltungsfachmann und verschwiegenen Vertrauten, den man auch mit besonderen Aufgaben betrauen konnte. Deshalb schickte er Globke an den Main, um vor Ort Informationen zu sammeln, die gegen Frankfurt als künftige Hauptstadt sprachen. Des Weiteren ließ er beim Frankfurter Oberbürgermeister Walter Kolb anfragen, wie viele

Schulen nicht oder kaum zerstört seien und wie viele anderweitig genutzt würden. Die Schulräume waren nämlich für Büros der Verwaltung vorgesehen. In Frankfurt reagierte man gereizt auf Adenauers Vorgehen. Man sprach sowohl ihm als auch Globke eine Rechtsgrundlage für ihre Recherchen ab. Die Bonner Anfrage wurde nicht beantwortet. Globke lieferte trotzdem nach einer nur kurzen Besichtigung der Pädagogischen Akademie in Frankfurt rechtzeitig zur Abstimmung das schriftliche Ergebnis seiner Nachforschungen. Danach sei der Einzug des Bundestages in die Räume der Hochschule nicht vor April 1950 möglich.[7] Ob wahr oder nicht, Adenauer konnte dank Globke ein wichtiges Argument mehr gegen Frankfurt vorbringen.

Vor der Abstimmung ließ Adenauer ein Informationsblatt mit aus der Luft gegriffenen Zahlen verteilen, das Bonn als bessere Lösung empfahl.[8] Die CSU hatte er im Vorfeld mit politischen Versprechungen geködert; so sollte die CSU nach gewonnener Bundestagswahl unter anderem das Finanzministerium und zwei weitere Posten bekommen. Am 3. November 1949 entschied sich die Mehrheit des Bundestages für Bonn als Bundeshauptstadt. Überraschenderweise stimmte auch die Mehrzahl der Abgeordneten der Bayernpartei (die separatistische Variante zur CSU) für Bonn, obwohl sie sich vorher aus Opposition gegen Adenauer für Frankfurt entschieden hatte. Die Bonn-Gegner vermuteten, dass nicht alles mit rechten Dingen zugegangen sei. Anfang 1950 wurde ein parlamentarischer Untersuchungsausschuss, der »Hauptstadt-Ausschuss«, eingesetzt. Der *Spiegel* berichtete aus dem Innern der Bayernpartei von Bestechungsgeldern, von dubiosen Zahlungen an bayerische Abgeordnete.[9] Als Geldgeber wurden CDU-Finanzminister Fritz Schäffer und Adenauers Freund, der Kölner Bankier Robert Pferdmenges, genannt. Doch als der Untersuchungsausschuss 1951 sein Ergebnis bekanntgab, hieß es nur, eine versuchte oder tatsächlich erfolgte Bestechung von Abgeordneten sei nicht mit Sicherheit nachzuweisen. Am Ende waren die Journalisten die Täter, die mit kritischer Berichterstattung die heile Welt des Bonner Neuanfangs besudelt hatten.[10]

Konrad Adenauer, der erste Kanzler der jungen Bundesrepublik, konnte sich freuen, zumal für ihn, der gegenüber der idyllischen Universitätsstadt in Rhöndorf in seinem Rosenhag wohnte, das »Provisorium« Bonn »um die Ecke« lag. In seinen *Erinnerungen* hat Adenauer die oft geäußerte Unterstellung, er habe sich für Bonn eingesetzt, weil es nahe an seinem Wohnort lag, zu Recht als sehr naiv bezeichnet. Wichtig war für Adenauer dagegen mit Sicherheit, dass er die Bundeshauptstadt in sein katholisches Rheinland geholt hatte, in der Weimarer Republik eine Hochburg der papstnahen Zentrumspartei. Als Zentrumspolitiker war der damalige Kölner Oberbürgermeister und »König des Rheinlands« von 1920 bis 1933 Präsident des Preußischen Staatsrats gewesen, auch wenn er immer ein Gegner des Berliner Zentralismus geblieben war. Zeitweise hatte Adenauer auch mit Strömungen in seiner Partei geliebäugelt, die ein von Preußen unabhängigeres Rheinland forderten, allerdings ohne dass er einem rheinischen Separatismus das Wort geredet hätte. Bonn als Bundeshauptstadt bedeutete für den frisch gekürten Kanzler jedenfalls ein Heimspiel vor rheinisch-katholischen Rängen. Auch sein Adlatus Hans Maria Globke fühlte sich in Bonn heimisch. Hier hatte er Jura studiert und in der katholischen Studentenverbindung »Bavaria Bonn« einen ersten gesellschaftlichen Orientierungspunkt gefunden. Einen Kontakt, der ihm so viel bedeutete, dass er auch als Bonner Regierungsbeamter weiterhin die Treffen der »Alten Herren« besuchte.

John le Carré, Autor zahlreicher Agentenromane und in den 60er Jahren im Geheimdienst Ihrer Majestät in Bonn tätig, hat die Entscheidung für Bonn als Bundeshauptstadt in seinem Roman *Eine kleine Stadt in Deutschland* mit folgenden Worten kommentiert: »Allein die Wahl Bonns als Wartesaal für Berlin war immer schon eine Ungereimtheit, jetzt ist sie ein Missbrauch. Wohl kein anderes Volk als die Deutschen hätte es fertiggebracht, einen Kanzler zu wählen und ihm dann die Hauptstadt vor die Tür zu bringen. Um Unterkünfte für die zuziehenden Diplomaten, Politiker und Regierungsbeamten (die diese unerwartete Ehrung mit sich brachte) zu schaffen, und auch um sie in einer gewissen Entfernung zu halten, haben die Bonner eine ganze Vorstadt außerhalb der Stadtmauern gebaut.«[11]

Schon die skandalträchtigen Umstände bei der Hauptstadtkür lassen erahnen, wie der listige Adenauer auch später Politik hinter den

Kulissen betrieb, um seine Ziele durchzusetzen. Möglich war das nur, weil er in Hans Maria Globke seinen treuesten Helfer fand. 1949 zog Globke als Ministerialdirigent ins Bundeskanzleramt ein, das Palais Schaumburg. Sein steter Rat, seine ständige Bereitschaft, dem Kanzler zur Seite zu stehen, ermöglichten Adenauers autoritären Politikstil, der schon bald als »Kanzlerdemokratie« bezeichnet wurde. Globke war Adenauers Mädchen für alles und kümmerte sich selbst um Details. So hatte Adenauer bereits vor der Abstimmung über die Hauptstadtfrage eigenmächtig den Düsseldorfer Architekten Prof. Hans Schwippert, der auch die Pädagogische Akademie zum Bundeshaus umgebaut hatte, damit beauftragt, das heruntergekommene Palais Schaumburg, das Adenauer unbedingt als Kanzleramt beziehen wollte, in aller Eile zu renovieren. Adenauers Spezialwünsche trieben Schwippert fast in den Wahnsinn und die Kosten steil in die Höhe. Während der Kanzler keine Rücksicht auf die Finanzen nahm, setzte sein Haushaltsreferent Hans Globke den Rotstift an. Weil Schwippert dem Druck des auf Einsparungen bedachten Globke nachgeben und die Summe der tatsächlichen Baukosten um 20 Prozent senken musste, erhielt er am Ende ein Honorar, dass unter dem entsprechenden Satz nach der Gebührenordnung der Architekten lag.[12] Wo der Kanzler über die Stränge schlug, versuchte sein Adlatus Globke diskret, den Schaden auf Kosten anderer in Grenzen zu halten.

Mit der Wahl zur Bundeshauptstadt wandelte sich das provinzielle Bonn oder »das Bundesdorf«, wie es ironisch genannt wurde, zum internationalen politischen Parkett. Der Mief kleinbürgerlicher Enge, der Weihrauchgeruch des rheinischen Katholizismus, das bierselige Pflaster für Korpsstudenten, kurz: die konservative Residenz- und Universitätsstadt Bonn wurde jetzt zum Tummelplatz von Politikern und Diplomaten, von Geheimdiensten und Journalisten. Der Schriftsteller Wolfgang Koeppen hat in seinem Roman *Das Treibhaus* das Bonner »Klima« mit seinen restaurativen Tendenzen Anfang der 50er Jahre präzise beschrieben: »Sie kamen alle, Abgeordnete, Politiker, Beamte, Journalisten, Parteibüffel und Parteigründer, die Interessenvertreter im Dutzend, die Syndiken, die Werbeleiter, die Jobber, die Bestecher und die Bestochenen, Fuchs, Wolf und Schaf der Geheimdienste, Nachrichtenbringer und Nachrichtenerfinder, all die Dunkelmänner, die Zwielichtigen. [...] Generäle noch im Anzug von Lodenfrey marschierten zur Wiederverwendung auf.«[13]

Die spätere SPD-Politikerin und damalige engste Vertraute des SPD-Fraktionsführers Kurt Schumacher, Annemarie Renger, zog im Dezember 1949 nach Bonn. »In Windeseile zimmerte man aus dem idyllischen Bonn eine Hauptstadt. Die Pädagogische Hochschule wurde zum Bundestag umgebaut, wie aus dem Nichts schossen Ministerien aus dem Boden. Aus ganz Westdeutschland und Berlin reisten Beamte, Lobbyisten und natürlich die Bundestagsabgeordneten an und suchten sich bei Familien, die ein Zimmer erübrigen konnten, eine Unterkunft. Sie reisten aber immer so schnell wie möglich wieder in ihre heimatlichen Gefilde, zu Weib und Kind, weil ihnen das Leben auf einer Studentenbude nicht behagte.«[14]

Auch als Bundeshauptstadt wurde Bonn den Geruch des Provinziellen nie ganz los, und bald kursierten Witze über das etwas schläfrige Provisorium, etwa über einen Reisenden, der den Taxifahrer nach dem Nachtleben fragt und die Antwort erhält, es sei heute Dienstag, und an diesem Tag fahre die Dame immer nach Köln. Doch nicht nur Provinzielles war geblieben. Als die jüdische Journalistin Inge Deutschkron, die – versteckt in Berlin – den nationalsozialistischen Terror überlebt hatte, 1955 nach Bonn kam, war sie schockiert: »Erst mal war ich völlig erschüttert, weil Bonn so ein kleines Nest war, für eine Berlinerin schwer zu ertragen, aber das andere war natürlich, dass in vielen Ämtern alte Nazis in hohen Positionen saßen und ganz locker sagten: Ja, jetzt bauen wir eine Demokratie auf, na und? Das fand ich dann doch etwas merkwürdig.«[15]

Zu diesem Zeitpunkt war Hans Maria Globke als Staatssekretär im Kanzleramt bereits ein Mann, an dem niemand vorbeikam, der zu Adenauer wollte, ein Drahtzieher im Hintergrund. Globke kontrollierte die Personalpolitik der Regierung bis in die Details und hatte mit Adenauers Segen auch viele erfahrene Beamte aus der Nazi-Bürokratie in neue Ämter gehievt. Experten, egal mit welcher Vergangenheit, waren in der neuen Ministerialbürokratie gefragt. Für den Kanzler, der sich gleich selbst zum ersten Außenminister vorgeschlagen hatte, war Pragmatismus das Gebot der Stunde: »Ich meine, wir sollten mit der Nazi-Riecherei jetzt mal Schluss machen.« Und: »Man kann aber, meine Damen und Herren, bei dem Aufbau eines solch wichtigen Ministeriums nicht von vornherein auf die Mitarbeit von erfahrenen Leuten verzichten.«[16]

Im Auswärtigen Amt waren Anfang der 50er Jahre rund zwei Drittel der leitenden Beamten und etwa vier Fünftel der Referatsleiter ehemalige NSDAP-Mitglieder, und das waren keineswegs nur »Mitläufer« gewesen. Zeitweise beschäftigte das Auswärtige Amt in dieser Zeit mehr NS-Parteigenossen als im »Tausendjährigen Reich«. Kein Wunder, dass damals in Bonn ein satirisches Lied über die alten Staatsdiener im neuen Gewand die Runde machte: »Manche Leute tragen weiße Westen, braune Hemden lugen sanft hervor.«[17]

Auch Hans Globke selbst war immer wieder Zielscheibe massiver Kritik. Als Jurist und Ministerialbeamter im NS-Reichsinnenministerium hatte er 1936 den ersten Rechtskommentar zu den »Nürnberger Rassegesetzen« verfasst. Dieser Sachverhalt führte zu hitzigen Debatten im Bundestag und veranlasste Inge Deutschkron, ein Zusammentreffen mit Globke auf dem Bonner Parkett zu vermeiden: »Ich habe Herrn Dr. Hans Globke [...] nicht kennengelernt, ganz bewusst nicht, obwohl ich das als Journalistin hätte tun müssen. Er wäre sicher eine gute Quelle gewesen, wenn er gesprochen hätte, aber für mich war der Mann tabu. Ein Mann, der in der Nazi-Zeit und schon in der Vor-Nazizeit antijüdische Maßnahmen durchsetzte.«[18] Und die *Frankfurter Rundschau* hatte bereits am 9. November 1949 unter dem Titel »Wer ist Dr. Globke?« kolportiert, er habe im Reichsinnenministerium hilfe- und ratsuchende Kollegen mit der Bemerkung aus dem Dienstzimmer verwiesen: »Dann hätten Sie sich eben andere Eltern aussuchen müssen.« Globke hat durch seine Anwälte erklären lassen, er habe solch eine Bemerkung niemals gemacht.[19]

Globkes bruchlose Karriere von Hitlers Reichsinnenministerium zu Adenauers Kanzleramt war nach dem Krieg für viele NS-Belastete Vorbild für den nahtlosen Übergang vom Nationalsozialismus zur Bonner Demokratie. Von einer angeblichen »Stunde null« konnte nicht die Rede sein.

In diesem politischen Klima bewegte sich Hans Globke geschmeidig und mit vorsichtiger Zurückhaltung. Er trug eine randlose Brille mit goldenen Bügeln und zeigte ein undefinierbares Lächeln. Manchmal wirkten seine Bewegungen etwas linkisch und scheu, manchmal trippelte er servil hinter seinem Herrn, dem Kanzler, her. Er war Mitte fünfzig, 1,78 Meter groß, untersetzt, bevorzugte graue Anzüge, Mäntel und Hüte. Seine Füße steckten in – für Bonn – auffälligen, altmodischen Schnürstiefelchen. Inge Deutschkron meinte, er sei im Grunde »wie eine graue Maus« gewesen, »die so wenig wie möglich in der Öffentlichkeit erschien«. »Der Herr Globke ist ganz anders, als er aussieht«, verteidigte ihn Adenauer, »er sieht so streng aus, sie haben alle Angst vor ihm.«[20] Globke, so hieß es 1956 im *Spiegel,* »ähnelt eher, wie der Journalist Kempski schrieb, ›dem Direktor eines Lyceums‹, der mit Vorliebe in den unteren Klassen unterrichtet«.[21] Ein Mann mit gedämpftem Temperament, der nicht auf Bällen glänzte, der selten die politischen Salons der Bonner Gesellschaft besuchte. Und wenn er tatsächlich zur Cocktail-Stunde auftauchte, war er meist in Begleitung seiner stattlichen Gattin Augusta, eine geborene Vaillant, mit der er seit 1934 verheiratet war und drei Kinder hatte.

Regelmäßig besuchte er dagegen die Kommersabende seiner Studentenverbindung »Bavaria Bonn«. Das Lied seiner Bavaren schrieb er jedes Jahr aufs Neue fein säuberlich in seinen persönlichen Taschenkalender:

»Wo im blauen Glanz der Himmel
über sieben Bergen blaut,
wo im Silberspiel der Wellen
stolz die Burgruine schaut,
dort am Rhein hab ich's geschworen
Gott und Freund und Vaterland,
dass in Treue fest ich stehe
zu Dir, blau-weiß-blaues Band.«[22]

Auch die Treffen des Rotary-Clubs verpasste er nur selten. So lästerte der *Spiegel* im Jahr 1955: »Hans Globke, 57, Staatssekretär im Bundeskanzleramt, hat sich trotz seiner weitverzweigten dienstlichen Aufgaben den Ruf erworben, eines der pflichteifrigsten Mitglieder (Nr. 7681) der Bonner Sektion des Rotary-Clubs (40 Mitglieder) zu sein. Die an jedem Dienstag um 13 Uhr im Bonner Hotel ›Bergischer Hof‹ beginnenden Rotary-Treffen hat er in zwölf Monaten nur zweimal – jeweils ausreichend entschuldigt – versäumt.«[23]

Globke, ein penibler steifer Bürokrat, dessen Leidenschaften sich anscheinend im Sammeln alter Münzen aus Armenien und Persien erschöpften. Am liebsten brütete er über seinen Akten und notierte mit spitzem Bleistift akribisch Anmerkungen. Und einer, der absolut verschwiegen war. Im Gegensatz zu vielen anderen Bonner Persönlichkeiten hat Globke keine eigenen Memoiren veröffentlicht, obwohl er zeitweise daran arbeitete. In einem Brief an den Chefredakteur der *Welt* und *Welt am Sonntag,* Claus Jacobi, der an einem Vorabdruck interessiert war, schrieb er: »Bei einer Veröffentlichung müssen Rücksichten genommen werden, die unter Umständen der historischen Wahrheit oder zum mindesten der Vollständigkeit der Schilderung nicht dienlich sind.«[24] Globke wusste wohl, warum er auf eine Veröffentlichung verzichtete. Er hätte nicht nur seine NS-Vergangenheit rechtfertigen müssen, sondern er hätte vor allem nicht seine verdeckten politischen Aktivitäten und Geheimaufträge für Adenauer beschreiben können. Eben das war aber sein spezieller Aufgabenbereich gewesen.

Nach Abschluss der Europa-Verhandlungen in Paris, so berichtete der damalige Pressechef Paul Bourdin, habe Adenauer einem Bediensteten ein Buch gereicht, das auf seinem Nachttisch gelegen hatte. »Verjessen Se nich dat einzupacken. Dat bring ich dem Herrn Globke mit.« Es war Stefan Zweigs Biographie über Napoleons Polizeiminister Joseph Fouché.[25] Im Vorwort gibt Zweig wieder, mit welchen Worten die französischen Geschichtsschreiber Fouché kritisiert hatten: »Geborener Verräter, armseliger Intrigant, glatte Reptiliennatur, gewerbsmäßiger Überläufer« usw. Was mag Adenauer mit seinem Mitbringsel wohl im Sinn gehabt haben?

Wer war Hans Maria Globke wirklich? War er tatsächlich ein Nazi-Mörder, wie die DDR immer wieder in Propagandaschriften behauptete, ein Mittäter, der unmittelbar Schuld auf sich geladen hatte? Über Jahre hinweg, gleichsam als ein »Dauerbrenner« im Ost-West-Konflikt, hatte die SED immer wieder neue Dokumente zum »Fall Globke« in die Öffentlichkeit gebracht. Albert Norden, für Propaganda zuständiges Politbüro-Mitglied, hatte dabei mit seinem »Ausschuss für deutsche Einheit« die Federführung. Höhepunkt der Kampagne, die vor allem Globkes Chef, Bundeskanzler Konrad Adenauer, treffen und kompromittieren sollte, war ein aufwendig geführter Schauprozess mit vielen Zeugen aus den ehemals von den Nazis besetzten Ländern und zahllosen Dokumenten; eine Propagandainszenierung, die Globkes Schuld beweisen sollte. Am 23. Juli 1963 verkündete der 1. Strafsenat des Obersten Gerichts der DDR in Ost-Berlin in Abwesenheit des Angeklagten das Urteil: »Der Angeklagte wird wegen in Mittäterschaft begangenem fortgesetzten Kriegsverbrechens und Verbrechens gegen die Menschlichkeit in teilweiser Tateinheit mit Mord gem. Artikel 6 des Statuts über den Internationalen Militärgerichtshof«, §§ 211, 47, 73 StGB, zu lebenslangem Zuchthaus verurteilt. Die bürgerlichen Ehrenrechte werden ihm auf Lebenszeit aberkannt.«[26] Karl-Eduard von Schnitzler, der auch als »Sudel-Ede« bekannte Chefkommentator des DDR-Fernsehens, triumphierte: »Der Prozess gegen Globke, meine Damen und Herrn, ist zu Ende, der Fall Globke ist es nicht. Denn das ist zugleich ein Fall Adenauer, ein Fall Bonn, ein Fall Bundesrepublik. Und diese Fälle müssen Sie klären und beenden, meine Damen und Herren im Westen, die Sie Bürger eines Staates sind, dessen einflussreichster Beamter seit heute ein Zuchthäusler ist.«[27]

Dieser Schauprozess stieß in der Bundesrepublik auf heftige Ablehnung und wurde als reine Propaganda abgelehnt, obwohl die bundesdeutsche Presse immerhin feststellte, dass die in der DDR präsentierten Dokumente überwiegend echt seien. Fragwürdig blieb dagegen vor allem die auf Indizien gestützte Kausalität von Globkes Handeln, denn oft wurden reine Vermutungen als Beweise gewertet. Auch die Mittäterschaft bei NS-Verbrechen, die ein gemeinschaftliches Handeln voraussetzt, wurde hier juristisch wenig überzeugend konstruiert. Große politische Bedeutung hatte die Inszenierung für Globke und Adenauer jedoch nicht mehr – sie gingen im gleichen Jahr gemeinsam in Rente. Eher lässt sich konstatieren, dass der DDR-Prozess das Gegenteil seiner Intention bewirkte: Statt eine Diskussion um Globke zu entfachen, wurde eine fundierte kritische

Aufarbeitung von Globkes Rolle im Nationalsozialismus in der Bundesrepublik durch Hinweis auf die DDR-Kampagnen verhindert. Wer Globke kritisierte, galt im Kalten Krieg automatisch als DDR-Propagandist, und kritische Argumente wurden von vornherein als Halbwahrheiten und Ressentiments abgestempelt.[28]

Vom preußischen Beamten zum Experten der NS-Bürokratie

Am 10. September 1898 wurde Hans Maria Globke in Düsseldorf als Sohn eines Tuchhändlers geboren. Nach dem Umzug der streng katholischen Familie wuchs er in Aachen auf und besuchte dort bis zum Abitur das Kaiser-Karls-Gymnasium. Anschließend leistete er von 1916 bis 1918 seinen Kriegsdienst bei einer Artillerie-Einheit an der Westfront und studierte danach in Bonn und Köln Rechts- und Staatswissenschaften. Seine starke katholische Prägung zeigte sich nicht nur in der lebenslangen Mitgliedschaft im Studentenverband CV (Cartellverband der katholischen deutschen Studentenverbindungen), 1922 trat er auch in die Zentrumspartei ein, die damals wichtigste Vertretung des politischen Katholizismus in Deutschland. Globke arbeitete aktiv als Mitglied des Vorstands und des Parteiausschusses in Aachen mit. Nach Examen, Promotion (»magna cum laude)« und Referendariat wählte er die Verwaltungslaufbahn: Globke wurde 1925 Vertreter des Polizeipräsidenten von Aachen und trat 1929 als Regierungsrat in das Preußische Ministerium des Inneren ein. 1932 wurde er Referent für Verfassungs- und Staatsrecht, außerdem war er unter anderem für Standesamtssachen und Namensänderungen zuständig.

Im selben Jahr, also noch vor der Machtübernahme der Nazis, erarbeitete der junge und ehrgeizige Ministerialbeamte Globke Richtlinien zur Behandlung von Namensänderungen. Zur Änderung jüdischer Namen hieß es da in einer überraschend verräterischen Diktion: Der Familienname »dient der Kenntlichmachung der blutmäßigen Zusammenhänge. Jede Namensänderung im Verwaltungswege beeinträchtigt die Erkennbarkeit der Herkunft aus einer Familie, verschleiert die blutmäßige Abstammung und erleichtert damit eine Verdunkelung des Personenstandes.« Vokabeln wie »blutmäßige Abstammung« und »verschleiern« deuten darauf hin, worum es eigentlich ging: »Der Standpunkt, dass es einer Persönlichkeit jüdischer Herkunft zur Unehre gereiche, einen jüdischen Namen zu führen, kann nicht gebilligt werden. Bestrebungen jüdischer Personen, ihre jüdische Abkunft durch Ablegung oder Änderung ihrer jüdischen Namen zu verschleiern, können daher nicht unterstützt werden.«[1]

Was war geschehen, was bewegte den gläubigen Katholiken, Mitglied des rechten Flügels der Zentrumspartei noch vor der Machtergreifung Hitlers zu solchen judenfeindlichen Vorschriften? War es eine Anpassung an den immer stärker werdenden Antisemitismus, den nicht nur die Nazis, sondern auch die Deutschnationalen predigten? Mit der Niederlage im Ersten Weltkrieg, mit dem Zerbrechen der alten Ordnung und der propagandistisch aufgebauschten Bedrohung durch Sozialdemokraten und »Bolschewisten« hatte sich der nationalistisch geprägte Antisemitismus radikalisiert. Das als Schmach empfundene »Diktat« der Versailler Verträge mit ihren Forderungen und Auflagen, Wirtschaftskrise und Elend, all das wurde »jüdischen« Arbeiterführern oder angeblich jüdischen »Kriegsgewinnlern« und »Schiebern« in die Schuhe geschoben. Die Dolchstoßlegende, von führenden kaiserlichen Militärs als Verschwörungstheorie und Propagandainstrument in die Welt gesetzt, um von der eigenen Verantwortung abzulenken, warf Sozialdemokraten und Juden vor, dem »im Felde unbesiegten Heer« in den Rücken gefallen zu sein. Juden mussten als Sündenböcke herhalten und wurden jetzt auch mit »Bolschewisten« gleichgesetzt, eine Identität, die aus der jüdischen Herkunft einiger russischer und deutscher Revolutionsführer abgeleitet wurde. Nur zu gern kennzeichneten nationalistische Kreise den politischen Gegner, den »Bolschewisten«, auch noch als rassischen Feind, als Juden. Vielleicht wirkten diese antisemitischen Tendenzen und Stimmungen bis ins preußische Innenministerium hinein, oder Globkes Handeln war beeinflusst von einem christlichen Antijudaismus, der gerade unter strenggläubigen Katholiken verbreitet war und auf der schlichten Formel beruhte: »Die Juden haben unsern Herrn Jesus Christus ans Kreuz geschlagen.« So zeigte sich auch die Verbandsebene des CV nicht gefeit. Schon 1920 war auf der Cartellversammlung der katholischen Verbindungen in Regensburg der Antrag gestellt worden, nur noch »deutscharische« Mitglieder aufzunehmen, eine Regel, die im extrem nationalistischen Korporationsverband »Deutsche Burschenschaft« schon Geltung hatte. Die CV-Versammlung stimmte zu, aber die Mehrheit der Einzelverbindungen, die den Antrag noch genehmigen mussten, lehnte ihn nachträglich ab.

Vielleicht zeigten diese Zeitströmungen bei Globke Wirkung, vielleicht war es auch einfach Anpassung unter politischem Druck, der Verzicht auf offene Opposition, um die eigene Karriere nicht zu gefährden. Möglicherweise kamen mehrere Beweggründe zusammen. Ziemlich sicher ist, dass der preußische Beamte Hans Maria Globke loyal bis in die Zehenspitzen gegenüber seinem Dienstherrn war, also die Erwartungen erfüllen wollte, die man an ihn zu stellen schien. »In fide firmitas« (»In Treue fest«) – das Motto seiner Studentenverbindung schien auch für den Ministerialbeamten Globke Leitsatz seines Handelns zu sein.

Die politische Landschaft im Freistaat Preußen veränderte sich 1932 entscheidend. Da die Landtagswahl vom 24. April keine Regierungsmehrheit gebracht hatte, übernahm die Reichsregierung am 20. Juli durch eine Notverordnung des Reichspräsidenten Paul von Hindenburg das Exekutivrecht in Preußen, ein politischer Handstreich, der als »Preußenschlag« in die Geschichte einging. Nach dem Machtantritt Hitlers wurde der frühere Zentrumspolitiker Franz von Papen am 6. Februar 1933 zum Reichskommissar für Preußen bestellt. Nach Neuwahlen am 5. März setzten die Nationalsozialisten ein preußisches Ermächtigungsgesetz durch, mit dem das Land praktisch dem Zugriff des Reichskanzlers ausgeliefert wurde. Zu diesem Zeitpunkt war Hermann Göring bereits »Reichskommissar für das preußische Innenministerium«, und seit dem 10. April 1933 preußischer Ministerpräsident. Durch Verabschiedung weiterer Gesetze verloren auch Staatsrat und Landtag ihre bisherigen parlamentarischen und föderalen Aufgaben, Preußen war als Land nicht mehr eigenständig und wurde – wie die anderen Länder auch – gleichgeschaltet.

Diese Entwicklung ging an den Juristen im preußischen Innenministerium nicht vorbei – im Gegenteil. Die Gleichschaltung wurde durch Gesetzesvorlagen vorbereitet, und dabei half der Verfassungsreferent Globke eifrig mit. Er war beteiligt am preußischen Ermächtigungsgesetz vom 1. Juni 1933, am Gesetz über den Provinzialrat, am Gesetz über die Landesregierung, am Gesetz über den Staatsrat und am Gesetz über die Anpassung der Landesverwaltung an die Grundsätze des nationalsozialistischen Staates. In der kommentierten Gesetzessammlung *Das neue Recht in Preußen* von Roland Freisler, dem Staatssekretär im preußischen Justizministerium und späteren »Blutrichter« Hitlers, und Ludwig Grauert, Staatssekretär im preußischen Innenministerium, kommentierte Globke unter anderem das Ermächtigungsgesetz und die Gesetze über den Staats- und Provinzialrat.[2] So schrieb er in der Einführung zum preußischen Ermächtigungsgesetz: »Wie das Versagen der parlamentarischen Gesetzgebung im Reich dazu geführt hat, der Reichsregierung in dem Gesetz zur Behebung der Not von Volk und Reich [Ermächtigungsgesetz] vom 24. 3. 1933 (RGBl. I S. 141) das Recht, Gesetze zu beschließen, zu übertragen, so nötigte diese Tatsache auch dazu, den Landesregierungen das gleiche Recht zuzubilligen. [...] Wenn nach dem Siege der nationalen Revolution eine Opposition oder gar Obstruktion des Landtags gegenüber der Regierung auch nicht mehr in Frage kommt, so ist damit doch nicht gleichzeitig auch die Schwerfälligkeit des parlamentarischen Gesetzgebungswegs beseitigt worden. Sein Ersetzen durch ein vereinfachtes Gesetzgebungsverfahren blieb daher bei der Fülle der zu bewältigenden Aufgaben dringendes Erfordernis.«[3]

Als Jurist im preußischen Innenministerium hat Globke dazu beigetragen, demokratische Institutionen der Weimarer Republik abzubauen. Dabei hatte sich sein späterer Chef Konrad Adenauer, bis 1933 Präsident des Preußischen Staatsrats, entschieden gegen die Machtübernahme der Nazis in Preußen gewehrt. Am 1. Dezember 1933 wurde Globke zum Oberregierungsrat befördert. Knapp ein Jahr später, am 1. November 1934, wurde das preußische Innenministerium mit dem Reichsinnenministerium vereinigt und Globke als Referent in das neugebildete Ministerium unter Wilhelm Frick übernommen.

Während andere sich weigerten, unter den Nazis weiterzuarbeiten, oder ihre Posten verloren, blieb der Zentrumsmann Globke im Amt und diente den neuen Herren. Seine Partei hatte sich schon am 5. Juli 1933 selbst aufgelöst. Warum aber blieb Globke in seiner Stellung im Reichsministerium des Innern (RMdI), warum stellte er seine Kenntnisse und Fähigkeiten den Nazis zur Verfügung, die dringend erfahrene Ministerialbeamte benötigten? Zu seiner Rechtfertigung schrieb Globke im Jahr 1956: »1933 schien zunächst durchaus die Möglichkeit gegeben, dass die nationalsozialistische Herrschaft nur von kurzer Dauer sein würde. Die Zentrumsfraktion des preußischen Landtags ließ daher auch den der Zentrumspartei angehörenden Beamten in den Ministerien unter der Hand mitteilen, sie möchten sich nach Möglichkeit in ihren Ämtern zu halten versuchen. Als immer klarer wurde, dass der Nationalsozialismus nicht abtreten würde – endgültig musste man diese Hoffnung nach der zunehmenden Verständigung des Auslands mit Hitler [gemeint ist die Konferenz von München vom 29. September 1938] begraben –, habe ich mir die Frage des Ausscheidens wiederholt gestellt und sie mit meinen Freunden erörtert. Möglichkeiten einer Tätigkeit im Wirtschaftsleben o. dgl. boten sich mir in ausreichendem Maße. Damals aber war es auf der anderen Seite bereits so, dass es in den Ministerien nur noch wenige Leute gab, die Verbindung zu oppositionellen Kreisen hielten und den vom Regime diskriminierten Gruppen Hilfe zu leisten bereit waren. Gerade aus oppositionellen Kreisen bin ich daher immer wieder gebeten worden, nicht aus meinem Amt auszuscheiden.«[4]

Es erscheint geradezu absurd, wie lange der kluge Jurist und Ministerialbeamte Globke und seine Parteifreunde angeblich darauf hofften, der Nationalsozialismus werde »abtreten«. Zwischen 1933 und 1938 war das Land völlig gleichgeschaltet, die politische Opposition zerschlagen, ihre Parteien aufgelöst worden. Mit dem Vatikan war ein Reichskonkordat abgeschlossen worden; die »Nürnberger Rassegesetze« legitimierten die Verfolgung der Juden; der Friedensnobelpreisträger Carl von Ossietzky war an den Folgen der KZ-Haft gestorben; die Olympischen Spiele 1936 hatten sich als propagandistische Großtat erwiesen; die Wehrmacht war hochgerüstet und Österreich dem Großdeutschen Reich einverleibt worden – um nur einige Beispiele zu nennen. 1939, ein Jahr später, sollte Hitler Polen überfallen. Warum hatte man bis 1938 gehofft, die Nationalsozialisten würden »abtreten«?

Außerdem war Hitlers »Führerprinzip« auch bei parteimüden autoritätshörigen Zentrumswählern 1933 durchaus auf offene Ohren gestoßen. Und hatte nicht ihr Parteivorsitzender, der ultrakonservative Trierer Prälat und Kirchenrechtler Ludwig Kaas, ein enger Freund Eugenio Pacellis, des späteren Papstes Pius XII., in einer Neujahrsansprache erklärt, die Genesung eines kranken Volkes könne nur »von der Führerseite« her kommen? Das Zentrum werde »neidlos und dankbar« einem gottgesandten Führer folgen, dem es gelänge, »der Sehnsucht der Massen Erfüllung zu bringen«.[5] Kein Wunder, dass auch Zentrumswähler in Hitler einen neuen Messias sahen. Angesichts der politischen Entwicklung muss die von Globke geäußerte Hoffnung auf ein baldiges Ende der NS-Herrschaft als reine Schutzbehauptung erscheinen. Und es fällt schon hier auf, dass Globke Formulierungen wählte, die suggerierten, er habe selbst gar keine Entscheidungen getroffen. Immer wieder hat er sich auf Bitten von außen, von Zentrums- und Kirchenleuten berufen. Er versteckte sich offenbar hinter dem Drängen anderer. Dies scheint auch der Persönlichkeitsstruktur Globkes zu entsprechen, eines Mannes, der seine Dienste der Weimarer Republik, den Nationalsozialisten und der Bundesrepublik zur Verfügung stellte. Einer, der die Systeme nahtlos wechselte, aber nie für sein Handeln selbst Verantwortung übernahm.

Was aber – die Frage sei erlaubt – hätten Globke und seine Zentrumsfreunde wohl gemacht, wären die Kommunisten statt der Nazis an die Macht gekommen? Schwer vorstellbar, dass sie als Katholiken, die den Kommunismus als Bedrohung fürchteten oder gar hassten, auch dann kooperiert hätten. Unter den Nazis arbeitete Globke jedenfalls als Beamter weiter – natürlich nur, »um Schlimmeres zu verhüten«, eine nach Kriegsende gebräuchliche Floskel.

Geradezu kindisch argumentierte Globke, als es um seinen Diensteid auf Adolf Hitler ging. Am 20. August 1934 wurde die Vereidigung der Beamten und Soldaten gesetzlich neu festgeschrieben, sie mussten jetzt Hitler persönlich ihre Treue erklären. Globke behauptete nach dem Krieg, er habe sich dem Diensteid während der Eideszeremonie dadurch entzogen, dass er sich in eine Nische zurückgezogen habe.[6] Ob er nun zu sehen gewesen war oder nicht, seine Vereidigungsbestätigung hat Oberregierungsrat Globke am 27. August 1934 unterschrieben: »Ich schwöre: Ich werde dem Führer des Deutschen Reiches und Volkes, Adolf Hitler, treu und gehorsam sein, die Gesetze beachten und meine Amtspflichten gewissenhaft erfüllen, so wahr mir Gott helfe.«[7] Mit der Unterschrift hatte er den Eid auf Hitler geleistet, wie sollte er sich auch sonst verhalten, wenn er im RMdI bleiben wollte? Und das wollte er doch unbedingt. Gerade mit solchen Halbwahrheiten oder Verschleierungen, die Globke später stets zu seiner Verteidigung vorbrachte, machte er sich unglaubwürdig.

Ab 1934 war Globke weiterhin als Ministerialbeamter für Namensänderungs- und Personenstandsfragen zuständig, ab 1937 erweitert auf den Bereich »Internationale Fragen auf dem Gebiet des Staatsangehörigkeitswesens und Optionsverträge«. Außerdem war er im Ministerium Korreferent für »Allgemeine Rassenfragen«, »Ein- und Auswanderungen« und Angelegenheiten im Zusammenhang mit dem »Blutschutzgesetz«.

Am 15. September 1935 wurden die sogenannten Nürnberger Gesetze erlassen, die alle Personen »fremden Blutes« – damit waren vor allem Juden gemeint – als rassisch minderwertig diskriminierten und der Verfolgung aussetzten. Während das »Reichsbürgergesetz« Juden zu Bürgern zweiter Klasse machte, diskriminierte das »Blutschutzgesetz« sie zu Menschen zweiter Klasse. Die Gleichheit vor dem Gesetz war abgeschafft, Juden verloren ihre Staatsbürgerrechte, Eheschließungen von »Deutschblütigen« mit Juden wurden ebenso verboten wie sexuelle Kontakte zwischen ihnen. Hans Globke war angeblich völlig ahnungslos, auch wenn sein Kollege, der »Judenreferent« Bernhard Lösener, am Entwurf der Gesetze mitgewirkt hatte. Dazu Globke in der NDR-Fernsehsendung »Die rote Optik« im Mai 1961: »Ich habe an den Gesetzen nicht mitgearbeitet. Ich habe von dem Erlass der Gesetze auf dem Parteitag in Nürnberg wie die meisten anderen Deutschen erst durch Rundfunk oder Presse erfahren.«[8] Dass Globke bei seinem – wie er selbst zugab – engen

Kontakt zu den Kollegen nicht informiert war, ist mehr als unwahrscheinlich. Die Absicht, Juden rechtlich anders als Deutsche zu behandeln, war schon 1935 in einem Runderlass des Innenministers an die Standesbeamten bekannt geworden.[9] Daher musste auch der Personenstandsreferent Globke Bescheid gewusst haben, da er für Standesamtssachen zuständig war. Außerdem war der Entwurf von Rassegesetzen bereits lange vor dem Parteitag in der Presse erörtert worden.

Nachträglich wurde Globke immer wieder zu Unrecht eine Mitwirkung an der Formulierung der »Nürnberger Rassegesetze« unterstellt. Als Indiz galt die irreführende Bemerkung von Reichsinnenminister Frick 1938 in einem Beförderungsantrag, Globke sei am Zustandekommen des »Blutschutzgesetzes« beteiligt gewesen. Aber das war wohl nur gut gemeint gewesen und ebenso falsch wie dieselbe Behauptung in der lobenden Rezension von Max Hagemann in den *Kriminalistischen Monatsheften* vom Juli 1936. Am 12. Oktober 1961 dementierte Max Hagemann, bis 1952 der erste Präsident des Bundeskriminalamtes, seine frühere Behauptung in einer eidesstattlichen Erklärung.[10]

Auch wenn Globke am Entwurf der »Rassegesetze« selbst nicht mitgewirkt hat, so hat er doch persönlich zu ihrer praktischen Anwendbarkeit beigetragen. Anders als bei seiner Vernehmung als Zeuge im Nürnberger Prozess im Jahr 1948 räumte Globke im NDR-Interview vom Mai 1961 seine Mitarbeit an einigen Ausführungsverordnungen ein: »Richtig ist, dass ich, nachdem die Gesetze erlassen worden waren, bei der ersten Ausführungsverordnung zum Reichsbürgergesetz und zum Gesetz zum Schutze des deutschen Blutes und der Ehre vorübergehend mitgearbeitet habe, und zwar zu dem Zweck, die Wünsche des Stellvertreters des Führers, die auf eine Verschärfung der Gesetze hingingen, dabei mit Hilfe anderer Beamter zu unterbinden.«[11]

Mit den anderen Beamten dürfte Globke in erster Linie Bernhard Lösener, den »Judenrefenten« im RMdI, gemeint haben. Der ursprünglich überzeugte Nazi ließ sich während des Krieges aus dem Innenministerium wegversetzen, weil er die Judenvernichtung nicht weiter mittragen wollte. 1950 hat Lösener seinen »inneren Widerstand« zur wirklichen Widerstandsrolle stilisiert. In einem Artikel, der erst nach seinem Tod 1961 veröffentlicht wurde, attestierte Lösener seinem Kollegen Hans Globke, weder an der Ausarbeitung der »Nürnberger Gesetze« noch – im Gegensatz zu Globkes eigenen Äußerungen von 1961 – an ihren Ausführungsverordnungen beteiligt gewesen zu sein. Ja, er ging so weit, zu behaupten, Globke habe nie etwas mit der »Judenfrage« zu tun gehabt.[12] Ein Entlastungsversuch, der von einer ganzen Historikergeneration kritiklos akzeptiert wurde. Inzwischen wird Löseners Darstellung in Frage gestellt. In ihrer detaillierten wissenschaftlichen Arbeit zu den »Nürnberger Gesetzen«[13] setzt sich Cornelia Essner auch kritisch mit Löseners Artikel und den darin enthaltenen Rechtfertigungsversuchen zur eigenen Rolle und zum Verhalten anderer Beamter wie zum Beispiel Hans Globke auseinander. Anders als von Lösener behauptet, belegt sie, dass die »Nürnberger Rassegesetze« keineswegs nur auf die Schnelle zurechtgestrickt wurden, sondern nach langer Vorbereitung entstanden. Außerdem verweist sie den Anspruch der beteiligten Ministerialbeamten aus dem Innenministerium, sie hätten bei der Abfassung der Rassengesetze Schlimmeres verhütet, in den Bereich der Legendenbildung. So beriefen sich Lösener und seine Kollegen auf die Regelung, dass beispielsweise »Halbjuden«, also jüdische »Mischlinge«, nicht ohne weiteres unter die »Nürnberger Gesetze« fielen. Das war laut Essner aber kein Verdienst der angeblich um Entschärfung bemühten Ministerialbeamten, sondern schlicht und einfach gemeinsame Auffassung aller an der Gesetzgebung Beteiligten. Auch Hitler sprach sich persönlich dagegen aus, alle »Judenmischlinge« der »jüdischen Rasse« im Sinne des Gesetze zuzuordnen.

Hans Globke hat stets bestritten, an weiteren Ausführungsverordnungen, also an nachträglichen Konkretisierungen, der »Nürnberger Rassegesetze« beteiligt gewesen zu sein. Für Peter Weber, ehemaliger Richter am Berliner Kammergericht, der sich intensiv mit der Rolle der Juristen im Nationalsozialismus auseinandergesetzt hat, ist dies falsch: »Eine der wichtigsten Verordnungen, die Schlüsselverordnung für die Deportation in den Holocaust, war die 11. Durchführungsverordnung, mit der die deportierten Juden staatenlos gemacht wurden und außerdem ihr Vermögen eingezogen wurde. An der Ausarbeitung dieser Ausführungsverordnung hat Globke im Jahre 1941 teilgenommen.«[14] Auf einen ähnlichen Vorwurf hatte Globke 1961 durch seine Anwälte mitteilen lassen: »Bei der Elften Durchführungsverordnung hat er [Globke] – auf Veranlassung der Berliner Kurie – an einer einzigen Sitzung als Beobachter teilgenommen, ohne sich zu beteiligen. […] Für keines der auf dieser Sitzung behandelten Sachgebiete war Dr. Globke zuständig.«[15] Diese Erklärung mutet sonderbar an, denn man fragt sich, wie er seine Teilnahme als »Beobachter« an einer so vertraulichen Besprechung gegenüber seinen Vorgesetzten begründet hat. Bei der Besprechung war er jedenfalls Assistent des Vorsitzenden, Ministerialdirigent Hering, und zwar als Experte für Personenstandsrecht und Fragen der Staatsangehörigkeit.[16] Und Globkes Spezialgebiete, die er als Referent betreute, hatten eindeutig inhaltliche Bezüge zu der behandelten Frage der Staatenlosigkeit von Juden. Selbst wenn sich Globke nicht zu Wort gemeldet haben sollte, was bei einer solchen Sitzung eher unwahrscheinlich war, so bleiben doch moralische Zweifel. Man kann sich nicht ständig an staatlichen Terrormaßnahmen beteiligen und sich später auf seinen angeblichen inneren Vorbehalt berufen, um sich von jeglicher Schuld freizusprechen.

Als Kommentator der »Nürnberger Rassegesetze« ist Hans Globke in die Geschichte eingegangen, eine traurige Berühmtheit, die ihn bis zu seinem Tod verfolgt hat. Im Reichsinnenministerium gehörte die Vorbereitung von Gesetzeskommentaren zu Globkes Aufgabenbereich. Gemeinsam mit seinem Vorgesetzten, Staatssekretär Wilhelm Stuckart, gab er 1936 den ersten amtlichen Kommentar zu den »Nürnberger Rassegesetzen« und deren Ausführungsverordnungen heraus. Wilhelm Stuckart, christlich erzogen, promovierter Jurist, war bereits 1922 in die NSDAP eingetreten. 1935 wurde er Staatssekretär im Reichsinnenministerium, und er nahm 1942 an der berüchtigten Wannseekonferenz teil, in der beraten wurde, wie die »Endlösung der Judenfrage« zu organisieren sei. In den letzen Tagen des »Dritten Reiches« wurde der SS-Obergruppenführer Wilhelm Stuckart noch Innenminister – als Mitglied der Regierung Dönitz. Peter Weber urteilte über ihn: »Stuckart war ein Nazi der ersten

Stunde und ein ziemlich bedeutender Jurist im ›Dritten Reich‹. Er ist nicht nur praktisch, sondern auch wissenschaftlich tätig geworden und hatte eine herausgehobene Stellung in der Akademie für deutsches Recht.«[17]

Während Stuckart allein das Vorwort zum Kommentar schrieb und dabei in Nazi-Terminologie schwelgte, stammte die eigentliche rechtliche Kommentierung von Hans Globke. Es waren detaillierte, mit Fallbeispielen angereicherte Erläuterungen zur praktischen Anwendung der »Nürnberger Rassegesetze«, die der »Reinerhaltung deutschen Blutes« dienen sollten. Dazu wurden im Gesetz Ehen und außerehelicher Geschlechtsverkehr zwischen Juden und Nichtjuden als sogenannte Rassenschande verboten. Die Abstammung entschied, wer den Gesetzen unterlag; mit der Einteilung in »Voll-«, »Halb-« oder »Vierteljude« wurde »die Grundlage dafür geschaffen, die Leute zu klassifizieren, damit man sie aufteilen konnte in diejenigen, die deportiert und ermordet, und diejenigen, die auf andere Art und Weise diskriminiert werden sollten«.[18] Globke beteiligte sich mit Akribie an solchen Klassifizierungen. Berühmt geworden ist seine Definition des »Achteljuden«: »Der Dreiachteljude, der einen volljüdischen und einen halbjüdischen Großelternteil besitzt, gilt als Mischling mit einem volljüdischen Großelternteil, der Fünfachteljude mit zwei volljüdischen und einem halbjüdischen Großelternteil als Mischling mit zwei volljüdischen Großeltern.«[19] Wie Globke hier mit der distanzierten Pedanterie eines Juristen und Beamten seine rassistischen Rechenaufgaben löste, mutet ungeheuerlich an.

Besonderes Augenmerk widmete Globke in seinem Kommentar der Auslegung von Paragraphen, die sich mit der »Rassenschande« befassten. So sah er die Straftat des § 2 »Blutschutzgesetz« nicht nur im Geschlechtsverkehr – wie im Gesetz ausgeführt – zwischen Juden und Staatsangehörigen »deutschen oder artverwandten Blutes« als gegeben, sondern er erweiterte den Tatbestand auch auf »beischlafähnliche Handlungen«, zum Beispiel gegenseitige Onanie. Hier offenbarte sich eine Verquickung von christlicher Sexualmoral und nationalsozialistischer Rassenpolitik. Nach der katholischen Sittenlehre muss sexuelle Betätigung immer den Zweck der Zeugung verfolgen, sonst gilt sie als Sünde. In diesem Zusammenhang verweist

Cornelia Essner auf ein Buch über »Erbpflege« von 1933, in dem es parallel zur katholischen Wertung aus nationalsozialistischer Sicht heißt: »In der Zeugung kommt an sich ein höchster sittlicher Grundsatz zum Ausdruck, nämlich die Schaffung neuen Lebens über die eigenen Lebensgrenzen hinweg. Unsittlichkeit liegt darin, diesen Vorgang seines eigentlichen Sinnes zu entkleiden und ihn zu einem Mittel raffinierter Vergnügungssucht herabzuwürdigen.«[20]

Eine Entscheidung des Reichsgerichts vom 6. Dezember 1936 bestätigte die weite Gesetzesauslegung, die Globke vorgegeben hatte, und erlaubte damit auch den Strafverfolgungsbehörden, im »Intimbereich« der Menschen herumzuschnüffeln. »Der Begriff des Geschlechtsverkehrs im Sinne des Blutschutzgesetzes umfasst den gesamten natürlichen und widernatürlichen Geschlechtsverkehr, also außer dem Beischlaf auch alle geschlechtlichen Betätigungen, mit einem Angehörigen des anderen Geschlechts, die nach Art ihrer Vornahme bestimmt sind, anstelle des Beischlafes der Befriedigung des Geschlechtstriebes mindestens des einen Teiles zu dienen.«[21] In einem Artikel in der *Zeitschrift der Akademie für deutsches Recht* feierte Oberregierungsrat Globke 1937 dieses Urteil, das seiner erweiterten Interpretation folgte. »Die Entscheidung ist zu begrüßen, zumal sie dazu dienen wird, unerwünschte geschlechtliche Beziehungen zwischen Juden und Deutschen zu erschweren und Umgehungen des Blutschutzgesetzes zu verhüten.«[22] Wegen »beischlafähnlicher Handlungen« wurden in der Folge Menschen sogar zum Tode verurteilt. Ein verbürgter Fall ist die Hinrichtung von Leo Katzenberger in Nürnberg.[23] Weil das »Blutschutzgesetz« die Todesstrafe nicht vorsah, wurde in vielen Fällen nachgeholfen und ein weiterer, die Härte des Urteils rechtfertigender Tatbestand hinzugefügt, zum Beispiel gefährlicher Gewohnheitsverbrecher, Notzucht etc.

1956 widmete der *Spiegel* Hans Globke eine Titelgeschichte: »Bürovorsteher im Vorraum der Macht«.[24] Die Autoren zitierten aus seinem Kommentar unter anderem seine Auslegungen des § 3 des »Blutschutzgesetzes«. In dem Gesetz hieß es: »Juden dürfen weibliche Staatsangehörige deutschen oder artverwandten Blutes unter 45 Jahren in ihrem Haushalt nicht beschäftigen.«[25] Der brave Katholik Globke machte nun geradezu verwegene juristische Klimmzüge, um deutsche Dienstmädchen vor den angeblichen sexuellen Nachstellungen jüdischer Männer zu bewahren oder wie es in Globkes nationalsozialistisch gefärbtem Juristendeutsch hieß, um die Mädchen »vor rasseverderblichen geschlechtlichen Gefährdungen zu schützen. [...] Ein jüdischer Haushaltsvorstand liegt [...] vor, wenn ein jüdischer Mann Haushaltungsvorstand ist oder der Hausgemeinschaft angehört.«[26] Der jüdische Mieter eines möblierten Zimmers ohne Familienanschluss gehörte demnach nicht zur »arischen« Hausgemeinschaft, wohl aber wenn er am Familienleben, zum Beispiel an gemeinsamen Mahlzeiten, teilnahm. Die Konsequenz aus Globkes Interpretation war kurz gesagt: Eine »arische« Familie, die ihren jüdischen Untermieter mit am Tisch essen ließ, durfte deshalb kein »deutschblütiges« Dienstmädchen unter 45 Jahren beschäftigen![27]

Globke beschränkte sich nicht auf den »Schutz« von Dienstmädchen, Kindermädchen, Köchinnen, Zofen, Jungfern, Gesellschafterinnen und Haustöchtern, sondern erwähnte ausdrücklich auch Krankenschwestern, Stenotypistinnen, Sprechstundenhilfen, Privatsekretärinnen usw. Die ideologische Begründung für diese Auslegung findet sich in Globkes Kommentierung zu § 6 des »Blutschutzgesetzes«: »Jedes Volk wird durch die Aufnahme artfremden Blutes in den Volkskörper in seiner Lebensfähigkeit beeinträchtigt. Eine seiner Hauptsorgen sollte die Reinerhaltung seines Blutes sein.«[28] Da war er inhaltlich den Hetztiraden Adolf Hitlers über die »vom Juden betriebene Verpestung unseres Blutes« ganz nah. Hitler hatte in *Mein Kampf* geschrieben: »Planmäßig schänden diese schwarzen Völkerparasiten unsere unerfahrenen, jungen blonden Mädchen und zerstören dadurch etwas, was auf dieser Welt nicht mehr ersetzt werden kann.«[29]

Der *Spiegel* zitierte noch zwei weitere Fälle, in denen Hans Globke das Gesetz durch seine Auslegung verschärfte: »Er erklärte eine im Gesetz nur ›verbotene‹ Eheschließung zwischen einem ›Deutschblütigen‹ und einem Juden im Ausland für strafbar, obgleich eigentlich die im Ausland begangenen Verbrechen und Vergehen grundsätzlich nicht verfolgt wurden.« Und: »Er verweigerte Katholiken jüdischer Abkunft das im Konkordat ausdrücklich vorgesehene Recht, sich

›im schweren Notstand‹ ohne vorangegangene standesamtliche Eheschließung von der Kirche trauen zu lassen.«[30]

Am 20. März 1936 urteilte die Zeitschrift *Deutsche Verwaltung* über das Kommentarwerk von Stuckart/Globke: »Gerade die Frage Rasse und Volk ist ohne Doktrinarismus von dem Standpunkt der Wirklichkeit aus bearbeitet. Das Juden- und Mischlingsproblem wird von solchem Wirklichkeitsstandpunkt aus in biologischer und politischer Hinsicht in einer Weise behandelt, die direkt zu der Sinngrundlage und der weitreichenden Bedeutung insbesondere der Nürnberger Gesetze hinführt.«[31] Und in der Zeitschrift *Deutsche Justiz* lobte der spätere Präsident des Volksgerichtshofs, Roland Freisler: »Auf die Gediegenheit der Kommentierung der Gesetze und zugehörigen Verordnungen besonders hinzuweisen erübrigt sich. Der Kommentar kann wohl in keiner Handbücherei eines Rechtswahrers fehlen.«[32]

Nach dem Krieg setzte schlagartig Globkes Gedächtnisverlust ein. Als er im Rahmen der Vorbereitung der Nürnberger Kriegsverbrecherprozesse vernommen wurde, äußerte sich Globke – nachzulesen im Vernehmungsprotokoll – auch zum ideologisch strammen Vorwort Stuckarts: [Frage:] »Betonte er [Stuckart] nicht in diesem Vorwort, dass der Weg nationalsozialistischen Denkens eine Abwendung von der liberalistischen Anschauung bedeutete und eine Abwendung von dem liberalen Grundsatz, dass alle Menschen gleich seien?« – [Globke:] »Das ist möglich, dass das darin vorkommt, aber ich besitze keinen Kommentar mehr und habe es seit vielen Jahren nicht mehr gelesen.« – [Frage:] »Darf ich es Ihnen zeigen?« – [Globke:] »Bitte sehr. Aber es ist durchaus möglich, ich weiß es nur nicht mehr. (Dem Zeugen wird das Buch überreicht.) Gewiss, es ist richtig, es steht das in dem Vorwort.«[33]

Der penible Beamte und glänzende Jurist Hans Globke konnte sich nicht mehr daran erinnern, dass sein ehemaliger Vorgesetzter, Wilhelm Stuckart, im Vorwort die zentrale These der »Nürnberger Gesetze« und damit auch die Grundlage seiner eigenen Kommentierung nennt. Dass die Ankläger und Richter in Nürnberg diesen »vergesslichen« Zeugen ernst nahmen, dazu mussten sie ihm schon ein gerüttelt Maß an Vertrauen entgegenbringen. Weniger Verständnis brachte der SPD-Abgeordnete Adolf Arndt auf, der 1933 von den Nationalsozialisten aus rassischen Gründen aus dem Richteramt vertrieben worden war. 1950 griff er Globke im Bundestag scharf an: »Meine Damen und Herren, wer als Jurist eine solche Tat oder Untat, wie es die Nürnberger Gesetze sind, scheinbar wissenschaftlich kommentiert, setzt sich dem Vorwurf aus, dass das, was er dort getrieben hat, kaum mit einer anderen Bezeichnung versehen werden kann als der einer juristischen Prostitution.«[34] Peter Weber geht noch einen Schritt weiter: »Leute wie Globke, Stuckart, Lösener waren als Juristen ungeheuer wichtig. Für jedes System sind Juristen wichtig, weil sie, insbesondere wenn in Unrechtssystemen wie dem ›Dritten Reich‹ Unrecht kodifiziert wird, dem den Schein des Rechts geben und damit eine zusätzliche Legitimität des Unrechts schaffen. Globke gehört zu den Haupttätern in diesem Bereich, so dass es überhaupt keine Rolle spielt, ob er einen inneren Vorbehalt hatte oder nicht. Ein Kommentar, der authentisch den Willen des Gesetzgebers auslegt, ist die ideologische Grundlage für alles weitere Handeln. Insofern muss man Globke als Schreibtischtäter bezeichnen.«[35]

Globke hat nach dem Krieg immer wieder versichert, mit seiner Tätigkeit im Reichsinnenministerium nur das Schlimmste habe verhüten wollen – was ihm auch in einigen »Persilscheinen« (entlastenden Aussagen bei den Entnazifizierungsverfahren) bestätigt wurde – und sein Kommentar sei der mildeste gewesen. 1961 hatte der *Spiegel* diese Behauptung widerlegt und auf den Kommentar von Lösener/Knost verwiesen, der hinsichtlich der »Rassenschande« unter Geschlechtsverkehr nur den Beischlaf verstand und nicht etwa beischlafähnliche Handlungen wie Globke.[36] Mit dem Vergleich konfrontiert, machte Globke das, was er immer machte, wenn er mit unwiderlegbaren Fakten konfrontiert wurde: Er lehnte jede Erklärung dazu ab.

Die Kenntlichmachung der Juden gehörte zum System der Verfolgung im Nationalsozialismus. Dazu trug auch das sogenannte Namensänderungsgesetz vom 5. Januar 1938 bei, in dem es darum ging, Juden schon durch ihre Namen erkennbar zu machen. Als Experte in Namensrecht bereitete Globke dieses Gesetz vor, wie er im NDR-

Interview 1961 bekannte. »Das Namensänderungsgesetz ist von mir verfasst worden. Das Namensänderungsgesetz sollte eine völlig andere Fassung erhalten. Es war nämlich vorgesehen, dass die Juden alle an ihren Familiennamen den Doppelnamen Jude oder dergleichen anfügen sollten. Das war auf Wunsch des Stellvertreters des Führers auf Anregung aus nationalsozialistischen Kreisen so von dem Innenminister entschieden worden. Ich habe dann dagegen Vorstellungen erhoben und schließlich erreicht, dass die Kennzeichnung der jüdischen Namen unterblieb. Dafür wurde dann die Zufügung der Vornamen Israel und Sara angeordnet. Diese Maßregel war natürlich eine erheblich mildere – so hart sie dann auch war – gegenüber der anderen.«[37]

In ihrem Buch *Die Nürnberger Gesetze* beschreibt Cornelia Essner die lange und wirre Diskussion zu einem antisemitischen Namensgesetz. Demnach teilte »Reichsführer SS« Heinrich Himmler nach einer Unterredung mit Adolf Hitler dem Innenministerium mit, man solle dafür sorgen, dass gesetzlich geregelt werde, »dass Juden den Namen Siegfried oder Thusnelda nicht führen dürfen«.[38] Ginge es hier nicht um eine widerliche Diskriminierung, man wäre versucht, in Lachen auszubrechen und sich zu fragen, ob Hitler keine anderen Sorgen gehabt hat. Hans Globke berücksichtigte die Vorgaben pflichtbewusst in seinem nächsten Gesetzesentwurf, indem er bei nichtjüdischen Vornamen von Juden die zwangsweise Anfügung Israel oder Sara vorsah. Diesen Entwurf begründete Globke damals damit, dass die Maßnahme alle Komplikationen, etwa durch nachträgliche Namensänderungen, vermeide. Außerdem teilte das Innenministerium mit, die Identifizierung von Juden über die Vornamen sei schon deshalb vorteilhaft, da der ursprüngliche Plan, Juden über einen doppelten Nachnamen zu kennzeichnen, nicht zu verwirklichen sei. Im Fall von »Mischlingen« und »Mischehen« sei eine einheitliche rechtliche Lösung nicht durchführbar.[39] Vor diesem Hintergrund erscheint Globkes Aussage im Interview in einem anderen Licht. Globkes »Verdienst« bestand also nicht darin, eine Erleichterung für die Juden formuliert, sondern einen juristisch durchführbaren Weg gefunden zu haben. Im Übrigen dürfte es den Betroffenen ziemlich egal gewesen sein, ob sie im Vornamen oder

Nachnamen diskriminiert wurden. Völlig abwegig mutet Globkes folgende Behauptung in Sachen Zwangsnamen an, die er ebenfalls zu seiner Entlastung äußerte: »Aber es waren zum Beispiel die Juden, die ins Ausland gingen, ohne weiteres in die Lage versetzt, diese Namen wieder abzulegen.«[40] Auch hier ging es nicht um eine Erleichterung. Was spielte das schon für eine Rolle für Juden, im Ausland die diskriminierenden Namen ablegen zu können? Dort wurden sie schließlich nicht verfolgt, also brauchten sie die Namen überhaupt nicht abzulegen. Und dass sie dort nicht verfolgt wurden, war wiederum kein Verdienst des deutschen Beamten Globke, sondern verdankte sich allein dem Recht des ausländischen Staates.

Auch bei den Verhandlungen über ein anderes Gesetzesvorhaben, über eine Reform des Staatsbürgerrechts, vertrat die Abteilung I des Innenministeriums, der Hans Globke angehörte, keineswegs eine einschränkende Position, sondern plädierte für eine Ausweitung der rechtlichen Diskriminierung von Juden.[41] Am 14. Februar 1938 präsentierte die Abteilung I den Referentenentwurf eines »Gesetzes über den Erwerb und Verlust der deutschen Staatsangehörigkeit«, der weitgehend von Globke, dem Spezialisten für Staatsangehörigkeitsfragen, erstellt worden war. Dieser Gesetzesentwurf zielte darauf ab, künftig in Deutschland geborene Juden sowie jüdische und »artfremde« »Mischlinge« zu Staatenlosen zu machen. Die vertrauliche Begründung: »In folgerichtiger Durchführung der deutschen Rassegesetzgebung« sei es die Absicht, »die in vieler Hinsicht unerwünschten Rassenmischlinge in Deutschland nach und nach zum Verschwinden zu bringen. Es hieße aber dieses Ziel gefährden, wenn auf dem Umweg über den automatischen Erwerb der Staatsangehörigkeit durch eheliche Abstammung neue Mischlinge in die deutsche Staatsbürgerschaft einströmen könnten.«[42] Mit diesem Gesetz sollte das international gültige Prinzip, dass Kinder automatisch die Staatsangehörigkeit ihrer Eltern erhalten, für jüdische und »artfremde« Kinder aufgehoben werden. Besonders die vorgeschlagene rechtliche Gleichsetzung von »Halbjuden« und »Volljuden«, die in den »Nürnberger Rassegesetzen« so nicht vorgesehen war, zeigt, dass Globke und seine Kollegen nicht eine Milderung, sondern eine Verschärfung der Entrechtung der Juden betrieben. Auch wenn dieser Entwurf trotz der Zustimmung anderer Ministerien am Ende keine Gesetzeskraft erlangte, belegt er, dass man den späteren Rechtfertigungsversuchen und gegenseitigen Entlastungsbemühungen der Beamten des RMdI nicht vorbehaltlos glauben darf.

Als die Verfolgungsmaßnahmen der Nationalsozialisten immer bedrohlicher wurden, versuchten immer mehr Juden aus Deutschland und Österreich ins benachbarte Ausland zu fliehen. Besonders die Schweiz sah sich 1938 einer regelrechten Flüchtlingswelle gegenüber. Deshalb forderte der Chef der Schweizer Fremdenpolizei, Heinrich Rothmund, die Visumspflicht wieder einzuführen. Zur Begründung führte er vor dem Eidgenössischen Justiz- und Polizeidepartment am 15. September 1938 aus: »Wir haben seit dem Bestehen der Fremdenpolizei eine klare Stellung eingehalten. Die Juden galten im Verein mit den andern Ausländern als Überfremdungsfaktor. Es ist uns bis heute gelungen, durch systematische und vorsichtige Arbeit die Verjudung der Schweiz zu verhindern.«

Hans Globke, der gerade an einer internationalen Konferenz der Zivilstandsbeamten in der Schweiz teilnahm, wurde als Fachmann um Vorschläge zur Lösung des Problems gebeten. Globke lehnte eine allgemeine Visumspflicht ab und schlug stattdessen vor, in den Pässen von »Ariern« den Vermerk »gültig für die Schweiz« hinzuzufügen. Da Juden den Vermerk nicht bekämen, könne man sie dadurch identifizieren. Nach weiteren Verhandlungen zwischen Bern und Berlin – ohne Beteiligung Globkes – gaben die Deutschen dem Druck der Schweizer nach und schlugen die Kennzeichnung der Pässe von Juden mit einem »J«-Stempel vor. Der Schweizer Bundesrat stimmte zu.[43] Auch wenn Globke hier eher zufällig als international bekannter Experte zu Rate gezogen wurde und auch mangels Zuständigkeit nicht weiter mit der Passangelegenheit beschäftigt war, so zeigte sein Vorschlag dennoch die Bereitschaft, sich an Maßnahmen zu beteiligen, die sich gegen Juden richteten.

Ende der 30er Jahre wurde Hans Globkes Aufgabenbereich im Reichsinnenministerium zunehmend größer. Der Geschäftsverteilungsplan des RMdI aus dem Jahre 1938 nannte ihn als zuständigen Referenten für folgende Sachgebiete: »Internationale Fragen auf dem

Gebiete des Staatsangehörigkeitswesens/Staatsangehörigkeit nach dem Versailler Diktat und nach dem Vertrag von Saint Germain/ Optionsverträge/Niederlassungsverträge/Übernahmewesen/Freizügigkeit/Entscheidungen nach § 1 Blutschutzgesetz und §§ 2, 6 und 9 der I. Ausführungsverordnung dazu/Personenstandsangelegenheiten/Internationales Familienrecht/Namensrecht des ehemaligen Adels/Namensänderungen, Namensfeststellungen und Widerruf von Namensänderungen/Beglaubigung von Urkunden.« Als Korreferent war er zuständig für: »Allgemeine Rassefragen/Judenfrage, Allgemeines/Stellung der nichtjüdischen Fremdblütigen/ Blutschutzgesetz, Allgemeine Fragen/Blutschutzgesetz, Einzelnes/ Flaggenführung durch Juden/Beschäftigung deutschblütiger Hausgehilfinnen durch Juden/Anträge auf Feststellung der Rassenzugehörigkeit/Vorarbeiten zum neuen Personenstandsgesetz (Sippenamtsgesetz)/Abstammungsnachweis (Allgemeines)/Reichsstelle für Sippenforschung.«[44]

Sein Dienstherr, Reichsinnenminister Wilhelm Frick, zeigte sich sehr zufrieden mit seinem Mitarbeiter und schrieb am 25. April 1938 in einem Vorschlag zur Beförderung Globkes: »Oberregierungsrat Globke gehört unzweifelhaft zu den befähigtsten und tüchtigsten Beamten meines Ministeriums.«[45] Dabei verwies Frick auch auf Globkes Mitgliedschaft im Zentrum, die eine schnelle Karriere behindert hatte. »Dr. Globke ist wegen seiner früheren langjährigen Zugehörigkeit zur Zentrumspartei nicht zur Beförderung zum Ministerialrat vorgeschlagen worden. Bei seiner seit der Machtergreifung durch die NSDAP bewiesenen Loyalität und steten Einsatzbereitschaft halte ich es aber für dringend erforderlich, ihm nunmehr durch die Beförderung zum Ministerialrat eine Anerkennung für seine ganz vorzüglichen Leistungen zuteil werden zu lassen.«

Globke hatte sich mit seinen juristischen Arbeiten im NS-System bewährt und wurde tatsächlich zum Ministerialrat ernannt. Im gleichen Schreiben befürwortete Frick auch die Beförderung des Oberregierungsrates Hans Ritter von Lex, mit dem Globke 1948 im Auftrag Adenauers nach geeigneten Mitarbeitern für eine künftige Bundesregierung suchen sollte. Ritter von Lex, im RMdI zuständig für die Vorbereitung der Olympischen Spiele 1936, machte in Bonn als Staatssekretär im Bundesinnenministerium und anschließend als Präsident des Deutschen Roten Kreuzes Karriere.[46]

Im Beförderungsvorschlag für Globke findet sich der folgende Satz von Innenminister Frick: »Außerdem verdient seine Mitarbeit bei der Wiedervereinigung Österreichs mit dem Deutschen Reich anerkennend hervorgehoben zu werden.« Globke hatte dabei die Vertretung des Verfassungsreferenten übernommen. Aufgrund seiner Erfahrungen als Verfassungsreferent im preußischen Innenministerium hatte Globke an Rechtsverordnungen im Zusammenhang mit dem »Anschluss« Österreichs mitgearbeitet, am Erlass des Führers und Reichskanzlers über die Ernennung des Reichsstatthalters in Österreich, am Erlass des Führers und Reichskanzlers über die Österreichische Landesregierung und an der Verordnung zum Gesetz über die Wiedervereinigung Österreichs mit dem Deutschen Reich.[47] Ein erster Hinweis auf die künftigen internationalen Aufgaben Globkes im »Dritten Reich«.

Im Münchner Abkommen vom 30. September 1938 stimmten Großbritannien, Frankreich und Italien – in Abwesenheit der Tschechoslowakei – der Angliederung des Sudetenlandes an das Deutsche Reich zu. Damit ergaben sich weitere Aufgabengebiete in Fragen der Staatsangehörigkeit. Am 20. November unterzeichnete Globke als Vertreter des Reichsinnenministeriums einen Vertrag über Staatsangehörigkeits- und Optionsfragen mit der Tschechoslowakei. Dabei ging es natürlich auch wieder um rassische Ausgrenzung. Globke formulierte das im Februar 1939 in einem Aufsatz in der *Zeitschrift für osteuropäisches Recht* so: »Personen artfremden Blutes, insbesondere Juden und Zigeuner, sind jedoch niemals deutsche Volkszugehörige, auch wenn sie sich etwa bisher in der Tschecho-Slowakei zur deutschen Nationalität gerechnet haben sollten.«[48]

Nicht nur mit dem »Anschluss« Österreichs und des Sudentenlandes, sondern auch mit den nun folgenden militärischen Eroberungen erweiterte sich das Arbeitsfeld des Ministerialbeamten Globke erheblich. Gesetzliche Regelungen etwa der Staatsangehörigkeitsverhältnisse, die bisher auf das Deutsche Reich beschränkt waren, mussten nun auch Anwendung im ehemaligen Ausland finden.

Am 15. März 1939 marschierte die Wehrmacht in die Tschechoslowakei ein und besetzte die westlichen Landesteile. Sie wurden als Protektorat »Böhmen und Mähren« dem Reich angeschlossen und waren dadurch rechtlich als Inland zu betrachten. Die Mehrheit der Protektoratsangehörigen war faktisch staatenlos. Nur eine Minderheit, ausgewählt nach rassischen Kriterien, konnte die deutsche Staatsangehörigkeit erwerben. Dazu war eine Definition erforderlich, die eine praktische Umsetzung dieser Regelung möglich machte. Reichsinnenminister Frick verfasste dazu einen unveröffentlichten Runderlass, der auf einem Entwurf seines Referenten für Staatsangehörigkeitsfragen, Hans Globke, vom 27. März 1939 beruhte. Darin wurden nicht nur Begriffe wie »Volksdeutscher« und »deutsche Volkszugehörigkeit« eindeutig definiert, sondern unter Ziffer 4 wurde auch klargestellt, wer nicht »Deutscher« war: »Juden, Zigeuner sowie Angehörige der außereuropäischen Rassen sind niemals deutsche Volkszugehörige. Auch Mischlinge sind regelmäßig kein erwünschter Bevölkerungszuwachs.«[49] Juristische Kriterien, die verbindlich wurden für die mit der Einbürgerung befassten Behörden im NS-Staat. Ein Beispiel mehr für die nicht zu unterschätzende Bedeutung Globkes im Innenministerium.

Und so ging es weiter. Am 22. März 1939 trat Litauen das durch den Vertrag von Versailles von Deutschland abgetrennte Memelgebiet auf Druck der Deutschen wieder ab. Auch hier stellte sich die Rechtsfrage der Staatsangehörigkeit. Einzelheiten wurden in einem speziellen Vertrag zwischen Litauen und dem Deutschen Reich am 8. Juli 1939 festgelegt. Als deutsche Bevollmächtigte unterzeichneten Dr. Adolf Sieder, Legationsrat im Auswärtigen Amt, und Dr. Hans Globke, Ministerialrat im Reichsministerium des Innern.[50] In einem Artikel in der *Zeitschrift für osteuropäisches Recht* vom September/Oktober 1939 beklagte der Autor Hans Globke, dass der Vertrag den aus dem Memelgebiet nach Litauen geflüchteten Juden, die vor dem 30. Juli 1924 die deutsche Staatsangehörigkeit besaßen, ihnen diese leider wieder zuspreche. Doch zur Beruhigung der Volksgenossen und als Drohung an die Juden fuhr er fort: »Es ist aber Vorkehrung getroffen, um sie alsbald nach Inkrafttreten des Vertrags und vor Rückkehr nach Deutschland auszubürgern.«[51]

Globke war auch beteiligt am Vertrag des Deutschen Reiches mit der Slowakischen Republik zur Regelung der Staatsangehörigkeit von Volkszugehörigen beider Staaten vom 27. Dezember 1939.

Nach der territorialen Erweiterung des Deutschen Reiches kam es zur massenhaften Umsiedlung von »Volksdeutschen« aus Ost- und Südosteuropa. Sie beruhte auf Hitlers Vorstellungen einer ethnographischen Neuordnung, einer deutlichen Trennung der »Volkstümer«. Durch Verträge, an deren Abschluss auch Globke mitwirkte, verpflichteten sich die beteiligten Staaten,[52] die bei ihnen ansässigen »Volksdeutschen« auswandern zu lassen. In einem Artikel in der *Zeitschrift für osteuropäisches Recht*[53] erläuterte Globke Sinn und Zweck der Umsiedlungen: »Die Aufgabe wertlos oder unhaltbar gewordener Außenposten stellt [...] insbesondere nach zwei Richtungen einen Gewinn für das Gesamtdeutschtum dar: einmal werden dem Kerndeutschtum, das für die in Aussicht genommenen Aufgaben des Deutschtums in Europa nicht stark genug sein kann, neue Kräfte zugeführt, dann aber wird besonders das Deutschtum in den neuerworbenen Gebieten des Ostens durch den Einsatz solcher Deutschen gestärkt, die ihre kolonisatorischen Fähigkeiten zum Teil seit Jahrhunderten unter Beweis gestellt haben. Die Umsiedlung von bisher schon mehr als einer halben Million Deutscher aus dem Osten und Südosten Europas stellt daher einen Markstein in der Geschichte des Deutschtums dar.«

Für die Historikerin Antonia Leugers ist die Tätigkeit Globkes in den besetzten Gebieten nicht zu unterschätzen. »Er hatte den ganzen Kommentar zu den ›Nürnberger Gesetzen‹ geschrieben. Das heißt, da war einer, der aus dem Effeff beherrschte, was die Nazis umsetzen wollten. Nachdem durch Eroberungen und Kriege neue Gebiete rückeingegliedert wurden, war er der Verwaltungsfachmann, der genau dieses Unrecht umsetzen konnte. Und dass es immer verwaltungsrechtlich stimmig war. Dazu musste man schon einiges können, um diese Absurditäten umzusetzen. Und daher war er wichtig.«[54]

1938 war per Gesetz das Amt des »Generalbevollmächtigten für die Reichsverwaltung« geschaffen worden, das der Innenminister, also Wilhelm Frick, übernommen hatte. Seine Aufgabe war die Koordination der nichtmilitärischen Verwaltung im Krieg. Als Referent fungierte bis 1945 Hans Globke. In diesem Zusammenhang reiste er zusammen mit dem Minister zum Beispiel nach Jugoslawien, Rumänien und in die Slowakei.

Besonders zum Amtsleiter des Staatssekretariats für die Belange der Deutschen in der Slowakei, Ludwig Dostal, pflegte Globke gute Beziehungen. Dostal, der sich später Dollmann nannte, war Adjutant des Staatssekretärs Franz Karmasin, eines Nationalsozialisten, der seit 1940 auch der Führer der deutschen Volksgruppe in der Slowakei war. Zusammen mit Dostal organisierte Globke eine Reise nach Bratislava (Pressburg) Anfang September 1941, bei der er Minister Frick und Staatssekretär Stuckart begleitete. Auf der Tagesordnung standen Fragen der Politik, der Verwaltung und besondere Belange der deutschen Volksgruppe. Man bewegte sich in der Slowakei auf erzkatholischem Boden, schließlich war der Staatspräsident von Hitlers Gnaden, Dr. Jozef Tiso, Priester und Theologieprofessor. Als Ministerpräsident fungierte der fromme Katholik Vojtech Tuka, der bei wichtigen politischen Fragen seinen Beichtvater zu Rate zog, und Innenminister Mach war Theologe und Führer der faschistischen Hlinka-Garde. 1942, nach Beginn der Deportation slowakischer Juden, die diese katholische Regierung zu verantworten hatte, rechtfertigte Monsignore Tiso die Vertreibung als christliche Tat, da die Slowakei »ihre Schädlinge« entfernen müsse.[55] Nach dem Krieg wurde er hingerichtet.[56]

Am 9. September 1941, unmittelbar nach der Abreise der Berliner Delegation aus Pressburg, wurde die Einführung des slowakischen Judenkodex verkündet, die rechtliche Grundlage für die kommenden Deportationen. Eine zufällige zeitliche Übereinstimmung, oder gab es darüber letzte Absprachen mit Minister Frick und seinen Spezialisten? Beweisen lässt sich das nicht. Aber was haben die hohen Beamten und der Minister eigentlich in Pressburg gewollt?

Im Jahr 1961 erschien ein Buch von Reinhard Strecker mit dem Titel *Dr. Hans Globke*. Es war eine erste kritische Untersuchung über Globkes Tätigkeit im Reichsinnenministerium und enthielt viele bis dahin unbekannte Dokumente und Aktenauszüge. Strecker war Mitglied des damals noch SPD-nahen Sozialistischen Deutschen Studentenbundes (SDS). In diesem Buch wurden auch die Besuche Globkes in der Slowakei erwähnt. In einer umfassenden Stellungnahme zu Streckers Buch ließ Staatssekretär Hans Globke von seinen Anwälten unter anderem zur Frage des Slowakeibesuchs klarstellen: »Dr. Globke hatte mit der Einführung des Judenkodex nichts zu tun. Er wäre hierfür auch in keiner Weise zuständig gewesen. Dr. Globke war dagegen zuständig für die Betreuung ausländischer Delegationen. Dies brachte es mit sich, dass er bei Gegenbesuchen Begleiter der deutschen Delegation gewesen ist. Das Programm dieser Besuchsreise war überdies so reichhaltig, dass für eine Besprechung über die Herausgabe eines Judenkodex keine Zeit blieb. Schon aus diesem Grund ist die inzident aufgestellte Behauptung, dass der Besuch im Zusammenhang mit der Herausgabe des Judenkodex gestanden habe, unzutreffend.«[57] Aus Zeitmangel sei also nicht über die Judenfrage geredet worden.

Im Mai 1962 nahm Globke noch einmal selbst Stellung: »Diese Reise diente der Repräsentation und der Besichtigung der Sehenswürdigkeiten des Landes.«[58] Dass er im September 1941 nicht nur den Reiseleiter spielte, der mit seinem Minister und einer Schar strammer Nationalsozialisten aus der deutschen Volksgruppe durch die schöne Slowakei schweifte, räumte Globke denn auch selbst ein. »In den Gesprächen mit den Mitgliedern der slowakischen Regierung, bei denen ich zugegen war, wurden Fragen der Kriegslage und der Anpassung des Verwaltungsaufbaus in der Slowakei an die Erfordernisse der Kriegsführung behandelt. Judenfragen wurden – jedenfalls in meiner Gegenwart – nicht behandelt.«[59] Das sei ja aufgrund der Sprachbarriere unmöglich gewesen. »Ich hätte mich bei der Bearbeitung schon deswegen kaum beteiligen können, weil mir jede Kenntnis der slowakischen Sprache fehlt.«[60] Als ob es keine Dolmetscher gegeben hätte!

Im Urteil des DDR-Schauprozesses gegen Globke hieß es, Globke habe vor dem Militärtribunal in Nürnberg ausgesagt, er habe sich damals zu Vorschlägen über eine Verwaltungsreform äußern sollen. Er habe sie in der Slowakei mit einem Dr. Brocke vorbereitet. Die DDR-Richter behaupteten, Dr. Brocke sei als deutscher Berater im slowakischen Innenministerium an der Einführung der »Nürnberger

Rassegesetze« in der Slowakei beteiligt gewesen.[61] Andere Hinweise oder Belege für diese Behauptung habe ich allerdings nicht gefunden. So gibt es keine stichhaltigen Beweise, dass Globke in der Slowakei über die Judenfrage Gespräche geführt hat.

Aber es macht doch stutzig, dass der akribische Kommentator der »Nürnberger Rassegesetze« und Experte für Personenstandsrecht mit den Mitgliedern der slowakischen Regierung überhaupt nicht über Judenfragen geredet haben will. Schließlich waren die Gesprächspartner Angehörige einer antisemitischen Marionettenregierung, die gerade den slowakischen Judenkodex fertigstellen ließ. Und die Slowakei war der einzige Vasallenstaat, der den deutschen Nazis für jeden deportierten Juden 500 Reichsmark zahlte. Karmasin, der Führer der deutschen Volksgruppe, war überzeugter Nationalsozialist, und sein Sekretär Dostal/Dollmann hat später den slowakischen Judenkodex ins Deutsche übersetzt. Am 31. Oktober 1941 schrieb Dostal/Dollmann an Globke: »Ich danke Ihnen herzlichst für Ihre lieben Zeilen vom 22. v.M. und gestatte mir, Ihnen, Herrn Staatssekretär Stuckart und Herrn Regierungsrat Eckelberg meine Übersetzung des slowakischen Judenkodexes in der Hoffnung zu überreichen, dass sie gewiss Ihrem Interesse begegnen wird.«[62] Globke antwortete: »Ich danke Ihnen sehr herzlich für Ihre Arbeit am slowakischen Judengesetz. Als Gegengabe würde ich Ihnen gern den von mir und Staatssekretär Stuckart verfassten Kommentar zu den Nürnberger Gesetzen übersenden, aber leider habe ich nur ein einziges Exemplar, und die gedruckte Auflage ist vergriffen.«[63] Für Globke war das nur der allgemein übliche Austausch zwischen »Buchautoren«.[64] Reiner Zufall, dass es sich um ein rassistisches Gesetzeswerk und einen entsprechenden Kommentar handelte.

Am 22. Oktober 1941 hatte Globke mitgeteilt, dass es ihn gefreut habe, sich über die Lage des deutschen Volkstums in der Slowakei informieren zu können, und schloss voller Zuversicht: »Ich gebe gern der Hoffnung Ausdruck, dass die Reise auch praktische Ergebnisse zeigen wird.«[65] Gern würde man an dieser Stelle mehr erfahren, beispielsweise, welche »praktischen Ergebnisse« gemeint waren, aber sobald es um Inhalte ging, gab sich der Ministerialbeamte Globke betont wortkarg und zugeknöpft.

Eine gewisse Vertrautheit zwischen Globke und Dostal/Dollmann lassen Briefe erkennen, in denen er zum Beispiel Dostal/Dollmann bat, ihm ein Hotelzimmer zu besorgen oder ihm einen Schulfreund aus Aachen, Herbert Engelsing, der einen Erholungsurlaub in der Slowakei plante, ans Herz legte. Als Globke 1944 selbst zur Kur in die Slowakei fuhr, gab er als Postadressen die deutsche Gesandtschaft in Pressburg und die Hauptleitung der (nationalsozialistischen) Deutschen Partei in der Slowakei, z. Hd. des Amtsleiters Dr. Dollmann, an. Es schaudert einen schon, wenn man in einem Brief Dostals/Dollmanns vom 31. Oktober 1941 an Globke liest: »Einem Ihrer ›guten‹ Bekannten, dem Gauhauptmann Slušný, habe ich leider seinen besten Freund entrissen, indem ich den reichen ungarischen Juden Foule – 1919, zur Zeit Béla Kuns, Bolschewikenhäuptling in Budapest, bisher Fabrikant in Krompach, Slowakei – ins Konzentrationslager brachte.«[66] Dostal/Dollmann setzte offensichtlich Globkes Verständnis für seine makabre Mitteilung voraus, und Globke scheint die Bemerkung nicht besonders irritiert zu haben. Ein Jude und ehemaliger »Bolschewikenhäuptling«, das war der Antichrist in Personalunion. Jedenfalls pflegte Globke weiterhin einen freundschaftlich-interessierten Gedankenaustausch über eine offensichtlich gut funktionierende Zusammenarbeit. Am 21. Februar 1942 schrieb er an Dostal/Dollmann: »Ihr Schreiben über die Entwicklung der Staatsangehörigkeit der Volksdeutschen in der Slowakei hat mich sehr interessiert. Ich freue mich, dass jetzt alles gut läuft. Die gewünschten Verordnungen und eine Anzahl anderer einschlägiger Anordnungen habe ich heute offiziell an das Staatssekretariat gesandt. Anliegend finden Sie noch Sonderdrucke von zwei von mir in der *Zeitschrift für osteuropäisches Recht* veröffentlichten Aufsätzen, die Sie vielleicht interessieren werden. Einen weiteren Aufsatz über die Staatsangehörigkeit in den Ostgebieten werde ich Ihnen in voraussichtlich etwa zwei Monaten zusenden können.«[67]

Warum musste jemand, der von sich später behauptete, er habe immer nur Schlimmeres verhüten wollen, sich ausgerechnet vor deutschstämmigen Nazis in der Slowakei mit seinen juristischen Spitzfindigkeiten brüsten und Ihnen noch zusätzliches Material an die Hand geben? Erstaunlich ist auch, wie sich der angeblich »unbedeutende, kleine« Beamte Hans Globke um den 65. Geburtstag seines Ministers Wilhelm Frick und die Segenswünsche aus der Slowakei sorgte. In einem Schreiben an Dostal/Dollmann vom 21. Februar 1942 legte er diesem nahe, dass nicht nur die deutsche Volksgruppe gratulieren solle, sondern auch die slowakische Marionettenregierung, wobei er erst gar nicht von Regierung sprach. »Herr Reichsminister Frick feiert am 12. März 1942 seinen 65. Geburtstag. Zu diesem Tag werden – abgesehen von den üblichen Glückwünschen des Führers und der übrigen führenden Persönlichkeiten des Deutschen Reichs – auch eine größere Anzahl von Glückwünschen aus dem Ausland eingehen. Ich würde es für zweckmäßig halten, dass auch die Slowakei nicht fehlen würde. Sicher wird Herr Staatssekretär Karmasin als Führer der deutschen Volksgruppe es sich nicht nehmen lassen, Herrn Minister Dr. Frick als dem Volkstumsminister des Deutschen Reichs zu gratulieren. Es würde mir aber angezeigt erscheinen, dass auch die slowakischen Herren, mit denen Dr. Frick bei seiner Slowakeireise im vergangenen Herbst in nähere Verbindung getreten ist (Tiso, Tuka, Mach), sich an den Glückwünschen beteiligen würden. Wäre es möglich, dies in die Wege zu leiten? Nehmen Sie im voraus dafür meinen verbindlichsten Dank.«[68] Der anweisende Unterton dieses Schreibens, der wenig nach Bitte oder Anfrage klang, macht deutlich, wie es um die Machtverhältnisse in der Slowakei bestellt war.

Nicht nur die Schönheiten der Slowakei waren während des Krieges Ziel der Besuche von Hans Globke, seine Touren mit dem Minister oder mit Staatssekretär Stuckart führten ihn auch quer durch das besetzte Europa zu Besprechungen mit den Zivilverwaltungen der okkupierten Länder: Er war bei Konstantin von Neurath und Karl-Hermann Frank in Prag, bei Albert Forster in Danzig, bei Arthur Seyß-Inquart in Holland, bei Josef Bürckel in Metz, bei Adolf Wagner in Straßburg und beim Leiter der Militärverwaltung in Frankreich. Außerdem besuchte er den damals verbündeten rumänischen »Staatsführer« Ion Antonescu in Bukarest. Jahre später, am 12. Juli 1950, zählte Globkes schärfster Gegner im Bundestag, der SPD-Abgeordnete Adolf Arndt, in der Debatte zum »Fall Globke« diese Reisen wörtlich auf und konstatierte: »Überall wo dieser Korreferent für Judenfragen mit dem SS-Obergruppenführer Stuckart erschien, soll natürlich von Juden – außer in Straßburg, wofür ein Dokument vorliegt, das ist Pech! – nie gesprochen worden sein und soll das Reichsinnenministerium nur als Hort und Hüter der Juden in Erscheinung getreten sein. Aber alle Welt weiß, dass von diesen Plätzen aus und nach diesen Besprechungen sich die Blutspur der gemarterten Juden in die Vernichtungslager nach Auschwitz und nach Maidanek zog.«[69]

Dass er bei seinem Besuch in Straßburg nichts über »Judenangelegenheiten« gehört hatte, auch dafür präsentierte Globke eine Erklärung: »Ich habe niemals in Straßburg mit Gauleiter Wagner über Judenfragen verhandelt. Auf meiner Reise nach Straßburg trat eine unvorhergesehene Verzögerung ein, so dass ich zu einer Sitzung über Verwaltungsfragen im Elsass, an der ich teilnehmen sollte, zu spät kam. Ich habe, am Eingang stehend, nur noch das Ende der Besprechung miterlebt. Mir ist nicht erinnerlich, dass dabei Judenangelegenheiten zur Sprache gekommen wären, für die ich keinesfalls zuständig gewesen wäre.«[70]

In Globkes Nachlass findet sich ein »Bericht über meine Reise in die besetzten Westgebiete, 10.–15.7.'40«,[71] eine Rundfahrt, die er mit Staatssekretär Stuckart und zwei Oberregierungsräten unternommen hatte. Für Globke gehörte die Reise durch die vom Krieg zerstörten Gebiete »mit zu den interessantesten und eindrucksvollsten Erlebnissen meines Lebens«.[72] Obwohl der Bericht hauptsächlich den jeweiligen Zerstörungsgrad der besuchten Orte und die Schönheit der besetzten Landschaften schildert, war es eigentlich keine Vergnügungsreise, wie Globke einsilbig andeutete: »Im Zusammenhang mit der Besetzung der Niederlande, von Belgien und von Frankreich war eine Anzahl von Fragen, die die Verwaltung betreffen, zu besprechen.«[73]

Erste Station waren die Niederlande, wo die Reisegesellschaft mit ihrem Heinkel-He-111-Bomber landete, der vor dem Krieg für die Türkei bestimmt war und immer noch türkische Beschriftung trug. Empfangen wurden die Ministerialbeamten vom Reichskommissar für die Niederlande, Arthur Seyß-Inquart, der gerade erst seit dem

29. Mai 1940 im Amt war. Im Nürnberger Prozess wurde Seyß-Inquart nach dem Krieg beschuldigt, Hunderttausende Niederländer als Sklavenarbeiter ins Reich und rund 120 000 niederländische Juden in die Todeslager geschickt zu haben. Wegen seiner Verbrechen wurde er verurteilt und gehängt. Für Globke schien der Besuch beim künftigen Massenmörder geradezu heimelig gewesen zu sein: »Wir sind dann mit Seiß-Inquart [Globke schreibt den Namen falsch] nach Nordwijk [Noordwijk] gefahren und haben dort bei Bohnenkaffee und Schlagsahne die ersten Besprechungen gehabt, die später im Anschluss an ein kleines Festessen im Kastell Oud Wassenaer, wo der Reichskommissar wohnt, bis zwei Uhr nachts fortgesetzt wurden.«[74] Offenbar gab es viel zu besprechen, aber was, darüber schwieg der loyale Beamte Globke selbst in seinen persönlichen Aufzeichnungen. Ein bedingungsloses Schweigen, das später auch Konrad Adenauer zu schätzen wusste.

Bemerkenswert in Globkes Reisebericht sind seine Anmerkungen zum »Flüchtlingsproblem« in Frankreich: »Die Flucht [beim Einmarsch der Wehrmacht] war vielfach darauf zurückzuführen, dass die Zeitungen ihren Lesern ständig Berichte über angebliche Gräuel der SS in Polen vorgesetzt hatten und die Leute nun lieber auf alles verzichteten, aber ihr Leben in Sicherheit bringen wollten. Umso erstaunter waren alle, als man sich von deutscher Seite aus nicht nur absolut korrekt benahm, sondern sich im Gegenteil der Bevölkerung nach jeder Richtung hin annahm.«[75] Der Deutsche im Ausland – egal ob in SS- oder Wehrmachtsuniform –: immer korrekt und hilfsbereit. Man fragt sich nicht nur, warum die unterdrückten Völker überhaupt Widerstand leisteten, sondern auch, warum Globke angeblich dieses Regime seit 1933 bekämpfte.

Globke philosophierte auch über die angeblich mangelnde Einsatzbereitschaft und Feigheit französischer Soldaten an der Maginotlinie und kam mit einem abstrusen Biologismus zu dem frappierenden Ergebnis: »Die tieferen Gründe liegen offenbar darin, dass das Schwinden der biologischen Lebenskraft infolge der geringen Geburtenzahl in Frankreich fast allgemein zu einer pazifistisch-defaitistischen Lebensauffassung geführt hat, aus der heraus die Verteidigung in der Maginotlinie als der Weisheit letzter Schluss angesehen wurde. Man suchte dadurch das Volk zu schützen, weil man die biologischen Folgen von Verlusten fürchtete und hat dies dem Volk gesagt. So sucht auch jeder sich selbst zu schützen, weil ihm dies wichtiger als alles andere schien.«[76] Das kann, konsequent weitergedacht, eigentlich nur bedeuten: Hätten die Franzosen die katholische Sittenlehre besser befolgt und mehr Kinder gezeugt, hätten sie sich nicht feige dem deutschen Feind ergeben und überlebt, sondern sie hätten sich als wackere Familienväter heldenhaft niedermetzeln lassen und ihre Kinder zu Waisen und ihre Frauen zu Witwen gemacht. Die ziemlich verquaste Logik eines »Katholiken in Uniform«, auch wenn er kein Feldgrau, sondern nur das dunkle Tuch der Beamtenuniform trug.

Seit 1940 hatte Globke im Westen neue Aufgaben bekommen. Nach dem Waffenstillstand mit Frankreich wurde er stellvertretender Leiter der neuen Unterabteilung I/6 (Angelegenheiten der Westgebiete) und – laut Geschäftsverteilungsplan – Referent für das Sachgebiet »Allgemeine Fragen und Organisation in Belgien, Eupen-Malmedy und Luxemburg« sowie Korreferent für »Allgemeine Fragen und Organisation in den übrigen Westgebieten« (außer den Niederlanden). Bei der Vorbereitung des Friedensvertrages mit Frankreich sollte der Verfassungs- und Staatsrechtler Globke ebenfalls mit seinen Kenntnissen dienen. Mit Schreiben vom 5. Juli 1940 erklärte Wilhelm Frick an die Adresse des Außenministers Joachim von Ribbentrop: »Als meinen Vertreter bei den Vorarbeiten für die Friedensschlüsse benenne ich für den Geschäftsbereich des Generalbevollmächtigten für die Reichsverwaltung und des Reichsministers des Innern den Staatssekretär Dr. Stuckart, als Sachbearbeiter den Ministerialrat Dr. Globke.«[77] Die für Friedensverträge zuständigen Referenten der dem Generalbevollmächtigten (Reichsinnenminister Frick in Personalunion) unterstehenden Ressorts Justiz, Kultur, Kirche und der Reichsstelle für Raumordnung mussten ihre Vorschläge den Koordinatoren Stuckart und Globke vorlegen, die daraus einen Gesamtentwurf für das Außenministerium entwickelten.

Am 5. Juli 1941 nannte der neue Geschäftsverteilungsplan des RMdI Globke als Leiter der Unterabteilung I West (Neuordnung im Westen) und im Geschäftsbereich des Generalbevollmächtigten (GBV) als Referenten unter anderem für Waffenstillstandsvertrag und Friedensverhandlungen. In seinem Bericht über die im Mai 1940 erfolgte Reise durch die besetzten Gebiete im Westen erwähnte Globke, er habe wenige Tage später in Wiesbaden »Verhandlungen mit Herren der deutschen Delegation in der Waffenstillstandskommission«[78] geführt. Einzelheiten darüber finden sich keine. Ende August 1942 waren die Überlegungen zu einem Friedensvertrag mit Frankreich im RMdI abgeschlossen, und Minister Frick schickte die Vorschläge mit Datum vom 2. September 1942 ins Auswärtige Amt. Das Schreiben trug im Kopf Globkes Stellenbezeichnung »I West« und die Brieftagebuch-Nr. 384/42-5130.[79] Behandelt wurden nicht nur deutsch-französische »Grenzberichtigungen« zur Sicherung des Deutschen Reiches im Westen, sondern auch die Fragen der Staatsbürgerschaft und der Rassenzugehörigkeit wurden wieder einmal ausführlich erörtert.

In Anbetracht der speziellen Bedingungen in der Kolonialmacht Frankreich stellte sich für die »arischen« Besatzer besonders die Frage: Was tun mit den »Farbigen«? »Farbige können die französische Staatsangehörigkeit nicht erwerben. Denjenigen, die die Staatsangehörigkeit bereits besitzen, ist diese zu entziehen, soweit der farbige Blutanteil wenigstens ¼ beträgt.«[80] »Die französische Regierung wird ferner auf deutsches Verlangen die Rheinland-Bastarde [gemeint sind die Kinder, die aus Verbindungen schwarzer französischer Soldaten mit deutschen Frauen während der französischen Besatzungszeit nach dem Ersten Weltkrieg hervorgegangen waren] sowie sonstige Bastarde, deren farbiger Bluteinschlag von einem Farbigen aus den französischen Kolonialgebieten herrührt, übernehmen und in die französischen Kolonien weiterbefördern müssen.«[81] »Das Einsickern farbigen Blutes nach Europa kann in Zukunft nicht mehr geduldet werden; soweit bereits Schäden eingetreten sind, müssen diese nach Möglichkeit beseitigt werden. […] Die dauernde Niederlassung von Farbigen (Negern, Madagassen, Indochinesen, Mulatten usw.) in Frankreich darf grundsätzlich nicht geduldet werden.«[82] Die Vorschläge aus dem Reichsinnenministerium sahen natürlich nicht nur Maßnahmen der »Rassenhygiene« gegenüber »Farbigen«

vor, sondern selbstverständlich auch die Deportation aller Juden und »Zigeuner«.

In der Stellungnahme seiner Anwälte zum Abdruck dieses Entwurfs zu einem deutsch-französischen Friedensvertrag in Reinhard Streckers Buch stritt Globke – wie immer – alles ab: »Dr. Globke hat dieses Schreiben weder bearbeitet, noch daran mitgewirkt. Er kann sich überhaupt nicht entsinnen, es früher einmal gesehen zu haben. Wenn auch dem Sachbearbeiter des GBV eine Abschrift dieses Schreibens zur Kenntnisnahme übersandt werden musste, so ist es doch leicht möglich, dass sie Dr. Globke nicht zu Gesicht gekommen ist. Dr. Globke ist wahrscheinlich damals als der zuständige Betreuer des Reichsinnenministeriums mit dem damaligen slowakischen Innenminister Mach und dessen Begleitung dienstlich durch Deutschland gereist. Das Aktenzeichen ist offensichtlich irrtümlich eingesetzt worden. Auch dies wird verständlich, wenn man berücksichtigt, dass die Aktenzeichen [...] erst vor Abgang von der Registratur eingesetzt wurden und Ende 1942 viele alte eingearbeitete preußische Registraturbeamte durch Aushilfskräfte ersetzt worden waren.«

Im Übrigen verneinte Globke seine damalige Zuständigkeit. Auch dem *Spiegel* erklärte er nach Vorlage des Papiers: »Ich kenne das nicht. Ich habe das nie gesehen.«[83] In einem Schreiben vom 5. Juli 1940 an die übrigen Ressortleiter hatte Frick angeordnet, Abschriften von allen Anregungen für die Vorarbeiten zum Friedensschluss zu Händen seines »Sachbearbeiters, Ministerialrat Dr. Globke« zu schicken. Daran konnte sich Globke ebenfalls nicht erinnern: »Ich kann mich beim besten Willen nicht darauf besinnen, dass ich daran mitgewirkt habe. Ich kann mir das überhaupt nicht erklären. Vielleicht war ich damals gerade nicht da.«[84] Als der *Spiegel* nach Prüfung der alten Akten feststellte, Globke sei zu dieser Zeit nicht in Urlaub gewesen, erklärte er, er sei wohl gerade mit dem Gegenbesuch der slowakischen Regierungsvertreter unterwegs gewesen.

Als »Reiseleiter« dürfte Globke dem Reichsinnenministerium allerdings weniger wichtig gewesen sein, dort schätzte man vielmehr seine juristischen Qualitäten so sehr, dass er während des gesamten Krieges vom Wehrdienst befreit wurde. In einem Schreiben des RMdI vom 29. Januar 1940, das Globke Unentbehrlichkeit attestierte und um seine Freistellung bat, hieß es mit Hinweis auf die anstehenden großen Aufgaben, die auch sein künftiges Arbeitsgebiet präzise beschrieben: »Der Beamte ist hier nicht entbehrlich, er ist Sachbearbeiter beim Generalbevollmächtigten für die Reichsverwaltung und Referent für Staatsangehörigkeitsfragen, die aus Anlass der Bildung des Protektorats, der Eingliederung der Ostgebiete, der Bildung des Generalgouvernements und der Umsiedlungsaktionen anfallen.«[85]

Für seine Verdienste wurde Globke mit Orden und Ehrenmedaillen dekoriert, zum Beispiel mit der Medaille zur Erinnerung an den 13. März 1938 »für Personen, die sich um die Wiedervereinigung Österreichs mit dem Deutschen Reich besondere Verdienste erworben haben« und mit der Medaille zur Erinnerung an den 1. Oktober 1938, mit der besondere Verdienste bei der Wiedervereinigung der sudetendeutschen Gebiete mit dem Deutschen Reich gewürdigt wurden. Im November 1941 wurde Globke das silberne Treuedienst-Ehrenzeichen verliehen. 1942 erhielt er das Kriegsverdienstkreuz II. Klasse und das Komturkreuz des Ordens des Sterns von Rumänien.[86]

Mit einem Orden allerdings bekam Globke noch nach seiner Pensionierung Probleme. Bei einer Bonn-Visite des luxemburgischen Regierungschefs war Adenauers Staatssekretär 1957 das Großkreuz zum Orden der Eichenkrone verliehen worden. Nach einem Bericht des *Spiegel* aus dem Jahr 1965 löste diese Verleihung allerdings heftige Diskussion aus, nachdem man in Luxemburg erfahren hatte, was Globke nach der deutschen Besetzung über ihr Land geschrieben hatte. Der *Spiegel* berichtete, dass Globke im Rechtskommentar Pfundtner/Neubert das Großherzogtum damals praktisch zum Niemandsland erklärt hatte: »Mit der Besetzung […] ist der selbständige luxemburgische Staat aufgelöst worden, die luxemburgische Staatsangehörigkeit ist untergegangen, die früheren luxemburgischen Staatsangehörigen sind staatenlos geworden.«[87] Die erbosten Luxemburger erwarteten nun die Rückgabe ihres Dekorationsstücks, aber der Staatssekretär steckte wieder einmal in bewährter Vogel-Strauß-

Taktik den Kopf in den Sand. Auch dem *Spiegel* gegenüber wollte er nicht inhaltlich Stellung beziehen. Stattdessen wiegelte er ab: »Ich möchte, dass es jetzt endlich um meine Person ruhig wird.«[88]

Bis zum Untergang des »Dritten Reiches« blieb Ministerialrat Globke auf seinem Posten, auch nachdem Heinrich Himmler Frick als Innenminister abgelöst hatte. Im neuen Kriegs-Geschäftsverteilungsplan vom 1. Juli 1943 wurde Globke im Geschäftsbereich des Generalbevollmächtigten als Referent für die Verbindung zur Reichskanzlei genannt. Ein Beweis für das Ansehen und das Vertrauen, das Globke im Ministerium genoss. Während Himmler kaum Interesse am Reichsinnenministerium zeigte, agierte Globkes direkter Vorgesetzter Wilhelm Stuckart faktisch als Chef. Stuckart schätzte Globke als loyalen Beamten und vor allem als fähigen Mitarbeiter.

War Globke also in Wahrheit ein überzeugter Nationalsozialist, wie ihm so oft vorgeworfen wurde? Einer, der sich mit den menschenverachtenden Zielen des Unrechtsregimes identifizierte und als Ministerialbeamter treu zu seinem Dienstherrn stand? Wenn es um die Parteimitgliedschaft in der NSDAP ging, pflegte Globke stets zu antworten, er sei nie Parteimitglied gewesen. Das ist richtig, aber eben wieder nur die halbe Wahrheit, denn Globke hatte bereits 1941 einen Antrag auf Mitgliedschaft in der Partei gestellt. Das Gesuch wurde zur Stellungnahme an den Leiter der Parteikanzlei, Martin Bormann, weitergeleitet. In seinem Schreiben vom 30. November 1941 lehnte Bormann eine Aufnahme ab. »Gegen die Parteiaufnahme des Ministerialrats Globke habe ich in politischer Hinsicht Bedenken. Globke hat der Zentrumspartei von 1922 bis zur Auflösung angehört. Er pflegt auch jetzt noch Verbindungen zu den Kreisen führender Männer der früheren Zentrumspartei. Globke ist zwar nach der Machtübernahme der NSV [Nationalsozialistischen Volkswohlfahrt], dem RDB [Reichsbund der deutschen Beamten], dem NSRB (NS-Rechtswahrerbund] und als förderndes Mitglied dem NSKK [Nationalsozialistischem Kraftfahr-Korps] beigetreten. Er ist ein enger Mitarbeiter des Staatssekretärs Dr. Stuckart im Reichsinnenministerium, der seine Arbeitskraft außerordentlich schätzt und der Überzeugung ist, dass Globke frei von kirchlich-politischen

Bindungen ist. Ich bin jedoch trotzdem der Überzeugung, dass die Aufnahme des Ministerialrats Globke keinen wertvollen Gewinn für die Partei darstellen würde.«[89]

Was Bormann offenbar nicht wusste: Globke war auch noch Mitglied im Reichskolonialbund und im Reichsluftschutzbund, wie er nach dem Krieg im Fragebogen der Militärregierung in Deutschland selbst vermerkte.[90] Bormanns Begründung belegt, dass die Parteiführung Globke wegen seiner Zentrumskontakte nicht richtig traute. Jedenfalls wusste man in den Spitzen der NSDAP über Globkes Kontakte Bescheid. Dass man ihn trotzdem im Amt beließ, lag mit Sicherheit an seinen außergewöhnlichen Fähigkeiten als Rechts- und Verwaltungsexperte. Globke erledigte seine Arbeit zur vollsten Zufriedenheit seines direkten Vorgesetzten Wilhelm Stuckart, und der wusste, was er an Globke hatte. Aber wieso konnte der Jurist Hans Globke als Katholik und Zentrumsmann bei der Legitimierung von Nazi-Unrecht helfen?

Exkurs: Der Vatikan und Hitler

Das Zentrum als politischer Arm des Katholizismus hatte schon im »Kulturkampf« Bismarck Widerstand geleistet. Für den Eisernen Kanzler war das Zentrum Teil einer »schwarzen Internationale«, die – vom Vatikan aus dirigiert – die nationale Einheit gefährdete. Es war eine Partei, die sich nicht auf bestimmte Gesellschaftsschichten stützte, sondern deren Mitglieder und Wähler vor allem dieselbe Religionszugehörigkeit verband. Um die Haltung von Katholizismus, Kirche und Zentrumspartei zum Nationalsozialismus, zum Antisemitismus und zur Judenverfolgung beurteilen zu können, muss man religiöse Anschauungen und politische Tendenzen kritisch beleuchten. Die Kirche selbst hat sich mit diesem dunklen Kapitel, ihrer passiven Rolle im Nationalsozialismus, schwergetan. Noch knapp zwei Jahrzehnte nach Kriegsende, 1963, entfachte Rolf Hochhuth mit seinem Theaterstück *Der Stellvertreter* über die Untätigkeit des Papstes angesichts der Judenverfolgung einen Sturm der Entrüstung unter den deutschen Katholiken. Viele Zentrumspolitiker – wie Hans Globke – hatten im NS-System weitergearbeitet, einige waren Widerstandskämpfer gewesen. Manche von ihnen saßen trotz ihrer früheren Opposition später in Bonn als frischgebackene CDU-Leute mit früheren Nazi-Kollegen nicht nur an einem Tisch, sondern verhalfen ihnen sogar zu neuen Posten.

Der angeblich gegenüber dem Nationalsozialismus weitgehend resistent gebliebene Katholizismus hatte durchaus Berührungspunkte mit der Nazi-Ideologie gezeigt, gemeinsame oder ähnliche Wertvorstellungen und politische Strategien. Das Schweigen der deutschen katholischen Bischöfe – zum Beispiel zum Erlass der »Nürnberger Rassegesetze«, zur sogenannten Reichskristallnacht, zur Einführung des Judensterns oder zu den Deportationen der Juden in die Vernichtungslager – hatte tiefere Gründe als nur die Angst vor möglichen

Repressalien. Tatsächlich ging es in nur 0,9 Prozent aller staatlichen Verfolgungsmaßnahmen gegen katholische Priester um die Begünstigung von Juden.[1] Soweit es sich um katholische Belange handelte, zeigte die Kirche durchaus Widerstand. Doch gegenüber den Juden war die Haltung der Kirche bis hin zum Vatikan von Antijudaismus und Antikommunismus geprägt.

Antijudaismus im Katholizismus der 20er und 30er Jahre – das mag vielen heute völlig unwahrscheinlich vorkommen, aber nur weil dieses Thema später weitgehend totgeschwiegen wurde. Der Antijudaismus basierte zumeist nicht auf persönlichen Erfahrungen, denn angesichts der tatsächlichen Anzahl von Juden in Deutschland dürften viele Katholiken, besonders auf dem Land, nur wenig Kontakt mit Juden gehabt haben: Im Juni 1933 gab es knapp eine halbe Million Juden in Deutschland, das machte gerade einmal 0,77 Prozent der Bevölkerung aus, und die lebten auch noch überwiegend in Großstädten.[2] Der Antijudaismus war vor allem ideologischer Natur. Seine wohl bekannteste Variante war die Beschuldigung der Juden als Mörder Gottes, weil sie Jesus ans Kreuz geschlagen hatten. Erzbischof Conrad Gröber hatte in seiner Predigt am Karfreitag 1941 diesen Juden mit schwülen Wortmalereien ein Gesicht oder besser: eine Fratze gegeben: »Er (Christus) wird verraten mit dem Zeichen der überschäumenden Liebe, mit einem schmatzenden Kuss der schmutzigen Judaslippen.« Und weiter: »Alles Mitgefühl der Juden ist in barbarischer Rohheit erstickt. Die Bestie hat Menschenblut gerochen und will ihren wildbrennenden Durst daran löschen.«[3]

Bereits im April 1933 hatte der Katholik Adolf Hitler, darum bemüht, Gemeinsamkeiten zwischen Nationalsozialismus und katholischer Kirche herzustellen, gegenüber dem Osnabrücker Bischof Hermann Wilhelm Berning erklärt, seine Judenfeindschaft leite sich aus dem christlichen Antijudaismus ab. Er erweise dem Christentum mit der Bekämpfung dieser Schädlinge einen Gefallen. Das kirchliche Protokoll erwähnte keinen Widerspruch des Bischofs.[4] Der Münchner Erzbischof Michael Kardinal von Faulhaber stellte in einer seiner Adventspredigten im Dezember 1933 klar, »mit der Kreuzigung des Heilands habe das Volk der Juden von Gott den Scheidebrief erhalten, und seitdem wandere der ›ewige Ahasver‹ ruhelos über die Erde«.[5] Das katholische *Herder Konversationslexikon* aus dem Jahr 1931 lehnte zwar rassischen Antisemitismus aufgrund der »Blutfremdheit« aus christlicher Sicht eindeutig ab, im Artikel heißt es aber weiter: »Erlaubt ist die Abwehr des tatsächlich-schädlichen Einflusses liberal-jüdischer Kreise auf geistigem (Literatur, Presse, Kunst, Theater usw.) und politisch-wirtschaftlichem Gebiet mit rechtlichen und sittlichen Mitteln, am besten durch eigene, positive Leistungen.«[6] Hier manifestiert sich der Antiintellektualismus der Kirche, der Abscheu vor der liberalen Kulturszene vor allem in Berlin, in der Juden eine wichtige Rolle spielten. Auch im *Lexikon für Theologie und Kirche* (1930) wurde zunächst über die zersetzende Einwirkung des »libertinistischen« und revolutionären Teils des Judentums geklagt, um dann die Katze aus dem Sack zu lassen. Juden, so hieß es, seien »die tüchtigsten Werkzeuge der von Lenin aufgerichteten bolschewistischen Herrschaft«.[7] Dieser von Kirche und Vatikan gepredigte Hass auf die Dreifaltigkeit von Judentum, Intellektuellen und Kommunisten war die Schnittstelle der Katholiken zum Nationalsozialismus. Hier wurde der gemeinsame Todfeind benannt, den es zu bekämpfen galt.

Bereits vor dem Überfall auf die Sowjetunion hat Hitler davon gesprochen, er wolle die »jüdisch-bolschewistische Intelligenz« ausrotten.[8] Das Feindbild des »jüdischen Bolschewismus« war auch in der Generalität der Wehrmacht verbreitet. Die Militärs akzeptierten schon zu Beginn des Russland-Feldzugs die Massenerschießungen jüdischer Männer, angeblich um späteren Partisanenangriffen »jüdischer Bolschewisten« vorzubeugen. Der Überfall auf die Sowjetunion 1941 wurde so zum mörderischen Kreuzzug, da passte es gut, dass die Koppelschlösser der Wehrmachtsuniformen das Motto »Gott mit uns« zierte. Entsprechend segnete der katholische Feldbischof Franz Justus Rarkowski den Krieg im Osten ab: »So ist es keine Übertreibung, wenn ich sage, dass ihr im Osten gleich den deutschen Ordensrittern, einer Zeit, die weit hinter uns liegt, eine Aufgabe zu erfüllen habt, die von einmaliger Bedeutung ist und deren Auswirkung für unser Volk, ja für Europa und die ganze Menschheit, heute noch nicht überblickt werden kann. Der bolschewistische Moloch hat immer wieder versucht, sein Haupt zu erheben, um mit einem Massenaufgebot an Menschen und Maschinen der Kulturwelt zu trotzen. Zwar schwebt über diesen Massen ein Idol, genährt von dem bolschewistischen Weltzerstörungstrieb, aber in ihnen lebt kein Glaube.«[9]

Wie stark die Dämonisierung schon nach dem Ersten Weltkrieg war, veranschaulicht das Beispiel Eugenio Pacellis, des späteren Papstes Pius XII., der als Päpstlicher Nuntius in Berlin und München die Aufstände der Sozialisten und Kommunisten erlebte. In einem vertraulichen Brief vom 18. April 1919 an Kardinalstaatssekretär Gasparri machte er sich die bedrohlichen Eindrücke, die sein Stellvertreter Monsignore Schioppa bei einer persönlichen Begegnung mit einem der Führer der kommunistischen Räteregierung, Max Levien, gewonnen hatte, zu eigen. Levien war jüdischer Abstammung. Daniel Jonah Goldhagen, der diesen von Antisemitismus strotzenden Brief zitiert,[10] verweist dabei unkritisch auf das Buch von John Cornwell.[11] Die Übersetzung dieses Dokuments bei Cornwell ist stark übertrieben und deckt sich an mehreren Stellen nicht mit dem italienischen Original. Dennoch zeigt sich der grundsätzliche Widerwille gegen kommunistisch-jüdische Intellektuelle, vor allem auch gegen die Frauen in der Gruppe.

Kommunismus, das war für Pacelli das Bekenntnis des leibhaftigen Antichristen. Die Erlebnisse der Revolution in Deutschland wurden für ihn zum lebenslangen Trauma. Erfahrungen, die den gewieften päpstlichen Diplomaten zum antikommunistischen Hardliner machten. Giulio Andreotti, ehemaliger christdemokratischer Staatspräsident Italiens, schilderte im Interview Pacellis Kommunisten-Paranoia: »Pius XII. hatte die kommunistischen Aufstände sowohl in München als auch in Berlin miterlebt. Ich selbst habe oft mit ihm darüber gesprochen, und jedes Mal, wenn er darauf zu sprechen kam, war er wie elektrisch aufgeladen. Ich weiß nicht, vielleicht durchlebte er diese Vorfälle noch einmal. Also es war nicht nur eine theologische These oder um die Religion zu verteidigen – es war das heilige Bewusstsein darüber, was es bedeutet, wenn die Straße die Macht ergreift.«[12]

Am 4. März 1933 schrieb Pacelli, wer ihm trotz seiner Vorbehalte als Vorkämpfer gegen die rote Gefahr aus dem Osten imponierte:

»Hitler ist der erste (und einzige) Staatsmann, der bisher öffentlich gegen den Kommunismus geredet hat. Bislang war das einzig und allein der Papst gewesen.«[13] Im Gespräch mit dem bayerischen Gesandten Otto Ritter zu Groenesteyn kritisierte er auch die Regierungen der Weimarer Republik, gegen die Hitler polemisiert hatte: »Es ist freilich wahr, dass diese sich als viel zu nachgiebig gegenüber dem Kommunismus gezeigt haben.«[14]

Dieser Antikommunismus des Vatikans wirkte sich auch im Verhältnis der Zentrumspartei und der ebenfalls katholischen Bayerischen Volkspartei zu den Nationalsozialisten aus. Eine entscheidende Rolle spielte dabei Prälat Ludwig Kaas, Professor für Kirchenrecht, seit 1928 Vorsitzender des Zentrums, ein Vertrauter Adenauers[15] und enger Freund von Eugenio Pacelli. 1919, angesichts der kommunistischen Aufstände des Spartakusbundes hatte Kaas bereits pathetisch ausgerufen: »Spartakus muss sterben, wenn Deutschland leben will.«[16] Wie eine Nichte von Ludwig Kaas berichtete, führte er mehrmals in der Woche lange Telefongespräche mit Pacelli in Rom.[17] Kaas steuerte das Zentrum weiter nach rechts und suchte Anschluss an die nationalistische Strömung, um den »Kulturbolschewismus« besser bekämpfen zu können. Am 23. März 1933 brachte Kaas seine Partei, das Zentrum, dazu, im Reichstag Hitlers Ermächtigungsgesetz zuzustimmen: »Im Angesicht der brennenden Not, in der Volk und Staat gegenwärtig stehen, im Angesicht der riesenhaften Aufgaben, die der deutsche Wiederaufbau an uns stellt, im Angesicht vor allem der Sturmwolken, die in Deutschland und um Deutschland aufzusteigen beginnen, reichen wir von der deutschen Zentrumspartei in dieser Stunde allen, auch früheren Gegnern, die Hand, um die Fortführung des nationalen Aufstiegswerkes zu sichern.«[18]

Der Nazi-Terror wurde legalisiert. Die Zentrumspartei hatte sich dabei den Makel des Steigbügelhalters zugezogen, einen Ruf, den sie nicht mehr loswurde. Beweise, dass Kaas im Auftrag Eugenio Pacellis das Zentrum dazu brachte, dem Ermächtigungsgesetz zuzustimmen, gibt es bis heute nicht. Vieles spricht aber dafür. Sowohl Hitlers erklärter Antibolschewismus als auch seine zumindest scheinbare Bereitschaft, die katholische Kirche nicht grundsätzlich in ihrem Bestand anzutasten, waren im Vatikan positiv aufgenommen worden. Im Gegenzug für die Hilfe bei Hitlers Machtübernahme erhoffte sich Kaas den baldigen Abschluss eines Konkordats zwischen Hitler und dem Vatikan, einen Vertrag, der die Beziehungen zwischen Kirche und Staat regeln sollte.

Am 7. April 1933 verließ Kaas Deutschland für immer. Er ging zu seinem Freund Pacelli nach Rom und wurde Leiter der Dombauhütte des Petersdoms. Seinen katholischen Freunden in Deutschland erklärte er: »Hitler weiß das Staatsschiff wohl zu lenken. Noch ehe er Kanzler wurde, traf ich ihn wiederholt und war sehr beeindruckt von seiner Art, den Tatsachen ins Auge zu sehen und dabei doch seinen edlen Idealen treu zu bleiben.« Und weiter: »Die Geschichte der letzten Jahre in Deutschland hat den demokratischen Parlamentarismus als unfähig erwiesen.«[19]

Später hat Kaas seinen politischen Fehler eingesehen. Gegenüber angehenden christdemokratischen Politikern Italiens warnte er vor einer Wiederholung. Giulio Andreotti erinnerte sich: Für unsere Ausbildung war ein deutscher Priester, der in Rom lebte, sehr hilfreich, der ehemalige Vorsitzende der Zentrumspartei, Ludwig Kaas. Von ihm haben wir viel erfahren, unter anderem über die damalige Parteienlandschaft. Ludwig Kaas sagte uns immer: ›Passt auf und macht nicht den Fehler, den wir gemacht haben. Wir dachten nämlich, letztendlich könnten wir eine nationale Bewegung unterstützen, die sich gegen die Kommunisten und Russen stellt – und dann sind wir vom Nazismus überrollt worden.‹«[20] In der internationalen Monatszeitschrift *30 Tage. In Kirche und Welt* vom September 2004 schilderte Chefredakteur Giulio Andreotti noch ein anderes Detail aus den Vorträgen von Kaas. Demnach sei die Machtübernahme der Nazis »auch dank der Unterstützung jüdischer Kreise [gelungen], die sich vom Echo der russischen Revolution hatten einschüchtern lassen.« So kann man Geschichte umschreiben.

Die Nichte von Kaas berichtete, später habe ihr Onkel auf Anweisung von Pius XII. seine gesamten persönlichen Unterlagen und Aufzeichnungen verbrannt.[21] Und bis zu seinem Tod hat sich Kaas nie mehr darüber geäußert, was damals zwischen Pacelli und ihm besprochen worden war.

In Rom bereiteten Kaas und Pacelli 1933 das Reichskonkordat

vor, einen Vertrag zwischen dem Vatikan und dem Deutschen Reich, der vor allem Eingriffe in die Ausübung der Religion verhindern sollte. Das Konkordat garantierte zum Beispiel die Freiheit der Religionsausübung, es schützte die Geistlichen, die kirchlichen Institutionen und Orden und die Ausbildung des Priesternachwuchses. Außerdem wurde der Religionsunterricht als ordentliches Lehrfach an allen Schulen sowie die Existenz von Bekenntnisschulen gewährleistet – jedenfalls auf dem Papier. Für diese Bestandssicherung, die besonders den katholischen Einfluss auf Kinder und Jugendliche garantieren sollte, verzichtete die katholische Kirche im Gegenzug auf jede politische Meinungsäußerung, eine – wie sich schon bald herausstellte – fatale Schwächung der eigenen Position. Das große Vorbild war für Kaas das italienische Konkordat zwischen den Faschisten und dem Vatikan, wie er in einem Artikel Ende 1932 bekannt hatte. Für ihn stand fest, dass der autoritäre Staat die autoritäre Kirche in ihren Postulaten besser verstand. Das Konkordat schien ihm eine Art historischer Kompromiss. Am 20. Juli 1933 wurde das Reichskonkordat im Vatikan von Pacelli und Franz von Papen, dem Vizekanzler der ersten Hitler-Regierung und früheren Zentrumspolitiker, unterzeichnet.

Auch die katholischen Bischöfe, die aus Angst vor Angriffen Hitlers gegen die katholische Kirche dem Nationalsozialismus öffentlich kritisch gegenüberstanden, waren inzwischen auf die Linie des Vatikans eingeschworen worden. Bereits Mitte März 1933 hatte Pacelli den Münchner Kardinal Faulhaber um eine Stellungnahme dazu gebeten, ob die kritische Haltung der Bischöfe gegenüber dem Nationalsozialismus revidiert werden könne. Die Antwort Faulhabers war vielversprechend: »Wenn die neue Regierung durch die Tat beweist, dass die Befürchtungen der Bischöfe unbegründet waren – wenn die neue Regierung auch weiterhin im Kampf gegen den Anmarsch des Bolschewismus und die öffentliche Unsittlichkeit stark bleibt, werden die Bischöfe das Misstrauen gegen die Partei gerne aufgeben.«[22] Am 28. März 1933 nahmen die deutschen Bischöfe ihre Vorbehalte gegen den Nationalsozialismus zurück. Am 5. Juli 1933 löste sich das Zentrum als letzte der »bürgerlichen« Parteien selbst auf.

Globkes Rolle muss vor dem Hintergrund dieser katholischen Politik gesehen werden, die ihre Impulse aus dem Vatikan bezog. Für den Vatikan war der Hauptfeind der Kommunismus. Um ihn zu bekämpfen, nahm man das scheinbar kleinere Übel des Faschismus in Italien und des Nationalsozialismus in Deutschland in Kauf. Auch wenn zahlreiche Zentrumsmitglieder und -politiker wegen ihrer Gegnerschaft von den Nazis verfolgt wurden, verzichtete man von Seiten der Kirche auf eine offene Opposition.

Zwar geißelte Papst Pius XI. mit seiner Enzyklika *Mit brennender Sorge* 1937 vor allem die zunehmenden Angriffe der Nazis gegen die Kirche, allerdings ohne die Nationalsozialisten ausdrücklich zu nennen. Auch die Verurteilung der Rassenpolitik benannte nicht die Opfer – die Juden. In einer folgenden Enzyklika sollte die nationalsozialistische Rassenideologie ausdrücklich gebrandmarkt werden, doch sie gilt als »verschwunden«. Natürlich gibt es Vermutungen und Gerüchte: Pius XI. habe sie zurückgehalten, Pacelli habe dafür gesorgt, dass sie nicht erschien, und schließlich die Behauptung, der Text habe Bezüge zum historisch-kirchlichen Antijudaismus enthalten. Weil man befürchtet habe, die Nazis könnten diese Sätze politisch ausschlachten, habe man auf die Veröffentlichung verzichtet.[23] Wie auch immer, die Enzyklika war vom Tisch. Stattdessen erschien ebenfalls 1937 eine harsche Abrechnung mit dem Kommunismus.

In Globkes Nachlass findet sich eine Broschüre des Paulus Verlags in Recklinghausen aus dem Jahre 1951, ein Nachdruck der Enzyklika *Divini redemptoris* vom 19. März 1937, in der Papst Pius XI. »den atheistischen Kommunismus« verurteilte. Darin wurden die Republikaner im Spanischen Bürgerkrieg als wahre Teufel angeprangert – eine zumindest indirekte Parteinahme für Franco, der auch von Hitler mit seiner »Legion Condor« unterstützt wurde: »Auch da, wo die Geißel des Kommunismus noch nicht Zeit gefunden hat, sich voll auszuwirken, wie in Unserem heißgeliebten Spanien, ist er wie zum Entgelt leider mit einer noch roheren Gewalttätigkeit aufgetreten. Man hat nicht bloß diese oder jene Kirche, dieses oder jenes Kloster zerstört, sondern womöglich jede Kirche und jedes Kloster und jegliche Spur der christlichen Religion, auch wo es um hervorragendste Denkmäler der Kunst und der Wissenschaft ging! Die kommunistische Vernichtungswut hat sich nicht darauf beschränkt, Bischöfe zu morden und Tausende von Priestern, von Ordensmännern und Klosterfrauen, immer vor allem nach jenen spürend, die sich mit besonderem Eifer der Arbeiter und der Armen angenommen hatten; nein, er hat in noch viel größerer Zahl Laien aus allen Ständen zu seinen Opfern gemacht, hat sie hingeschlachtet in Scharen bis in die gegenwärtige Zeit hinein, ja man kann sagen Tag für Tag, und das einzig aus dem Grunde, weil sie gute Christen waren oder doch wenigstens Feinde des kommunistischen Atheismus. Und dieses grausige Zerstörungswerk ist mit einem Hass ausgeführt worden, einer Barbarei und einer Grausamkeit, wie man sie in unserem Jahrhundert nicht für möglich gehalten hätte.«[24]

Eine Lektüre, die Globke offenbar so wichtig war, dass er sie bis zu seinem Lebensende aufgehoben hat, und ein Indiz, das Rückschlüsse auf seine politische Haltung zulässt. Im katholischen Antikommunismus traf er sich nach dem Krieg auch mit seinem neuen »Herrn«, Bundeskanzler Konrad Adenauer. Ihre Politik wurde im Vatikan wohlwollend verfolgt. In einem Bericht mit dem Titel »Die Beziehungen zwischen der Bundesrepublik und dem Heiligen Stuhl«, der sich in Globkes Nachlass befindet, trug ein Referent Dr. Klein vor: »Die eindeutig antikommunistische Innen- und Außenpolitik der Bundesregierung entspricht der Einstellung des Vatikans; ihre Haltung gegenüber Moskau deckt sich mit den vom Papst immer wieder ausgesprochenen Warnungen vor ›Koexistenz-Illusionen‹. Die Bundesrepublik stellt nach Auffassung des Heiligen Stuhls dank der Politik des Bundeskanzlers ein festes Bollwerk gegen die bolschewistische Gefahr dar.«[25]

Hans Maria Globke war sein Leben lang gläubiger Katholik. Er wurde streng katholisch erzogen, war Mitglied der katholischen Studentenverbindung »Bavaria Bonn« im CV und gehörte – wie Ludwig Kaas – zum rechten Flügel der Zentrumspartei. Wurde Globke von Vertretern seiner Kirche gedrängt, im Amt zu bleiben? War Globke ein Handlager der Nazis oder ein katholischer Widerstandskämpfer? Oder war er beides zugleich?

Handlanger der Nazis und Katholik im Widerstand?

Nachdem Hans Globke 1929 aus dem Rheinland ins preußisch-protestantische Berlin gezogen war, suchte er dort Kontakte zu katholischen Kreisen in Kirche und Politik. Später hat er immer wieder erklärt, er habe in Berlin an allen größeren Veranstaltungen des Zentrums teilgenommen und enge Verbindung zur Landtagsfraktion gehalten. Fast zur gleichen Zeit nahm er auch Kontakte zum Bischöflichen Ordinariat in Berlin auf. Seine Tätigkeit als Informant der katholischen Kirche hat er in einer Stellungnahme, die in seinem Nachlass enthalten ist, ausführlich beschrieben: »Meine Beziehungen zu dem Bischöflichen Ordinariat in Berlin habe ich bereits kurz nach meiner Übersiedlung nach Berlin aufgenommen. Ich war dem Leiter der kath. Aktion im Bistum Berlin, Ministerialdirektor Klausener, nach dem Wegzug des ehemaligen Regierungsrats, späteren Bundesministers Wuermeling, in einer Reihe technischer Fragen behilflich [...]. Die ständige Verbindung zu Bischof Preysing und zum Ordinariat aber hielt ich über den Justitiar des Ordinariats, Happ. [...] Ich kannte Happ von seiner Tätigkeit in der preußischen Verwaltung her gut. Wenn er nach Berlin kam, pflegten wir uns regelmäßig in einem kleinen Kreis von Bekannten zu treffen und unsere Erfahrungen und Meinungen auszutauschen. Als er nach der Entlassung [als Regierungspräsident von Breslau 1933 durch die Nazis] seinen Wohnsitz nach Berlin verlegte, nahm er daher den Kontakt zu mir sofort wieder auf. Es lag in der Natur der Sache, dass sich unser Gedankenaustausch in erster Linie auf die immer furchtbareren Auswirkungen der nationalsozialistischen Herrschaft erstreckte, dabei konnte ich Happ auf bestimmten Gebieten auf Grund des Einblicks, den ich im Reichsministerium des Innern und auf meinen Auslandsreisen erhielt, besser und vor allem zuverlässiger informieren, als es von irgendeiner anderen, ansonsten für das Ordinariat ansprechbaren Seite hätte geschehen können. Happ unterrichtete Bischof Preysing über meine Informationen und übermittelte mir dessen Wünsche um Aufklärung bestimmter Vorgänge oder Pläne. Neben Verfolgungsmaßnahmen gegen die Kirchen wurden bei diesen Gesprächen besonders die sich immer mehr steigernden Verfolgungsmaßnahmen gegen Juden und sonstige rassisch diskriminierte Personen behandelt. [...] In Judensachen konnte ich Happ dank meiner guten Beziehungen zu Lösener, aber auch zu anderen Beamten des Reichsministeriums des Innern, laufend aus erster Quelle unterrichten. [...] Ein besonderer Erfolg laufender Zusammenarbeit mit Happ war die Verhinderung der Zwangsscheidungen deutsch-jüdischer Mischehen. Da Juden, die in den sogenannten privilegierten Mischehen lebten, von vielen antijüdischen Maßnahmen ausgenommen waren, legten Partei und SS, denen diese privilegierten Mischehen ein Dorn im Auge waren, es darauf an, sie dadurch illusorisch zu machen, dass man die Mischehen zwangsweise auflöste, da man aus optischen Gründen das Institut der privilegierten Mischehen nicht aufheben wollte. Es wurden daher zu verschiedenen Zeiten zwei Gesetzesentwürfe vorgelegt, von denen der eine nach meiner Erinnerung die Scheidung der Ehe auf einseitigen Antrag des nichtjüdischen Teils, der andere die Scheidung auf Antrag der Staatsanwaltschaft vorsah. Aufgrund der Informationen, die ich Happ hierüber gab, hat Bischof Preysing jeweils scharfe Vorstellungen bei der Reichsregierung und Kanzelproteste angedroht, wenn die Entwürfe weiter verfolgt würden. Es ist auf diese Weise erreicht worden, dass die Entwürfe nicht Gesetz wurden und die Konsequenzen für die Beteiligten – von gewissen Ausnahmen in den letzten Kriegsmonaten abgesehen – nicht eintraten. Meine geheime Zusammenarbeit mit dem Ordinariat war Bischof Preysing so wertvoll, dass er mich durch Happ bitten ließ, doch nicht aus dem Amte auszuscheiden, als ich diese Absicht bei der Übernahme des Ministeramts durch Himmler erneut ernstlich erwogen habe.«[1]

Der Berliner Bischof Konrad Graf von Preysing, gut bekannt mit Eugenio Pacelli und ein erklärter Gegner der Nazis, initiierte 1938 die Gründung des »Hilfswerks beim Bischöflichen Ordinariat Berlin«. Aufgabe dieser Hilfsorganisation war die Betreuung der sogenannten katholischen Nichtarier, das waren zum Katholizismus konvertierte Juden und ihre Nachfahren, die nach den »Nürnberger Rassegesetzen« Sonderbestimmungen unterlagen. Das Hilfswerk war zunächst eine Auswanderungs-, Beratungs- und Vermittlungsstelle. Margarete Sommer, Leiterin der Berliner Frauenseelsorge, eine der wenigen Frauen, die damals in der katholischen Kirche eine führende Position einnahmen, wurde von Preysing immer stärker in die Arbeit des Hilfswerks eingebunden und 1941 zu dessen Leiterin berufen.[2] Aus der anfänglichen Beratung erwuchs mit der Intensivierung der Judenverfolgung die Aufgabe, Menschen vor der Deportation in die Vernichtungslager zu bewahren. Am Ende blieb die seelsorgerische Begleitung. Preysing sorgte sich nicht nur um das Schicksal der »katholischen Nichtarier«, sondern auch um die geplanten Gesetze zur zwangsweisen Scheidung von Mischehen zwischen »Ariern« und Juden. Aus dem Innenministerium bekam er von Globke rechtzeitig Hinweise, um diese Gesetze verhindern zu können. Dazu die Kirchenhistorikerin Antonia Leugers: »Globke informierte die katholische Kirche über alles, was die Judenverfolgung und -diskriminierung anbetraf. Er hat direkt oder über Mittelsmänner der katholischen Kirche sozusagen im Vorfeld, zeitgleich oder kurz danach, wichtige Informationen verschafft. Das heißt, Hans Globke hatte eine zentrale Position für die katholische Kirche, insbesondere in Berlin für Bischof Preysing und Dr. Margarete Sommer vom Hilfswerk. Das ist belegt.«[3]

Bischof Preysing hat nach dem Krieg auf Globkes Bitte am 18. Januar 1946 ein Entlastungsschreiben, einen sogenannten Persilschein, verfasst. Aufgrund der Reputation Preysings als eines couragierten Gegners des Nationalsozialismus war gerade dieses Schreiben besonders wirksam für die spätere Entlastung Globkes. Preysing charakterisierte ihn nicht nur »als einen überzeugten katholischen Christen, dessen Leben und Handeln von den Grundsätzen des katholischen Glaubens bestimmt waren«. Er attestierte ihm auch, »die Gefahren und Irrtümer des Nationalsozialismus richtig eingeschätzt und verurteilt«[4] zu haben und beschrieb dann detailliert Globkes Informantentätigkeit: »So informierte er mich und meine Mitarbeiter über

Pläne und Beschlüsse des Innenministeriums, gab uns auch Kenntnis von streng geheimgehaltenen Gesetzesentwürfen und lieferte uns auf diese Weise das Material zu Protesten und Drohungen, die bei den Regierungsstellen Hilflosigkeit und Zorn zugleich auslösten, da sie Kenntnis streng geheimgehaltener Vorgänge verrieten. [...] Es ist wohl in erster Linie seiner klugen und mutigen Zusammenarbeit mit Mitarbeitern des Berliner Ordinariats zu verdanken, dass zwei Gesetzesentwürfe, die die Zwangsscheidung aller rassischen Mischehen bezweckte, durch die drohende Haltung des deutschen Episkopats keine Gesetzeskraft erhielten.«[5]

Globke hat unter Gefährdung der eigenen Person Informationen weitergegeben, das ist richtig, aber war er deshalb schon so etwas wie ein katholischer Widerstandskämpfer, wie er sich selbst gerne darstellte und seine Parteifreunde in der CDU nicht müde wurden zu versichern? Margarete Sommer, die Leiterin des bischöflichen Hilfswerks, die nach dem Krieg das Verhalten der katholischen Kirche verteidigte, hat 1953 in einem persönlichen Brief an Gertrud Luckner Kritik an Globkes Doppelrolle geäußert: »Er hat ein erstaunliches Vabanquespiel damals gespielt, ein ganz gefährliches Doppelspiel, denn nicht wenige der Bestimmungen, an denen er persönlich hatte mitarbeiten ›müssen‹ (ich erkenne ja ein solches ›Müssen‹ nicht an), verriet er uns noch während er daran arbeitete. [...] Aber trotzdem halte ich es für abwegig, dass er jetzt in die Öffentlichkeit geht, er sollte sich zurückhalten.«[6] Antonia Leugers bewertet Globkes Rolle im Spannungsfeld zwischen Innenministerium und Kirche noch wesentlich kritischer: »Dieser Herr Globke war gut ausgebildet, loyal. Margarete Sommer sagt, er hat ein Doppelspiel gespielt, das heißt, er war [...] für die Nazis nützlich bis zum Untergang, und er war als Informant natürlich auch für die katholische Kirche nützlich. Im Grunde genommen war er für jede Seite eine Art Verräter der eigenen Sache.«[7]

Globke führte immer wieder an, er sei auf Bitten des Bischöflichen Ordinariats im Amt geblieben, eine Aussage, die von Justitiar Wilhelm Happ in einem »Persilschein« vom 21. Januar 1946 bestätigt wurde. Es galt, Schlimmeres zu verhüten – eine Floskel, die nach dem Zusammenbruch des Nazi-Regimes zur Standardausrede wurde. In der jungen Bundeshauptstadt wimmelte es geradezu von Beamten, die diese Entschuldigung für sich in Anspruch nahmen. Der Schriftsteller Wolfgang Koeppen beschrieb in seinem Nachkriegsroman *Das Treibhaus* die Taxifahrt eines SPD-Abgeordneten und früheren Exilanten durch das Bonner Regierungsviertel. Die Menschen, die er im Vorbeifahren sieht, gehören für ihn alle der gleichen Spezies an: »Das Taxi begegnete lauter Verhütern, die Schlimmeres verhütet hatten. Es regnete gerade, sonst hätten sie sich in ihrem Ruhm gesonnt.«[8]

Man muss in diesem Zusammenhang auch beachten, für wen sich der Bischof, seine Helfer und sein Informant einsetzten: Es ging in erster Linie um »katholische Nichtarier«, also um Juden, die zum katholischen Glauben übergetreten waren, und um die sogenannten rassischen Mischehen, die für die Kirche von Bedeutung waren, wenn einer der Partner Katholik war. Das heißt, es ging vor allem darum, Katholiken zu schützen, nicht Juden. Auch wenn die Rettung dieser Menschen ohne jeden Zweifel Anerkennung verdient, es bleibt trotzdem die selbstauferlegte Beschränkung der Kirche und ihrer katholischen Helfer wie Hans Globke, zuvorderst »in eigener Sache« tätig geworden zu sein. Die Psychoanalytikerin Margarete Mitscherlich hat zusammen mit ihrem Mann Alexander 1967 das Buch *Die Unfähigkeit zu trauern* veröffentlicht, das die kollektive Weigerung der Deutschen, ihre NS-Vergangenheit aufzuarbeiten, analysiert. Für sie ist die vorrangige Hilfe für konvertierte Juden und ihre Nachfahren durch die katholische Kirche Ausdruck des Anspruchs, die einzig wahre und seligmachende Kirche zu sein. »Die katholische Kirche war davon überzeugt, dass sie das Heil der Welt darstellte und dass die Juden, wenn sie zum katholischen Glauben übergingen, auch geschützt werden müssen. Es wurden ja nur Juden verfolgt, wie es in der Kirche hieß, die Christus ans Kreuz genagelt hatten.«[9]

Dass in Einzelfällen auch Juden geholfen wurde, soll hier gar nicht abgestritten werden, aber es waren Ausnahmen. Und die machten in persönlichen Fällen selbst führende Nationalsozialisten wie zum Beispiel Reichsmarschall Hermann Göring. Die Selbstbeschränkung der Kirche auf unmittelbar eigene Interessen kam – wie oben beschrieben – in ihrer Passivität gegenüber der offensichtlichen Verfolgung, Deportation und Ermordung der Juden zum Ausdruck. Auch Bischof Graf von Galen in Münster hat zwar gegen Angriffe auf die Kirche und gegen die »Euthanasie« – so hieß die Vernichtung »lebensunwerten Lebens« in der nationalsozialistischen »Rassenhygiene« – protestiert, aber er hat nie öffentlich Stellung bezogen gegen Antisemitismus und Judenverfolgung – und gegen die Ermordung von Liberalen und erst recht nicht gegen die von Kommunisten. Für Bischof von Galen war der Zweite Weltkrieg ein Abwehrkampf gegen den Kommunismus. Und da lag er auf der gleichen Linie wie seine deutschen Amtsbrüder und der Vatikan. Um jedes Missverständnis zu vermeiden, es geht hier nicht darum, Massenmörder wie Stalin und seine Schergen zu verharmlosen, es geht vielmehr um die »teuflische« Bedrohung, die der Kommunismus (und dazu zählten auch Sozialismus und Anarchismus) in der Vorstellungswelt der Kirche angenommen hatte. Ein dämonisches Schreckensbild, das Paranoia und Hass auslöste. Gegenüber dem Kommunismus erschien den politisch konservativen bis reaktionären Bischöfen der Nationalsozialismus als das geringere Übel. Da drückte man beide Augen zu, solange es gegen den Beelzebub Kommunismus ging. Und ab 1939 saß ja im Vatikan der Kommunistenhasser Eugenio Pacelli als Papst Pius XII. auf dem Heiligen Stuhl.

Im Januar 1942 fand in einer Villa am Berliner Wannsee die sogenannte Wannsee-Konferenz statt. Hochrangige NS-Funktionäre, unter ihnen Globkes Vorgesetzter, Staatssekretär Wilhelm Stuckart, berieten dort konkrete Durchführungsmaßnahmen zur »Endlösung der Judenfrage«, der Deportation und Vernichtung der jüdischen Bevölkerung Europas, die bereits Ende 1941 beschlossen worden war. Kurz nach der »Wannsee-Konferenz« erfuhren auch katholische Kreise von den Plänen zur völligen Vernichtung der Juden. Eine Tatsache, die von Seiten der Kirche bisher immer geleugnet wurde. Das lässt sich, so die Kirchenhistorikerin Antonia Leugers, nach neuen Aktenfunden nicht mehr bestreiten: »Zu den neuesten Funden, die jetzt belegen, was die katholische Kirche wusste, gehört das Auftauchen eines Dokuments, das untermauert, die katholische Kirche, in diesem Fall Margarete Sommer und Bischof Preysing, haben kurz nach der ›Wannsee-Konferenz‹ im Januar 1942 den Inhalt des Protokolls zur Kenntnis bekommen.[10] Das heißt, sie sind unmittelbar darüber informiert worden, was ansteht in der Organisation der Vernichtung des europäischen Judentums. [...] Das, was Dr. Margarete Sommer vom Hilfswerk und Bischof Preysing wussten, gelangte auch nach Rom zu Pius XII.«[11]

Dass das Wannsee-Protokoll von Globke an Margarete Sommer und Bischof Preysing weitergegeben wurde, dafür gibt es keine Belege. Globke selbst erklärte 1962 in einem Schreiben an die Staatsanwaltschaft Bonn, dass er nicht einmal vom Inhalt dieses Protokolls Kenntnis gehabt habe: »Mir war auch nichts von den Plänen zur sogenannten Endlösung der Juden bekannt, die auf der Wannsee-Konferenz gefasst wurden. Ich habe hiervon auch nicht am Rande, etwa aus Erzählungen, etwas erfahren. Auch Ministerialrat Lösener, der damalige Referent für Judenangelegenheiten, hat mir von diesen zweifellos streng geheimgehaltenen Plänen niemals etwas erzählt oder auch nur angedeutet, obwohl er mir sonst oft sein Herz über antijüdische Maßnahmen ausschüttete.«[12] Ausgerechnet Globke, der im Innenministerium saß, regen Umgang mit seinem Vorgesetzten, Staatssekretär Stuckart, und seinem Kollegen, dem »Judenreferenten« Lösener, pflegte, Hans Globke, einer der wichtigsten Informanten der Kirche, will weniger gewusst haben als Margarete Sommer, Bischof Preysing und Pius XII.? Das klingt eher unwahrscheinlich.

Bischof Preysing, ein alter Vertrauter Pacellis aus dessen Zeit als Nuntius in Deutschland, pflegte während des Krieges den intensivsten Briefwechsel von allen deutschen Bischöfen mit Pius XII. Angesichts der Zunahme der Judendeportationen bat er 1943 den Papst, sich für die Verfolgten einzusetzen, aber die Antworten Pius' XII. fielen diplomatisch wie immer, um nicht zu sagen zynisch aus. Am 30. April 1943 schrieb er an Bischof Preysing und äußerte sich zu den Rettungsaktionen des Hilfswerks, die allerdings viel Geld gekostet hätten: »Von den sehr hohen Summen, die Wir in amerikanischer Währung für Übersee-Reisen von Emigranten ausgeworfen haben, wollen Wir nicht sprechen; Wir haben sie gerne gegeben, denn die Menschen waren in Not; Wir haben um Gotteslohn geholfen, und haben gut daran getan, irdischen Dank nicht in Rechnung zu stellen. Immerhin ist dem Heiligen Stuhl auch von jüdischen Zentralen wärmste Anerkennung für sein Rettungswerk ausgesprochen worden.«[13] Nicht einmal für die »katholischen Nichtarier«, also die Kinder seiner Kirche, denen Preysing und Sommer immer weniger helfen konnten, wollte sich der Papst öffentlich einsetzen: »So wie die augenblickliche Lage ist, können Wir ihnen leider keine andere wirksame Hilfe zukommen lassen als Unser Gebet.«[14]

Wie Pius XII. hier Menschen, die von der Vernichtung bedroht waren, im Stich ließ, obwohl er schrieb, ihnen gehöre »Unsere Vaterliebe und Vatersorge«, ist beschämend, es zeigt aber auch, wie weit die Diplomatie des Vatikans gegenüber dem Nationalsozialismus ging. Der Papst hielt sich nicht nur gegenüber den »katholischen Nichtariern« zurück, auch für die in die Konzentrationslager verschleppten katholischen Priester, besonders in Polen, hatte er nur einen billigen Trost. Man solle ihnen – wenn möglich – versichern, »dass Wir viel und täglich für sie beten«. Statt öffentlich Position zu beziehen, bemitleidete sich der Papst lieber selbst: »Für den Stellvertreter Christi wird der Pfad, den er gehen muss, um zwischen den sich widerstreitenden Forderungen seines Hirtenamts den richtigen Ausgleich zu finden, immer verschlungener und dornenvoller.«[15]

Für den aus Deutschland emigrierten Juden Peter Sichel (im Krieg Offizier des OSS, des militärischen Geheimdienstes der USA, und von 1949 bis 1953 CIA-Chef in Berlin) ist das öffentliche Schweigen des Papstes angesichts der Judenvernichtung nicht akzeptabel: »Unter publizistischen Gesichtspunkten war ich der Meinung, dass der Papst seine Funktion nicht ausübte. Wir dürfen nicht vergessen, er war eine der großen moralischen und ethischen Persönlichkeiten unserer Zeit, und er hätte sprechen müssen. Er hätte sich aufopfern müssen, aber das hat er nicht getan. Das habe ich ihm nie verziehen.«[16] Für die Psychoanalytikerin Margarete Mitscherlich ist das Verhalten des Papstes ebenso wie dasjenige Globkes Ausdruck katholischer Doppelmoral: »Ich meine, die Katholiken waren ja auch Experten in Scheinheiligkeit. Die konnten ja immer so tun, wir sind hier mit den Christen der Welt eins plus dem Papst in Rom. Wir vertreten die Moral der Welt. Und auf der anderen Seite haben sie immer gelernt – siehe den Papst und die Nazis – sich wunderbar an momentane Machtverhältnisse anzupassen.«[17]

Hans Globke berief sich nach dem Krieg aber nicht nur auf seine Rolle als Informant der Kirche, sondern auch auf seine Mitarbeit im Widerstand gegen Hitler. Seine Kontakte zu den Widerstandskreisen des 20. Juli 1944 hat Globke selbst in seiner Stellungnahme vom Frühjahr 1956 beschrieben: »Waren zunächst die Zirkel, in denen ich regelmäßig verkehrte, nicht Kreise einer organisierten Widerstandsbewegung, sondern nur solche einer betont ablehnenden Haltung, so trat ich doch schon bald sowohl mit den militärischen wie den zivilen Kreisen des Widerstands, die später den Umsturzversuch vom 20. Juli 1944 gemacht haben, in Verbindung. Ich war befreundet mit dem später hingerichteten General Stieff und habe über ihn Verbindung mit dem damals durch eigene Hand geendeten General Wagner [gemeint ist General Eduard Wagner, Generalquartiermeister des Heeres] aufgenommen, ich habe in laufendem Kontakt gestanden mit dem jetzigen Bundesminister Kaiser und dem später hingerichteten Rechtsanwalt Wirmer, Graf Schulenburg, Letterhaus u.a. Ich habe sowohl bei der geplanten Personalbesetzung aktiv mitgewirkt, als auch bei den Arbeiten über den geplanten Staatsaufbau.«[18]

In Eidesstattlichen Erklärungen von Jakob Kaiser, dem ehemaligen Gewerkschafter und Zentrumsmitglied, und Globkes Freund Otto Lenz, dem Rechtsanwalt und früheren Zentrumsmann, heißt es, Globke sei als Staatssekretär in einem künftigen Erziehungsministerium in Aussicht genommen worden. Über spätere Posten wurde damals allerdings viel in Widerstandskreisen diskutiert, aber welche Rolle hat Globke tatsächlich gespielt?

Wer sich mit den Widerstandskreisen des 20. Juli 1944 beschäftigt, wird sich schwer damit tun, direkte Hinweise auf Hans Globke zu finden – außer seinen eigenen Aussagen und einer Mappe voller »Persilscheine«. Nicht einmal in einer Veröffentlichung der Konrad-Adenauer-Stiftung zum christlichen Widerstand ist Globke Thema.[19] Auch die Historikerin Antonia Leugers ist nicht fündig geworden:

»Ich habe keinen Beleg aus der Zeit vor 1945 und aus der Literatur, die ich ganz gut kenne.«[20]

Bleibt also die Aussage Globkes. Wer waren die Leute, zu denen er Kontakt hielt? Mit den Zirkeln, die »eine betont ablehnende Haltung« eingenommen hätten, meinte er offenbar die »Donnerstagsgesellschaft«, ein Kreis von Politikern, Beamten und Journalisten, die früher der Zentrumspartei angehört hatten, sowie Funktionären katholischer Organisationen, die in Distanz zum Nationalsozialismus standen. Mitglieder der »Donnerstagsgesellschaft« waren unter anderem Hans Globke und Otto Lenz, der wie Globke seit dem Jurastudium Mitglied im Cartellverband der katholischen deutschen Studentenverbindungen (CV) war und dem Zentrum angehört hatte. Lenz war im Nationalsozialismus aus dem Justizdienst ausgeschieden und pflegte Kontakte zum Widerstandskreis um Carl Friedrich Goerdeler. Noch 1945 wurde Lenz von den Nazis zu mehreren Jahren Zuchthaus verurteilt. Dass er so glimpflich davonkam, wurde auch damit begründet, dass der Vorsitzende des Volksgerichtshofs, Roland Freisler, Lenz aus der gemeinsamen Zeit im Justizministerium gekannt habe.[21] Nach dem Krieg wurde Lenz Mitbegründer der Berliner CDU und 1951 auf Vorschlag Globkes Staatssekretär im Bundeskanzleramt. Einen Namen machte sich Otto Lenz dort vor allem durch seine Qualitäten als Propagandist, unter anderem für die Wiederbewaffnung. Als er ein eigenes Propagandaministerium plante, ein Projekt, das damals noch unangenehm nach Goebbels roch, ließ ihn Adenauer nach scharfer Kritik in der Presse und nach dem Einspruch der alliierten Hohen Kommissare fallen. Sein Nachfolger wurde Hans Globke.

Auch über den Gewerkschafter und ehemaligen Zentrumsmann Jakob Kaiser bekam Globke Kontakte zum Widerstandskreis um Goerdeler und zur Militäropposition. Wenn man die politischen Ideen und militärischen Karrieren dieser Hitler-Gegner betrachtet, muss man allerdings feststellen, dass – anders als zum Beispiel der SPD-Gewerkschafter Wilhelm Leuschner – die meisten nicht gerade feurige Verfechter einer parlamentarischen Demokratie und eines demokratischen Rechtsstaats waren, sondern nationalkonservativ dachten und zum Teil recht vage Vorstellungen eines künftigen

Staats- und Regierungssystems hatten. Klare politische Zielsetzungen fehlten. So distanzierte sich der Hitler-Attentäter Claus Schenk Graf von Stauffenberg gegenüber Goerdeler von den Zuständen in der seiner Meinung nach politisch handlungsunfähigen Weimarer Republik. Es dürften »von keiner Seite Weimarer Zustände wieder aufgewärmt werden«.[22]

Die Wehrmacht bildete für die Offiziere des Widerstands das Gerüst eines künftigen Staates. Sie galt es zu retten. So war auch Claus Schenk Graf von Stauffenberg zunächst brav im Krieg mitmarschiert. Aus Polen hatte der gute Katholik 1939 seiner Frau geschrieben: »Die Bevölkerung ist ein unglaublicher Pöbel, sehr viele Juden und sehr viel Mischvolk. Ein Volk, welches sich nur unter der Knute wohlfühlt. Die Tausenden von Gefangenen werden unserer Landwirtschaft recht gut tun.«[23] Trotz solcher Äußerungen lehnte er aber die Ermordung der europäischen Juden strikt ab. Auch für Goerdeler war die Judenvernichtung ein furchtbares Verbrechen, dennoch vertrat er die Auffassung, in einem künftigen Staat sollten nur Juden mit einer langen Reihe von Vorfahren in Deutschland leben dürfen.[24] Was diese Männer des Widerstands verband, war ihr ausgeprägter Antikommunismus. So lehnte Stauffenberg Hitlers Vernichtungskrieg gegen die russische Bevölkerung ab – nicht nur aus humanitären, sondern auch aus taktischen Gründen. Er wollte Russen als Verbündete im Kampf gegen den Bolschewismus gewinnen. Nach einem Frieden mit den Westalliierten wäre auch Stauffenberg gern wieder Richtung Moskau marschiert. Es ging ihm um eine Neuordnung Europas, die ohne vorherige Zerschlagung des Sowjetsystems nicht möglich schien.

Generalmajor Hellmuth Stieff, mit dem Globke Kontakt hielt und auf den er sich in seiner Erklärung vom Frühjahr 1956 berief, war der typische nationalkonservative, preußisch geprägte Offizier, der sich zunächst für Hitler und den nationalen Aufbruch begeistert hatte. Zwar hatte er angesichts der »Reichskristallnacht« 1938 ausgerufen »Ich schäme mich, ein Deutscher zu sein«,[25] aber er befürwortete zu Beginn den Krieg gegen den Bolschewismus als »Krieg der Weltanschauungen«. Im August 1941 schrieb er, »dass es höchste Zeit war, diese ganz Europa bedrohende Gefahr auszuräumen«.[26]

Im Winter 1941 berichtete er seiner Frau: »Wir greifen jetzt zur Selbsthilfe und nehmen den Panjes [den russischen Kleinbauern] für unsere Leute die hier üblichen Filzstiefel und (wattierten) Bekleidungsstücke fort. Es ist besser, die Bevölkerung verhungert und erfriert als wir.«[27] Auch den gut ausgerüsteten Gefangenen der neuen sibirischen Divisionen wurde die Winterbekleidung weggenommen. Stieff: »Die Gefangenen laufen jetzt barfuß und kommen um, unsere Leute ziehen sich die (weggenommenen) Sachen an.«[28] Am 2. Dezember 1941 notierte er: »Ich gebe heute *besinnungslos* den Befehl zum Erschießen von soundsoviel Politruks oder Partisanen, er oder ich – das ist verdammt einfach.«[29] Der Offizier und spätere Widerständler gegen den »größenwahnsinnig gewordenen Proleten«[30] Hitler – ein Kriegsverbrecher.

Ein wesentlich höheres Maß an krimineller Energie entwickelte der von Globke erwähnte General Eduard Wagner, der Stauffenberg nach dem Attentat für den Flug von Ostpreußen nach Berlin ein Flugzeug zur Verfügung gestellt hat. Dieter Pohl charakterisiert ihn als »bayerisch-konservativ bis deutschnational. Seine Zeit im Freikorps hatte ihn dem neuen Rechtsextremismus nahegebracht. Wie die meisten Offiziere, so hatte auch Wagner die Machtübernahme Hitlers begrüßt. Wagner stand in Kontakt mit der sich ab 1938 formierenden Oppositionsgruppe im Heer.«[31] Diese Opposition war aus Protest gegen Hitler entstanden, weil er das Oberkommando über die Wehrmacht übernommen hatte. Die gestandenen Militärs waren brüskiert. Wagners Oppositionshaltung gegen Hitler schwand aber spätestens nach dem erfolgreichen Frankreich-Feldzug. Als Generalquartiermeister des Heeres war er für die Planung und später auch für die Durchführung der systematischen Ausplünderung und Aushungerung sowjetischer Zivilisten und Kriegsgefangener verantwortlich. Am 13. November 1941 konstatierte er: »Nicht arbeitende Kriegsgefangene in den Gefangenenlagern haben zu verhungern.«[32] Ähnlich äußerte er sich zur systematischen Vernichtung der Zivilbevölkerung. So forderte er, »dass insbesondere Leningrad verhungern muss«. Und: »Sentimentalitäten gibt's dabei nicht.«[33] Im eingeschlossenen Leningrad starben mehr als eine Million Menschen an Hunger. Außerdem hielt Wagner den Kontakt zur SS, wenn es um die Einsatzgruppen in der Sowjetunion ging. Der Vernichtungskrieg gegen die Bevölkerung wurde als rein militärische Aufgabe gesehen, die – trotz Kritik an Hitler selbst – durchzuführen war. »In Wirklichkeit teilte man die meisten rassistischen Überzeugungen dieser Zeit, dass das Leben eines Russen wenig wert sei und dass die Juden ›weg‹ müssten, auf welche Art auch immer.«[34] Generaloberst Franz Halder, der 1938 der Hitler-Opposition in der Wehrmacht angehört hatte, aber später Hitler gemäß seinem Eid treu diente, notierte nach einem Vortrag Wagners über die Psychiatrische Anstalt in Nowgorod: »Irrenanstalten bei *Nord.* Russen sehen Geistesschwache als heilig an. Trotzdem Tötung notwendig.«[35] Von 1946 an schrieb Halder mit alten Kameraden dann im Auftrag der US Army eine Geschichte der deutschen Wehrmacht im Zweiten Weltkrieg, wobei die Gruppe natürlich in eigener Sache daran interessiert war, Verbrechen der Wehrmacht zu vertuschen.

Die Verknüpfung von Verbrechen und Widerstand erscheint heute widersinnig, kaum vorstellbar, sie lässt sich nur aus dem allen diesen Offizieren gemeinsamen Gesinnungshorizont ableiten. Und der war streng rechts-nationalistisch, geprägt durch den Hass auf den Bolschewismus und durch antisemitische Vorurteile. So konnte man mitmarschieren oder sogar Kriegsverbrechen begehen, auch wenn man den »vulgären« Hitler mit seinen militärischen Fehlentscheidungen ablehnte und beseitigen wollte. Deshalb schloss sich Globkes Kontaktmann, Generalquartiermeister Wagner, erneut dem Widerstand gegen Hitler an, als 1944 die Sowjetarmee auf das Deutsche Reich vorrückte.

Egal ob Offiziere oder Ministerialbeamte, sie mochten Hitler und die Nazis vielleicht nicht (mehr), aber sie hatten ihnen lange genug gedient im Kampf gegen den »jüdischen Bolschewismus«. Wer von diesen Nationalkonservativen hatte protestiert, als linke Politiker, Gewerkschafter und Intellektuelle verhaftet, gefoltert und zu Tode geprügelt wurden? Wer von ihnen hatte von Anfang an eindeutig gegen die Judenverfolgung, Stellung bezogen? Aber warum sollten sie schließlich auch päpstlicher sein als der Papst? Vor diesem Hintergrund ist wohl auch Globkes scheinbar widersprüchliche Rolle zwischen Kooperation und Opposition zu sehen.

Robert Kempner hat Jahrzehnte später aus seinen Erfahrungen als Ankläger im Nürnberger Kriegsverbrecherprozess heraus formuliert: »Der Begriff des Widerstandskämpfers ist sehr umfangreich, ebenso wie der Begriff Edelstein. Es gibt echte, halbechte und gläserne, in jeder menschlichen Gesellschaft. Es ist aus den verschiedensten Motiven gehandelt worden, mehr will ich dazu nicht sagen, ich bin Ankläger und kein Moralrichter.«[36]

Globke hatte in Berlin auch Kontakt zu einem etwas jüngeren Schulkameraden vom Kaiser-Karls-Gymnasium in Aachen: Herbert Engelsing. Dieser war eigentlich Jurist, aber inzwischen in der Herstellungsleitung der Tobis Filmgesellschaft in Berlin beschäftigt. Wie Globke war er Mitglied der Zentrumspartei gewesen. Engelsing hatte ein Problem: Seine Verlobte, Ingeborg Kohler, war »Halbjüdin«, und er konnte sie aufgrund der »Nürnberger Rassegesetze« nicht heiraten. Globke, der sich in dieser Materie ja gut auskannte, riet ihnen, sie sollten einen Antrag auf eine Ausnahmegenehmigung direkt bei Hitler stellen. Als die Antwort auf sich warten ließ, schalteten sie die bekannte Operetten-Soubrette und Filmschauspielerin Käthe Dorsch ein, die Hermann Göring informierte. Er war einmal in sie verliebt gewesen und konnte ihr kaum etwas abschlagen. Im August 1937 heirateten Engelsing und seine Verlobte heimlich in London. Nach ihrer Rückkehr wurde die deutsche Erlaubnis doch noch erteilt. Göring habe den Antrag unter Hitlers Kuchenteller gelegt, als dieser gerade bei guter Laune gewesen sei, schrieb Ingeborg Engelsing-Kohler (sie hieß inzwischen Malek-Kohler) in ihren 1986 erschienenen Erinnerungen.[37] Zur Hochzeitsfeier seien auch Hans Globke und seine Frau eingeladen gewesen. Nach dem Krieg verfassten Herbert und Ingeborg Engelsing einen »Persilschein« für Globke, der sich in seinem Nachlass befindet. Da hört sich die Geschichte allerdings noch etwas anders an: »Dr. Globke hat alles getan, was in seinen Kräften stand, um uns eine Eheschließung zu ermöglichen. Er hat auch schließlich die Genehmigung der Behörden durchgesetzt.«[38] Ein Beispiel dafür, wie man »Persilscheine« für den Begünstigten »frisierte«? In ihrer Erklärung führten sie auch an, Globke habe ihnen mehrfach geholfen, und sie wüssten, »dass

Herr Dr. Globke einer der geschicktesten Teilnehmer der Revolte des 20. 7. 1944 gegen das Hitler-Regime war«. So geschickt, dass ihn offenbar niemand in der einschlägigen Literatur für erwähnenswert hält?

1948 als Zeuge im Nürnberger Kriegsverbrecherprozess hat Globke zur Entlastung seines Vorgesetzten ausgesagt, dass Staatssekretär Stuckart auf seinen Vortrag hin »die Eheschließung der Halbjüdin Kohler mit dem Arier Engelsing in der Reichskanzlei auf das wärmste befürwortet hat und dass diese Eheschließung dann ausnahmsweise genehmigt worden ist«. So nachzulesen im Vernehmungsprotokoll in Globkes Nachlass. Gegen diese Version spricht allerdings, dass Stuckart in hohen Parteikreisen keinen Einfluss besaß und diese Ausnahmegenehmigung nur ganz selten erteilt wurde. Irritierend auch, dass Engelsing in seinem Vernehmungsbogen der französischen Militärregierung weder Globke noch die deutsche Hochzeit erwähnte.[39] Einmal mehr stellt sich die Frage nach der Wahrheit.

1945 erhielten die Engelsings Besuch von Peter H. Bamberth, dem besten Freund von Ingeborgs verstorbenem Bruder.[40] Er war Special Agent des CIC (Counter Intelligence Corps), des Nachrichtendienstes der US-Armee. Vermutlich entstand über diese Bekanntschaft Herbert Engelsings Beziehung zum US-amerikanischen Geheimdienst, der ihn auch zu Globke befragte. In Globkes CIA-Akte[41] findet sich ein Dokument über einen Bericht aus Bern vom 9. Oktober 1947, überschrieben mit »Weitere Information von Engelsing«, die Quelle ist gelöscht: »Herbert Engelsing beschrieb *Hans GLOBKE* als einen ›liberalen Bürgerlichen und nicht als einen Kommunisten‹. Seine Beschreibung von GLOBKE war wie folgt: Ehemaliger Beamter im Innenministerium, Berlin. Eingeordnet als eines der ›Fossile‹ […]. Gab immer Warnungen vor Verhaftungen, Razzien etc. aufgrund seiner Beschäftigung mit Polizeiangelegenheiten. War involviert in die 20.-Juli-Angelegenheit, und während er darauf wartete, befragt zu werden, ist er mit ENGELSING geflohen, der ihn aus Berlin in einem versteckten Auto herausbrachte.[42] Hat jetzt einen Regierungsposten in der Britischen Zone. Engelsing hat große Achtung vor Globke.«

Der amerikanische Verdacht, Globke könnte Kommunist gewesen sein, war wohl darauf zurückzuführen, dass die Engelsings Mitglieder der Widerstandsgruppe »Rote Kapelle« unter der Führung von Harro Schulze-Boysen waren. Nach dem Krieg wurde die Gruppe zu Unrecht von ehemaligen Gestapo-Leuten als sowjetischer Spionagering beim amerikanischen Geheimdienst CIC angeschwärzt. Ingeborg Malek-Kohler über Schulze-Boysen: »Nichts deutet für uns darauf hin, dass er ein Kommunist ist, eher ein aristokratischer Bohèmien, der weder mit spießbürgerlichen Kleinbürgern noch mit pedantischen Bürokraten etwas zu tun haben will. Er träumt von einer Revolution der Elite.«[43] Und: »Hitler ist für ihn vulgär, ungebildet und schlechtrassig.«[44]

Nicht nur Herbert Engelsing verhalf Globke gegenüber den Alliierten zu einer weißen Weste, auch seine katholischen Freunde förderten den Nimbus des »Widerstandskämpfers« nach Kräften. Anfang Dezember 1945 – Globke war zu dieser Zeit noch im Ministerial Collecting Center in Hessisch-Lichtenau interniert – bat er seinen Freund Otto Lenz in Berlin um Fürsprache renommierter Persönlichkeiten aus Kirche und Politik. Am 24. Dezember 1945 antwortet ihm Otto Lenz:[45] »Ich bedauere außerordentlich, dass Deine Lage sich noch nicht verändert hat. Ich habe hier alles zu tun versucht, was mir möglich war [...]. Auf Deinen Brief hin habe ich mich sofort mit allen in Frage kommenden Persönlichkeiten in Verbindung gesetzt, um die gewünschten Leumundszeugnisse zu besorgen. Es ist selbstverständlich, dass Du von Kaiser,[46] Dertinger[47] und mir die Bestätigungen erhältst. Ich habe außerdem Happ[48] gebeten, sie von Prange[49] und Preysing zu besorgen. Vielleicht spreche ich mit Prange und Preysing auch selbst in den nächsten Tagen.«

Lenz hatte nicht zuviel versprochen, nur wenige Tage später bekam Globke die gewünschten »Persilscheine« zugeschickt, von Jakob Kaiser, Otto Lenz, Georg Dertinger, Justitiar Happ usw. Die für Globke wichtigste Erklärung war die von Bischof Preysing, als einem erklärten Gegner der Nazis, der – wie erwähnt – Globke als »überzeugten katholischen Christen« schätzte und ihm für dessen »wertvollste Dienste« bei »unserer Hilfsarbeit für die verfolgten Juden und Halbjuden« dankte.«[50] Preysing bezog sich hier auf die oben beschriebene »innerkatholische« Hilfe im Fall der »katholischen Nichtarier« und der »Mischehen« zwischen (katholischen) »Ariern« und Juden. Justitiar Happ erklärte, Globke sei nur aufgrund der dringenden Bitten des Ordinariats im Amt geblieben. Happ schloss mit den Worten: »Weite demokratische und christliche Kreise würden es lebhaft begrüßen, wenn Dr. Globke bald seine umfassende Arbeitskraft an verantwortungsvoller Stelle wieder einsetzen könnte.«[51]

Interessanterweise erwähnte Otto Lenz in seiner Erklärung, Globke habe den Widerstand auch über die Vorgänge im Reichssicherheitshauptamt informiert. Wenn Globke selbst tatsächlich Verbindungen in die Organisationszentrale der Massenvernichtung gehabt hätte, müsste er auch mit ziemlicher Sicherheit über die »Endlösung der Judenfrage« informiert gewesen sein, was er aber später immer abstritt. Andere Hinweise auf diesen Kontakt habe ich nicht gefunden. Möglicherweise hatte Lenz hier aber auch nur Globkes Tätigkeit aufgeblasen.

Für Globke jedenfalls waren diese »Eidesstattlichen Versicherungen« von großem Nutzen. Sie sollten auch später in der Adenauer-Ära dazu dienen, Kritikern den Wind aus den Segeln zu nehmen. Die Historikerin Antonia Leugers bezweifelt ihren Wert: »Über den Punkt sind wir ja wohl hinaus, dass wir noch mal die ›Persilscheine‹ hervorkramen, die sich auch noch gegenseitig zitieren. Ein Freundeskreis zitiert sich gegenseitig mit Rückbezügen und ist sowieso schon seit ewigen Zeiten zusammen.«[52]

Sosehr seine alten Freunde aus Zentrum und Kirche Globkes Position im Widerstand hochzuspielen versuchten, es bleibt der Eindruck einer marginalen Rolle. Wenn er tatsächlich so wichtig gewesen wäre, hätte ihn die Literatur zum 20. Juli sicher nicht verschwiegen. Daher können so offensichtlich abwegige Äußerungen wie die des Doppelagenten und Informanten von Allen Dulles, Hans Bernd Gisevius, »ohne Globke wäre der 20. Juli gar nicht möglich gewesen«,[53] nicht ernst genommen werden. Außerdem ist Gisevius bekannt für seinen Hang zu Übertreibungen. Dass Klaus Dohrn, Korrespondent von *Time* und *Life,* diesen offensichtlichen Unsinn von Gisevius auch noch zum Lobe Globkes niederschrieb, damit hat er seinem engen Bekannten Hans Globke keinen guten Dienst erwiesen.

So von seinen Freunden und Bekannten entlastet, wurde Globke zunemhmend dünnhäutiger, wenn er auf seine Vergangenheit angesprochen wurde. Im Dezember 1947 verwies Globke in einem Brief an den Innenminister des Landes Nordrhein-Westfalen offensiv und mit geradezu aggressivem Unterton auf seine Entlastung. Der Minister hatte ihm die Leitung der Personalabteilung angeboten, aber Globke lehnte ab mit der Begründung, er werde immer noch wegen seines Kommentars zu den »Nürnberger Gesetzen« angefeindet, obwohl seine Haltung durch die eindeutigen Leumundszeugnisse doch geklärt sei: »Sie werden aus dem Zeugnis des Kardinals Graf Preysing entnommen haben, was nach seiner Auffassung die Juden in Deutschland mir zu verdanken haben. Dass ich dies nur erreichen konnte, wenn ich äußerlich gewisse Konzessionen machte, liegt auf der Hand; aber ich bin nach wie vor der Auffassung, dass diese Konzessionen nicht über das bei unvoreingenommenem Urteil zulässige Maß hinausgegangen sind. [...] Ich habe, weiß Gott, in der Nazizeit in voller Kenntnis der Situation meinen Kopf zu Markte getragen. Mancher, der gegen seinen Willen nicht in Amt und Würden war, hat ein besseres Leben geführt als ich. Soll ich mir nun heute von dem bei den Düsseldorfer Ministerien eingerichteten Sonderprüfungsausschuss irgendeinen Satz des Kommentars entgegenhalten lassen, obwohl dieser notorisch Juden und Mischlingen geholfen hat? Und wer weiß nach dem, was ich von der Tätigkeit dieses Ausschusses gehört habe, auf welche absonderlichen Ideen er sonst etwa verfällt.«[54]

Von Schuldbewusstsein keine Spur, Globke war wie immer reinen Herzens, und wenn er doch noch irgendwo den geringsten Zweifel hatte, dann konnte er sich als guter Katholik durch Beichten die Absolution verschaffen. »Ego te absolvo!« – und die Sache war erledigt. So berichtete der *Spiegel* 1960 in einer kleinen Anekdote, wie Ministerialrat Hans-Joachim Unger, der Vorsitzende des »Zentralverbandes demokratischer Widerstandskämpfer- und Verfolgtenorganisationen«, seinen ersten Besuch bei Staatssekretär Hans Globke machte: »Der Staatssekretär bot einen Stuhl an, Unger blieb stehen. ›Herr Unger‹, forschte Globke, ›was haben Sie mir vorzuwerfen?‹ Unger sprach von Globkes Kommentar zu den Nürnberger Rassegesetzen. Da antwortete der Staatssekretär: ›Herr Unger, wir beide sind Christen, und wir wissen, dass wir zuweilen gefehlt haben.‹«[55] Es war der Beginn einer wundervollen Zusammenarbeit: Globke sorgte für Geld und Unger für die öffentliche Unterstützung der Bundesregierung durch ehemalige Widerstandskämpfer. Beichte und tätige Reue bewirken manchmal wahre Wunder.

Zeuge der Anklage und der Verteidigung

Nach dem Attentat vom 20. Juli 1944 geriet auch Globke, dessen Kontakte zu ehemaligen Zentrumsmitgliedern den Nazis bekannt waren, ins Visier der Gestapo. Allerdings gibt es nur wenige Quellen, die dies belegen. Hans-Joachim Kettner, der persönliche Referent von Wilhelm Stuckart, beschrieb in einer Erklärung vom 24. April 1950 die Ereignisse aus seiner Sicht.[1] Kurze Zeit nach dem Attentat habe Stuckart ihm mitgeteilt, der Chef des Reichssicherheitshauptamtes, Ernst Kaltenbrunner, habe ihn gerade telefonisch von der geplanten Verhaftung Globkes unterrichtet. Da er wusste, dass Globke mit den Generälen Stieff und Wagner und mit dem Regierungspräsidenten Graf von der Schulenburg in Verbindung stand, habe er versucht, die Verhaftung zu verhindern. Er habe deshalb zu Stuckart gesagt, er glaube, dass Globke an dem Anschlag selbst nicht unmittelbar beteiligt gewesen sei. Das habe Stuckart an Kaltenbrunner weitergeleitet, und daraufhin sei die Verhaftung unterblieben. Im Frühjahr 1945 sei Hans Globke erkrankt und habe mehrere Wochen bei seiner Familie im oberbayerischen Kochel verbracht. Der Krankenurlaub sei sogar noch verlängert worden. Am 15. April 1945 habe die Gestapo dann Globkes Verhaftung befohlen, ohne das Ministerium davon zu unterrichten. Er, Kettner, wisse davon nur, weil Globke es ihm später erzählt habe. Angesichts des schnellen Vordringens der amerikanischen Truppen in Bayern habe die Festnahme aber nicht mehr durchgeführt werden können. Über die versuchte Verhaftung berichtete am 27. Dezember 1945 auch die Hausangestellte Gertrud Ikier.

In der Anlage zum Fragebogen der Militärregierung vom 17. Juli 1947 schrieb Globke selbst: »Als sich der Verdacht gegen mich verdichtete, verließ ich Ende März 1945 unter einem Vorwand Berlin. Die zu meiner Verfolgung von Berlin nach Bayern entsandten Gestapo-Beamten mussten am 27.4.1945 wegen des Vorrückens der amerikanischen Truppen in unmittelbarer Nähe meiner Wohnung von ihrem Vorhaben Abstand nehmen.«[2] In einer Erklärung zum Verbleib der Akten des RMdI vom 20. Juni 1945 spezifizierte Globke sein Abreisedatum aus Berlin. Demnach sei es der 22. März 1945 gewesen.[3] Merkwürdigerweise findet sich in Globkes Nachlass ein Marschbefehl Nr. 03505, ausgefertigt von Staatssekretär Stuckart am 12. April 1945, also als Globke nach eigenen Angaben schon längst in Kochel war, vier Tage vor dem Sturm der Roten Armee auf die Reichshauptstadt. Inhalt des Marschbefehls: »Der Ministerialrat Dr. Globke ist Angehöriger eines Führungsstabes der Obersten Reichsbehörden und hat Befehl, sich unverzüglich von Berlin nach dem Dienstsitz des Führungsstabes seiner Behörde in Garmisch-Partenkirchen zu begeben, um sich dort zur Dienstaufnahme zu melden.«[4] Warum ist der Marschbefehl am 12. April 1945 ausgefertigt, und wie kam Globke eigentlich in seinen Besitz, wenn er gar nicht mehr in Berlin war?

Seltsam klingt auch die Geschichte mit dem Haftbefehl, der als Dokument nicht existiert und von dem nur Globke selbst berichtet hat. Aber wie hat er davon in Kochel erfahren, wenn es nicht einmal seine Kollegen im Innenministerium gewusst haben? Und Stuckart musste ja auch weg aus Berlin, um nach Hitlers Tod in Flensburg noch Innenminister der Regierung unter Admiral Dönitz zu werden. Angenommen, es hätte einen Haftbefehl gegeben: Da machten sich Gestapo-Beamte auf den Weg von Berlin ins oberbayerische Kochel, obwohl es in München doch auch Gestapo-Beamte gab. Die Berliner müssen jedenfalls sofort losgefahren sein, denn am nächsten Tag begann der Ansturm der Sowjets auf die Reichshauptstadt. Die Beamten sind dann am 27. April 1945, also nach zwölf Reisetagen, in Kochel angekommen. Auch für Kriegszeiten eine ganz schön lange Zeit. Derweil eroberte die Rote Armee Berlin. Wohin wollten die Berliner Gestapo-Leute Globke eigentlich bringen?

Auch für die vereitelte Festnahme gibt es nur eine Zeugin, eine Hausangestellte namens Gertrud Ikier, die ihre Aussage acht Monate später verfasste. Im Übrigen: Da stehen Gestapo-Beamte in Zivil nach zwölf Tagen Reise vor der Tür und flüchten dann vor der näherrückenden Front? So schnell sind die Amerikaner nicht in Kochel einmarschiert. Dafür gibt es einen Augenzeugen, den Physiker und Nobelpreisträger Werner Heisenberg, der sich damals zu seiner Familie nach Urfeld, ganz in der Nähe von Kochel, geflüchtet hatte. In seinem *Tagebuch der Zeit vom 15.4.–15.5.45* finden sich Hinweise auf die damalige Situation in Kochel: »26.4.45. Fahrt nach Kochel, Einkauf von Stoffen und Lebensmitteln. Dort noch alles ruhig. – 28.4.45. Fahrt nach Kochel, um Trockenmilch und Nährmittel einzukaufen. – 29.4.45. Sonntag. Eigentlich ist der 29. unser Hochzeitstag, und ich hatte gehofft, etwas in Ruhe feiern zu können. Aber ich muss nach Kochel, um bei Demharter einzukaufen; das Geschäft soll trotz des Sonntags von 10h bis 15h offen sein. Unten stellt sich bald heraus, dass ich bis zum späten Nachmittag werde stehen müssen. – 1.5.45. Am frühen Nachmittag Anruf von Frl. Pensberger aus Pessenbach: ›Jetzt kommen die Panzer, wir hören sie auf der Strasse‹. Zwei Stunden später berichtet sie, dass die Panzer durch Pessenbach durchgefahren sind und Kochel besetzt haben. Offenbar nur Panzerspähwagen und Lastwagen.«[5]

Nach diesen Tagebucheintragungen sind Einheiten der US Army erst vier Tage später, am 1. Mai 1945, in Kochel eingerückt. In einer Eidesstattlichen Erklärung vom 13. Oktober 1946 zur Schuld seines früheren Vorgesetzten Wilhelm Stuckart warf selbst Globke die Daten durcheinander und behauptete, die Gestapo habe am 27. April 1945 Beamte von Berlin nach Bayern entsandt – also mitten in der Schlacht um Berlin. Die Geschichte vom Haftbefehl und der misslungenen Festnahme, die wohl Globkes Bedeutung als Widerstandskämpfer vergrößern sollte, strotzt geradezu von Ungereimtheiten, die offenbar noch nie genauer untersucht wurden. Vielleicht sollte diese Darstellung aber auch schlicht verdecken, dass Globke, um nicht den sowjetischen Truppen in die Hände zu fallen, nach Bayern flüchtete, wo ihn die amerikanische Internierung erwartete.

Die immer wieder verbreitete Geschichte, Globke habe sich nach dem Krieg beim Provinzial des Dominikaner-Ordens, Pater Laurentius Siemer, einem aufrechten Mann des katholischen Widerstands, im Kloster Walberberg bei Bonn versteckt und sei dort von amerikanischen Fahndern festgenommen worden, scheint nicht zu stimmen. Globke hat diese Darstellung auch über seine Anwälte dementiert, und wir haben bei unseren Recherchen im Kloster Walberberg nicht den geringsten Hinweis auf seine damalige Anwesenheit finden können.

Richtig ist, dass Globke auf einer von mehreren Kriegsverbrecherlisten, die damals kursierten, unter der Nummer 101 geführt wurde. Nach eigenen Angaben war er von April bis Juli 1945 krank. Am 20. August wurde Globke als ehemaliger Ministerialbeamter verhaftet, in Bad Tölz, Starnberg, Moosburg und Freising interniert und anschließend in das Ministerial Collecting Center in Hessisch-Lichtenau in der Nähe von Frankfurt am Main eingewiesen. Dort traf er zufällig einen alten Bekannten aus der Zeit beim preußischen Innenministerium: Robert M.W. Kempner, bis zu seiner Amtsenthebung durch Göring Justitiar der preußischen Polizei. In die USA emigriert, wurde er Mitglied der Allied War Crimes Commission und schließlich stellvertretender Hauptankläger der Nürnberger Prozesse.

In seinem Buch *Ankläger einer Epoche* erinnerte sich Kempner an die alte Clique im preußischen Innenministerium: »Da war eine Gruppe in meinem Alter, geboren zwischen 1898 und 1901, mit denen man fast täglich zusammensaß. Hans Globke, der spätere Adenauer-Familien-Minister Wuermeling, der spätere Regierungspräsident Hoch, der spätere Chef des Verfassungsschutzamtes Nordrhein-Westfalen Tejessy …«[6] Man schätzte sich aus früheren Tagen, und außerdem war Kempner an Einzelheiten aus dem Reichsinnenministerium brennend interessiert. Er hatte sich als amerikanischer Ankläger in Nürnberg auf die Verfolgung der »Euthanasie«-Morde spezialisiert. Im Zuge der nationalsozialistischen »Rassenhygiene« wurde die »Vernichtung lebensunwerten Lebens« propagiert und durchgeführt. Das bedeutete die systematische Ermordung von »Erb- und Geisteskranken, Behinderten und sozial oder rassisch Unerwünschten«. Dazu gehörte auch die Ermordung »nutzloser Esser« wie Hirnverletzte, abgestürzte deutsche Flieger und politisch lästige Kriegsgefangene. Innenminister Frick hatte zum Teil Gesetzesvorlagen geliefert, zum Teil waren die Morde auch ohne gesetzliche

(Schein-)Legitimation mit Fricks Wissen und Unterstützung des RMdI durchgeführt worden. Kempner wollte Globkes früheren Chef im Nürnberger Prozess für diese Morde verantwortlich machen und suchte einen Zeugen der Anklage. Da lief ihm Hans Globke über den Weg: »›Globke, was war los? Nun erzählen Sie mal ein bisschen.‹ Ich hatte kein Thema parat, auf das ich ihn zunächst mal festlegen konnte. ›Erzählen Sie nicht über sich. Sie waren im Innenministerium bei Frick, ich bin interessiert an der Euthanasie-Aktion.‹ ›Das war nicht in meiner Abteilung.‹ ›Wir brauchen uns doch nichts vorzumachen‹, sagte ich, ›wenn man mit den Leuten der Medizinalabteilung zu Mittag isst, erzählt man sich doch, was da vor sich geht, auch wenn's Hitler nicht will.‹ Und da hat er mir die ganze Euthanasie-Sache erzählt. Ich habe solche Menschen wie Globke nur ein, zwei Mal persönlich vernommen, und als es an die scharfen Sachen ging, habe ich gesagt: ›Sie werden von Herbert Schönfeld und Walter Speyer vernommen werden‹, zwei Amerikanern deutsch-jüdischer Abstammung, die Anwälte in Berlin gewesen waren. Ich spreche mit einem Bekannten nicht über seine Verbrechen.«[7]

Dem ansonsten so loyalen Globke war in diesem Fall wohl das eigene Hemd näher. Er ergriff die Chance, die Kempner ihm bot, und lieferte ihm die verlangten Informationen. Kempner brachte Frick an den Galgen und hielt seine schützende Hand über Hans Globke. Später schilderte Kempner die detaillierten Aussagen Globkes zu den »Euthanasie«-Morden in einem Beitrag zu dem Buch *Der Staatssekretär Adenauers*, einer Hommage der Konrad-Adenauer-Stiftung an Globke:[8] »Nach Ausbruch des Krieges wurden Vertreter der verschiedenen Ministerien, einschließlich des Ministeriums des Innern, zu einer Konferenz in die Kanzlei des Führers berufen. In dieser Konferenz wurde ein Programm besprochen, welches vorsah, dass im Interesse der Kriegsrüstung alle geisteskranken Menschen, die vom finanziellen und ernährungstechnischen Standpunkt aus eine Belastung bedeuteten, auf geheime Weise getötet werden sollten. Diese Konferenz fand 1939 oder 1940 statt, zu der Zeit, als Frick Minister des Innern war. Kurz nach dieser Konferenz wurden die Oberlandesgerichtspräsidenten und die Generalstaatsanwälte der verschiedenen deutschen Bezirke im Reichsjustizministerium zusammengerufen. Sie wurden von dem neuen Programm in Kenntnis gesetzt, und es wurde ihnen mitgeteilt, dass Personen, die an Tötungen in Irrenanstalten und Krankenhäusern beteiligt waren, nicht gerichtlich zu verfolgen seien, da derartige Tötungen offizielle Genehmigung hätten. – Zu der Zeit, als dieses Programm verwirklicht wurde, war Frick als Reichsminister des Innern für die Angelegenheiten der Volksgesundheit verantwortlich. Dr. Conti war Fricks verantwortlicher Staatssekretär für die Volksgesundheit. Technische und verwaltungstechnische Einzelheiten waren unter Aufsicht von Ministerialdirigent Linden vom Ministerium des Innern, der zum Sonderkommissar für Irrenanstalten ernannt worden war. – Dem offiziellen Befehl entsprechend hatten die Tötungen geheim zu erfolgen. Durch die große Anzahl der Tötungen und die verdächtigen Umstände konnte jedoch die Geheimhaltung nicht aufrechterhalten werden. Eine Anzahl von Klageschriften gelangte ins Ministerium des Innern, besonders erinnere ich mich an eine Klageschrift des Bischofs von Münster, Graf von Galen.«

Während Globke in Nürnberg ziemlich genau Verantwortlichkeit und Methodik der »Euthanasie«-Morde schilderte, sollte er sich Jahre später an fast gar nichts mehr erinnern. Als Zeuge im zweiten »Euthanasie«-Prozess in Frankfurt am Main 1968, in dem die Ermordung von Zehntausenden von Geisteskranken in der »Aktion Gnadentod« verhandelt wurde, erklärte Globke vor dem Schwurgericht, »er habe kurz nach Kriegsbeginn ›gerüchtweise‹ von der ›Euthanasie‹-Aktion erfahren und auch gewusst, dass das Innenministerium in dieser Sache ›eingeschaltet‹ gewesen sei. In welcher Weise und in welchem Umfang, vermochte Globke nicht zu präzisieren. ›Ich hörte über diese Dinge hier mal ein Gerücht und da mal ein Gerücht‹, erläuterte Globke vieldeutig.«[9]

Bei einer der beiden Aussagen hat Globke eindeutig nicht die Wahrheit gesagt. Das hätte dem Frankfurter Gericht eigentlich auffallen müssen. Aber wer interessierte sich schon dafür, was Globke in Nürnberg gesagt hatte? Wenn Globke aber – wie er in Nürnberg behauptet hatte – tatsächlich genau über die »Euthanasie«-Morde Bescheid wusste, scheint es doch seltsam, dass er beim Mittagessen oder Büroplausch mit seinem Vorgesetzten Stuckart oder dem Kollegen Lösener nie etwas über die »Wannsee-Konferenz« und die »Endlösung der Judenfrage« erfahren haben will.

Kempner jonglierte in seinem Buchbeitrag für die Konrad-Adenauer-Stiftung mit nett verharmlosenden Formulierungen zu Globkes Tätigkeit. Später äußerte er sich aber kritischer: »Wir kamen immer wieder auf den Kommentar: Globkes schwarzer Punkt (aber ›schwarzer Punkt‹ passt hier nicht, denn er war ja immer ein Zentrumsmann gewesen) ist selbstverständlich die Tatsache, dass er an einem Kommentar zu den Nürnberger Rassegesetzen vom Jahre 1935 mitgewirkt hatte. Und noch vor Erlass der Rassegesetze wies er die Standesbeamten an, Eheschließungen zwischen Juden und Ariern zu verhindern. Der Fall Globke ist eine Frage für sich.«[10]

Auf die Frage von Kurt Schumacher, dem Parteivorsitzenden der Nachkriegs-SPD, warum Kempner sich so freundlich gegenüber Globke verhalte, soll dieser – laut *Spiegel* – geantwortet haben, »die Amerikaner hätten sich fest vorgenommen, ihre wertvollsten Kronzeugen aus Nürnberg vor allen innenpolitischen Angriffen zu schützen. Hans Globke sei einer der kostbarsten Helfer der Anklage gewesen, dessen Tätigkeit sich nicht nur im Gerichtssaal niederschlug.«[11] Folgerichtig hatte Kempner Globke 1950 geschrieben: »Da wir gerade beim Anpöbeln sind, bin ich offen genug, um Ihnen zu sagen, dass ich die Angriffe auf Sie aufs tiefste bedaure. Falls Ihnen eine Rückenstützung von mir nützt, da ich nicht nur mit Ihnen, sondern über Sie mit vielen Leuten zwischen 1945 und 1949 gesprochen habe, lassen Sie es mich wissen.«[12]

Jahrzehnte später, in einem Hörfunkinterview, erinnerte sich Kempner noch an einen Dialog mit Globke: »›Sie waren ja mitten drin in der ganzen Soße, sie waren ja Kommentator, das ist ja 'ne schöne Sache.‹ – ›Ich war Beamter des Innenministeriums, und was an dem Gesetz zu sagen war, da war ja sehr vieles zu kommentieren.‹ – ›Ja und wie haben Sie sich dabei gefühlt?‹ – Da hat er eigentlich keine richtige Antwort gegeben.«[13]

Der »Wilhelmstraßen-Prozess«, benannt nach dem Sitz des Auswärtigen Amtes und anderer Ministerien im Regierungsviertel, war ein Teil der Nürnberger Kriegsverbrecherprozesse, bei dem ehemalige

Regierungsbeamte vor Gericht standen. Hans Globke sagte dort 1948 als Zeuge der Anklage und der Verteidigung in der Verhandlung über seinen früheren direkten Vorgesetzten, Staatssekretär Wilhelm Stuckart, aus. Von Globke kam dabei nichts wirklich Belastendes, im Gegenteil versuchte er Stuckarts Rolle im Innenministerium herunterzuspielen. Tatsächlich hatte Stuckart schon unter dem von Hitler wenig geschätzten Innenminister Frick, der den Dingen mehr und mehr ihren Lauf ließ, eine starke Position, die unter Himmler noch deutlicher wurde. Weil Himmler wenig Interesse an der Arbeit des Reichsinnenministeriums zeigte, überließ er die faktische Leitung Stuckart, dem er als SS-Mann gleichzeitig Vertrauen schenkte.

Stuckart hatte sich nach dem Ersten Weltkrieg schon als Abiturient dem berüchtigten Freikorps Epp angeschlossen, das 1919 die Münchner Räterepublik blutig niederschlug. Er war überzeugter Nationalsozialist und hatte eine radikale völkische Grundhaltung, war ein brillanter Jurist und ehrgeizig noch dazu. Das Fachwissen seiner Mitarbeiter war ihm wichtiger als das Parteibuch – wenn sie denn seinen Interessen dienten. Ideale Bedingungen also für einen Hans Globke, der später als Zeuge seinen Vorgesetzten folgendermaßen charakterisierte: »Dr. Stuckart war unter den Nationalsozialisten, die in führende Stellungen kamen, ein besonders gemäßigter und vernünftiger Mann.«[14] Stuckart hatte nicht nur die »Nürnberger Rassegesetze« mit vorbereitet, er war auch Teilnehmer der »Wannsee-Konferenz« 1942 in Berlin. Dort, wo die »Endlösung der Judenfrage« organisiert wurde, machte er den Vorschlag, alle »Halbjuden« zu sterilisieren. Stuckart plädierte also für eine ebenfalls verbrecherische, aber in der Durchführung »sanftere« Lösung als Mord.

In der Verhandlung in Nürnberg berief er sich darauf, dass die Massensterilisation im Krieg unmöglich gewesen sei. Deshalb sei sein Vorschlag eine Verzögerungstaktik gewesen, die vielen »Halbjuden« das Leben retten sollte. Da seine Aussagen von seinen Mitarbeitern, insbesondere vom früheren »Judenreferenten« Bernhard Lösener, bestätigt wurden, konnte das Gericht seinen Plan nicht zweifelsfrei als verbrecherische Absicht deuten und ihn dafür nicht zur Rechenschaft ziehen. Obersturmbannführer Adolf Eichmann, der Protokollant der Sitzung, hat später seine Eindrücke von Stuckart auf der Wannsee-Konferenz beschrieben: »Und die größte Überraschung wohl war, so habe ich es noch in Erinnerung, [...] vor allen Dingen Stuckart, der stets Vorsichtige, der stets Zaudernde, der hier plötzlich mit einem ungewohnten Elan sich offenbarte.«[15]

Globke hat in seiner Vernehmung im »Wilhelmstraßen-Prozess« erklärt, Stuckart habe ihm nie etwas über die »Wannsee-Konferenz« erzählt. Auf die Nachfrage, wann er von Stuckarts Vorschlag erfahren habe, alle »Halbjuden« zu sterilisieren, zeigte Globke wieder Gedächtnisschwäche, gab aber grundsätzlich zu, den Vorschlag gekannt zu haben: »An den genauen Zeitpunkt kann ich mich nicht erinnern. Das ist jedenfalls eine ganze Zeitlang später gewesen.«[16] Wenn Globke den Vorschlag Stuckarts aber kannte, sollte ihm auch der Zusammenhang bekannt gewesen sein, in dem er entstanden war: die »Wannsee-Konferenz«. Globke wurde im Stuckart-Prozess gefragt, ob er von der systematischen Vernichtung der Juden gewusst habe. Er antwortete mit einem rhetorischen Eiertanz: »[Globke:] ›Ich wusste, dass die Juden massenweise umgebracht wurden, aber ich war immer der Meinung, dass es daneben auch Juden gab, die entweder in Deutschland lebten oder die, wie in Theresienstadt oder dergleichen, in einer Art Getto zusammengefasst wurden.‹ – [Frage:] ›Sie dachten, es handele sich um Exekutionen, aber nicht um eine systematische Ausrottung?‹ – [Globke:] ›Nein, das wollte ich nicht sagen. Ich bin der Auffassung und wusste das zu jener Zeit, dass die Ausrottung der Juden systematisch betrieben wurde, aber ich wusste nicht, dass sie sich auf alle Juden bezog.‹«[17]

Offensichtliche Ausflüchte und nicht nur für Juristen fadenscheinige Differenzierungen. Aber als Zeuge musste Globke sich nicht weiter rechtfertigen. Gegenüber einem Mitarbeiter des amerikanischen Hohen Kommissars für Deutschland (HICOG) habe Globke im April 1950 höhnisch lächelnd (»sneered«) erklärt: »Ich war eine große Enttäuschung für den Anklagevertreter, und er war überhaupt nicht zufrieden.«[18]

Wilhelm Stuckart wurde wegen der Mitarbeit an den »Nürnberger Gesetzen« und ihren Ausführungsverordnungen zu einer Haftstrafe von drei Jahren, zehn Monaten und zwanzig Tagen verurteilt, die Strafe galt mit seiner Untersuchungshaft als abgegolten. Von einem deutschen Gericht wurde er 1950 lediglich als »Mitläufer« eingestuft. Da war er bereits Geschäftsführer des Instituts zur Förderung der niedersächsischen Wirtschaft und im niedersächsischen Vorstand von Theodor Oberländers Flüchtlingspartei BHE (Bund der Heimatlosen und Entrechteten). Die Partei forderte unter anderem ein »Heimatrecht im Osten«, das die Wiederherstellung der Reichsgrenzen von 1937 vorsah. Als Stuckart in einem Verfahren zur Festsetzung seines Ruhegehalts Anfang der 50er Jahre Globkes Hilfe als Zeuge beanspruchte, wiegelte Globke einen öffentlichen Auftritt immer wieder mit durchsichtigen Gründen ab. Offensichtlich wollte er als Ministerialbeamter der Bundesregierung mit Stuckart nicht mehr in Verbindung gebracht werden. Der Briefwechsel ist im Nachlass Globkes archiviert. Nach Stuckarts Tod schrieb Globke der Witwe am 30. Dezember 1953 einen Brief, in dem er der Zeiten gedachte, die er gemeinsam mit Stuckart im Reichsinnenministerium verbracht hatte. Einer der Hauptzüge seines Wesens sei seine »Kameradschaftlichkeit« gewesen. Schnell habe man festgestellt, »dass Ihr Gatte zwar überzeugter Nationalsozialist war und die Weimarer Republik scharf ablehnte, dass er aber zu den wenigen führenden Nationalsozialisten gehörte, die Recht und Ordnung hochhielten und auch für ein offenes Wort Verständnis zeigten«.[19] Unfassbar, was der frischgebackene Staatssekretär Konrad Adenauers hier schrieb. Recht und Ordnung gingen ihm offensichtlich über alles, aber wirklich furchtbar ist: Er deutete das nationalsozialistische Unrechtssystem, zu dem auch die von Stuckart mitentworfenen Rassegesetze gehörten, zu Recht um. Mit der formaljuristischen Begründung, man habe sich an Gesetze halten müssen, rechtfertigten sich NS-Juristen nach dem Krieg und lehnten jede persönliche Verantwortung für Nazi-Unrecht ab. Auch der gesetzestreue Beamte Globke hat nie seine Mitschuld eingestanden, obwohl er – gerade als Jurist – die Gesetze der Nazis als Unrecht hätte erkennen müssen. Und wo blieb sein christliches Bewusstsein, seine Moral?

Kalter Krieg und neue Chancen für alte Spezialisten

Bereits während des Krieges stellte man sich in den USA die Frage, wer in einem Nachkriegsdeutschland verantwortliche Positionen in Politik und Verwaltung, in Justiz und Universitäten übernehmen könnte. Natürlich sollten es unbelastete Personen sein. Um einen Überblick über brauchbare Leute zu bekommen, sammelte man in den USA die Namen und legte Listen an. Zuständig für diese Aufgabe war das OSS, das Office of Strategic Services, der Nachrichtendienst des amerikanischen Kriegsministeriums. Chef des OSS war General William »Wild Bill« Donovan, ein alter Haudegen aus dem Ersten Weltkrieg, der überwiegend Personal aus rechtskonservativen Kreisen der USA um sich versammelt hatte. Ein Teil der Offiziere repräsentierte die einflussreichsten Familien der USA. Mitarbeiter waren aber auch deutsche Emigranten, unter anderen der Philosoph Herbert Marcuse und der Schriftsteller Carl Zuckmayer. Ein Leitfaden des Research and Analysis Branch des OSS für die amerikanische Militärregierung vom 22. Juli 1944 empfahl, in der Nachkriegszeit besonders christliche Kreise und den Klerus als Verbündete in Deutschland zu gewinnen.[1] Vor allem Angehörige der katholischen Kirche galten als wenig oder gar nicht belastet und damit als Kandidaten für künftige Schlüsselpositionen.

Informationen über die Situation im Deutschen Reich gelangten in die Vereinigten Staaten vor allem über die Schweizer Außenstelle des OSS in Bern. Hier residierte Allen Dulles, ab 1953 Chef der CIA, während sein älterer Bruder John Foster zur gleichen Zeit US-Außenminister wurde, später ein guter Freund Konrad Adenauers. Die Dulles-Brüder arbeiteten vor dem Krieg als Anwälte in der renommierten Wirtschaftskanzlei Sullivan & Cromwell. Die Kanzlei vertrat auch deutsche Unternehmen wie die I. G. Farben, deren US-Repräsentant John Foster Dulles war. Beide Brüder pflegten enge

Beziehungen zu Deutschland und wehrten sich bis zum Überfall auf Pearl Harbor gegen einen Kriegseintritt der USA. In Bern sammelte Allan Dulles vor allem Informationen über den Widerstand in Deutschland. Obwohl er von der systematischen Ermordung der Juden erfuhr, gab Allen Dulles nur wenige dieser Informationen weiter. Auch für ihn war – wie für seinen Bruder – der Bolschewismus der Hauptfeind.

Er knüpfte enge Kontakte, unter anderem zu Hans Bernd Gisevius, einem in der Schweiz tätigen Agent der deutschen Abwehr. Als Doppelagent, der auch für die Amerikaner arbeitete, lieferte Gisevius Dulles Namen und schlug Personen aus dem Widerstand vor, die zum Beispiel für eine deutsche Nachkriegsregierung in Frage kämen. Dulles nannte diese »guten« Deutschen im OSS-Jargon »Crownjewels«, »Kronjuwelen«. Am 11. August 1945 schickte Dulles von Berlin aus ein Fernschreiben an das OSS in der amerikanischen Zone in Wiesbaden, in dem Globke für das Innenministerium vorgesehen war: »Bitte überprüfen Sie die folgenden Namen und schicken Sie Erläuterungen und Empfehlungen: 1. Globke, München, in Erwägung gezogen für Inneres; 2. Kartzke, Berlin, Bildung; 3. Josef Mueller, München, Justiz oder Inneres.«[2]

Christof Mauch, Kenner der Zusammenarbeit zwischen deutschem Widerstand und OSS, urteilt über diesen Zusammenhang: »Gisevius, davon gehe ich aus, hat sehr positiv über Globke berichtet, dass Globke dem Widerstand nahestand, Mitwisser war von Becks und Goerdelers Putschversuchen. Und er hat vor allem betont, dass der Katholizismus eine Kraft in Deutschland war, die sich von den Nazis relativ wenig habe manipulieren lassen.«[3] Wie später Konrad Adenauer war offenbar auch Dulles davon überzeugt, Globke habe durch seine Arbeit im RMdI die NS-Rassenpolitik gemildert.

Auch Hans Globke hatte sich 1944, ein Jahr vor Kriegsende, in der Schweiz aufgehalten – zu einem Genesungsurlaub am Luganer See. Am 11. März 1944 hatte er von Kochel aus bei seiner Dienststelle die Verlängerung seines Krankheitsurlaubs beantragt, die Stuckart am 17. März genehmigte. Zuvor hatte Globke eine Kur in der von ihm offenbar sehr geschätzten Slowakei gemacht, jetzt sollte es in die Schweiz gehen, nach Lugano ins Hotel »Beaurivage«. Die ständigen Belastungen im Ministerium hatten seine Gesundheit angegriffen, im Tessiner Alpenklima konnte der wichtige Beamte des Reichsinnenministeriums in Ruhe seine Leiden auskurieren. Zur gleichen Zeit begann die Frühjahrsoffensive der Roten Armee in der Ukraine, und alliierte Truppen kämpften sich am Kloster Monte Cassino den Weg nach Rom frei. Da durfte also der Ministerialbeamte Globke ohne irgendwelche Komplikationen weder von deutscher noch von schweizerischer Seite kuren – und ausgerechnet in Lugano, wo es von ausländischen Agenten nur so wimmelte.[4]

Dort trafen sich italienische Partisanen mit amerikanischen OSS-Leuten und britischen Agenten des Secret Intelligence Service (SIS). Auch in Lugano waren die Grand Hotels die Bühne für Spionageoperationen und konspirative Treffen. Im März 1944 wurde ein amerikanisches Vizekonsulat eingerichtet, in dem jetzt auch der OSS-Agent Donald Jones residierte. Und natürlich war die deutsche »Abwehr« ebenfalls vertreten. Und im März 1945 war Lugano Schauplatz der ersten geheimen Gespräche über die »Operation Sunrise«, die von SS-General Karl Wolff und Allen Dulles später ausgehandelte separate Kapitulation der deutschen Truppen in Italien. Lugano, so scheint es, war damals weniger das Pflaster, wo gestresste Zeitgenossen in Ruhe ihre Genesung abwarteten, sondern eher ein einziger konspirativer Agententreff. Warum Globke ausgerechnet dort Urlaub machte, warum ihm das ein Jahr vor Kriegsende genehmigt wurde und ob er vielleicht selbst Kontakte aufnahm, vielleicht nicht zu den Amerikanern, aber möglicherweise zum Vatikan, konnten wir bei unseren Recherchen zum Film nicht herausfinden. In den Akten der Schweizer Bundesanwaltschaft gibt es Karteikarten – Nr. (236:0)531/72 – zum Referenten im Reichsministerium des Innern, in denen von der Fremdenpolizei Globkes Einreisegesuch für einen dreiwöchigen Kuraufenthalt in Lugano vermerkt ist. Die Antwort am 17. Januar 1944: »Unbekannt, nichts einzuwenden.« Nach seiner Kur meldete sich Hans Globke in Berlin wieder zum Dienst.

Unmittelbar nach dem Krieg war OSS-Chef Donovan einer der ersten Amerikaner, die Globke offiziell befragten. Sein Name taucht auch zwischen anderen bekannten Christen und Zentrumsleuten auf einer Vernehmungsliste im Donovan Archive unter »Nuremberg Trials« (Nürnberger Prozesse) auf: »61.01 ›Nach Nürnberg beordert zur gemeinsamen Beratung‹, [...] Dr. Otto Lenz, Dr. Schuster, Dr. Hans Globke, Jakob Kaiser, Dr. Koppen, Frau von Dohnanyi, Baroness von Guttenberg, Dr. Paul Franken, Dr. Alois Becker, Poelchau, Heinrich Krentzberg, Dr. Andreas Roracher, Dr. Siemer [Dominikanerpater], Rev. Lilje, Rev. Bethge, Paul Wauer, Finkelstein, Dr. Hans Schaudig, Count von Teuchert, Dr. Max von Dorn, Dr. Smolka, Travaglio, Dr. Stefan Wirich, Lager Ludwigsburg, 4 Seiten, auf Englisch.«[5]

Nach den Vernehmungen wurde Globke von Donovan als Zeuge für die Nürnberger Prozesse benannt und von Kempner als Zeuge gegen Frick aufgestellt. Abgesehen von seinen Auftritten in Nürnberg verschwand Globke offenbar aus dem Blickfeld der Amerikaner. Das OSS wurde 1945 aufgelöst, sein Nachfolger als Auslandsnachrichtendienst wurde 1948 die CIA (Central Intelligence Agency). Und Globke war in die Stadt zurückgekehrt, in der er aufgewachsen war, nach Aachen, das in der britisch besetzten Zone lag.

Inzwischen hatte sich in Washington durch mehrere Ereignisse eine neue politische Haltung gegenüber der Sowjetunion und Deutschland herausgebildet, die das politische Klima der Nachkriegszeit entscheidend prägen sollte. Eine Politik, die auch Verwaltungsexperten aus den Nazi-Ministerien wie Hans Globke schon bald wieder in verantwortliche Regierungspositionen aufsteigen ließ. Selbst braune Flecken auf den angeblich weißen Westen wurden in Kauf genommen, denn der Westen sah jetzt rot.

Am 12. April 1945 starb der amerikanische Präsident Franklin D. Roosevelt, der einen harten Frieden für das besiegte Deutschland gefordert hatte, um es endgültig politisch zu entmachten. Doch Roosevelt hatte einflussreiche Gegner in Politik, Wirtschaft und Banken, die jetzt ihre Chance witterten. An der Spitze dieser Gruppe standen unter anderem John Foster Dulles (der spätere Außenminister), General William H. Draper (später in der Militärverwaltung zuständig für die deutsche Wirtschaft), John C. McCloy (Unterstaatssekretär im Kriegsministerium und später Hoher Kommissar für Deutschland), Allen Dulles (der spätere CIA-Chef) und einige wichtige Bankiers und Industrielle.[6] Wenige Tage nach Roosevelts Tod fand im Außenministerium ein erstes Treffen statt. Mit dabei waren John Foster Dulles, der Unterstaatssekretär im Außenministerium William Clayton und John McCloy. Ihre Beratungen blieben nicht geheim. Einer der wichtigsten amerikanischen Korrespondenten, Drew Pearson, der mit seiner Kolumne »The Washington Merry-Go-Round« mehr als 400 Zeitungen belieferte, schrieb am 26. April 1945: »Offensichtlich zog eine Gruppe innerhalb des Außenministeriums einen sanften Frieden für Deutschland vor in der Absicht, es nach dem Krieg zu einem Bollwerk gegen Russland zu machen. Aber so lange wie Roosevelt im Weißen Haus war, verhielten sich die Beschwichtigungspolitiker im Außenministerium ruhig. Am Tag nach seiner Beerdigung fand eine Sitzung des Komitees für deutsche Reparationen im Büro des Assistent Secretary Will Clayton statt, bei der das Außen- und das Kriegsministerium plötzlich Roosevelts Politik eines harten Friedens umdrehten.«[7]

Ein »Bollwerk gegen Russland« sollte das Nachkriegsdeutschland werden, der neue Hauptfeind war die Sowjetunion. Noch vor Kriegsende hatte im Außenministerium der Kalte Krieg begonnen, ein radikaler Kurswechsel, der nicht der Politik Stalins gegenüber den westlichen Alliierten angelastet werden konnte. Seine Truppen waren gerade damit beschäftigt, die Reichshauptstadt Berlin zu stürmen. Die Bildung einer antisowjetischen Front wurde im April 1945 in Washington beschlossen, von Männern, die sie später auch realisierten, allen voran der Kopf der Gruppe: John Foster Dulles, der bibelfeste Presbyterianer und ausgeprägte Kommunistenhasser.

Die neue Politik, die von der Gruppe um Dulles vertreten wurde, beeinflusste auch die Truman-Regierung. 1950 machte der Präsident Dulles zum Berater seines Außenministers Dean Acheson. 1953, unter Präsident Dwight D. Eisenhower, wurde John Foster Dulles selbst Außenminister und konnte seine Politik des Kalten Krieges entfalten. Peter Sichel, CIA-Chef in Berlin von 1949 bis 1953, charakterisierte ihn im Interview wie folgt: »John Foster Dulles hat nur schwarz und weiß gesehen. Kommunismus war für ihn der Teufel. Er hat für Christentum und Moral und Ethik gekämpft, und er sah sein Werk darin, die Kommunisten zu eliminieren und die Religion, an die er glaubte, in der Welt auszubreiten.«[8]

Da traf es sich gut, dass Dulles im künftigen deutschen Kanzler Konrad Adenauer einen Seelenverwandten traf. Im Gespräch mit Günter Gaus beschrieb Adenauer rückblickend die Gemeinsamkeit: »John Foster Dulles und mich verband schon nach relativ kurzer Zeit eine wirkliche Freundschaft. [...] Wir waren sehr offen miteinander. Aber das Wichtigste war, dass auch seine Politik ebenso wie die meinige auf ethischer Grundlage beruhte. [...] Das war die christliche Grundlage. John Foster Dulles war ein sehr christlich denkender Mensch. Ich hoffe, dass ich es auch war. Und so fanden wir uns leicht.«[9] Auch im rigiden Antikommunismus trafen sich die beiden. Nach seiner Moskau-Reise 1955 schrieb Adenauer in einem Brief an seinen amerikanischen Freund: »Die Größe des Landes, seine diktatorische Regierungsform und der kommunistische Fanatismus, der dort herrscht, bilden meines Erachtens noch für sehr lange Zeit für alle anderen Völker eine große Gefahr, und zwar sowohl eine physische wie auch eine geistige Gefahr, der gegenüber man nicht wachsam genug sein kann. Ich halte insbesondere auch diese geistige Gefahr bei der eigenartigen Veranlagung der jugendlichen intellektuellen Schicht bei allen freien Völkern für groß.«[10]

Neben der antikommunistischen Stoßrichtung sollte der neue Kurs eines »gerechten Friedens« für Deutschland auch die Wiederholung des kollektiven Traumas verhindern, das durch den Versailler Vertrag nach dem Ersten Weltkrieg ausgelöst worden war. Die diktierte Anerkennung der alleinigen Kriegsschuld Deutschlands, territoriale Abtretungen und hohe Reparationszahlungen hatten den Revanchismus deutschnationaler und völkischer Gruppen sowie der Militärs in der Weimarer Republik gefördert und die demokratische Entwicklung behindert. Dass diese Fehler nicht wiederholt werden durften, der Meinung war man auch im Geheimdienst OSS. Peter Sichel erinnerte sich: »Wir waren alle überzeugt, dass man es nicht so machen sollte, wie nach dem Ersten Weltkrieg. Zwei Punkte: Versailles und Revanchismus und der zweite Punkt Dolchstoßlegende. Wir waren völlig überzeugt, dass diese zwei Sachen diesmal nicht passieren durften.«[11]

Gleichzeitig eröffnete der politische Kurswechsel amerikanischen Banken und Wirtschaftskonzernen neue Tätigkeitsfelder und Absatzmärkte. Und entsprechend waren wichtige Posten in der amerikanischen Militärverwaltung besetzt: John McCloy, der Hohe Kommissar, war vorher Präsident der Weltbank gewesen und hatte vor dem Krieg gute Kontakte zu Deutschland unterhalten, General William S. Draper, zuständig für den Wirtschaftssektor, kam von der mächtigen Finanzierungsbank Dillon Read & Co., die sich besonders in Geschäften mit der Bergwerks- und Schwerindustrie engagiert hatte. Der geplante wirtschaftliche Wiederaufbau in Westdeutschland, der auch die politische Stabilität garantieren sollte, war auf der amerikanischen Seite eingebettet in ein Konzept des Kalten Krieges, das Westdeutschland als Bollwerk gegen den Osten materiell und ideologisch aufrüsten wollte. Die Zukunft versprach neue Aufgaben mit alten Zielen: Das christliche Abendland sollte gegen den Kommunismus verteidigt werden. »Nichts war einfacher«, so die Psychoanalytikerin Margarete Mitscherlich, »als mit Hilfe des Kalten Krieges zu sagen, wir müssen das christliche Abendland retten, […] und da stimmte ihnen dann jeder zu. Sie waren plötzlich wieder der begehrte Verbündete, auch das darf man nicht vergessen. Das ging ja alles sehr schnell.«[12]

Im März 1947 verkündete Präsident Truman indirekt auch öffentlich den Kalten Krieg. Die sogenannte Truman-Doktrin sicherte allen Völkern Unterstützung zu, »deren Freiheit von militanten Minderheiten oder durch äußeren Druck bedroht ist«. Die Welt wurde in zwei Lager aufgeteilt, in die freie Welt des Westens und den Kommunismus. Es hieß Freiheit gegen Totalitarismus, und die USA ernannten sich zugleich zur Schutzmacht aller »freien« Völker und zum »Weltpolizisten«. Die Berlin-Blockade, die die Russen 1948 verhängten, wurde vom Westen genutzt, um die Stimmung anzuheizen. Die Luftbrücke, die Versorgungsflüge der Westalliierten, verliert allerdings etwas an Dramatik, wenn man mehr über die heimlichen Kontakte von damals weiß. CIA-Agent Tom Polgar war in dieser Zeit hinter den Kulissen aktiv: »Ich habe mir dadurch Verdienste erworben, dass ich im Jahr 1948 in der Lage war, aufgrund von direkten Kontakten zu sowjetischen Offizieren und auch durch Quellen in der ostdeutschen Polizei mit absoluter Sicherheit vorhersagen zu können, dass die Russen die Luftbrücke nicht stören würden.«[13]

Die angebliche Bedrohung durch einen russischen Einmarsch weckte alte kollektive Ängste. Ob Stalin überhaupt die Mittel zu einem Angriff gehabt hätte, wollten damals weder die Falken in Washington noch die christlichen Kreuzritter in den Westzonen wirklich wissen. Die Erkenntnisse der CIA-Agenten aus Berlin wanderten in die Papierkörbe. Peter Sichel, CIA-Chef in Berlin, erinnert sich: »Sie können sich nicht die Paranoia vorstellen, die es damals gab, noch viel mehr nach Korea. Wir wussten nicht, ob die Russen nicht marschieren. Ich wusste, dass sie nicht marschieren, das war meine Aufgabe. Ich wusste, dass sie nicht die Truppen, den Proviant, den Sprit und die Waffen sammelten, um diesen Sprung zu machen. Das war meine Funktion in Berlin, und das habe ich auch sehr klar und ordnungsgemäß gemeldet.«[14]

Die Verschärfung des Ost-West-Konflikts nützte im Westen vor allem der Rüstungsindustrie der USA, die sich seit Ende des Zweiten Weltkriegs in der Flaute befand. Das Gespenst eines Krieges mit der Sowjetunion ließ die Kassen wieder klingeln. Ex-CIA-Agent Tom Polgar: »Ich habe nie daran geglaubt, ich persönlich. Und ich kann sagen, meine Dienststelle in Berlin hat nie daran gedacht, dass wir Krieg mit Russland haben werden. Aber sehr viele Leute verdienen Geld mit der Angst, und der ganze militärisch-industrielle Komplex der Vereinigten Staaten musste in Betrieb gehalten werden durch die Angst.«[15]

Die neue politische Lage, geprägt durch die Parolen des Antikommunismus, durch das allseits verbreitete Szenario einer sowjetischen Bedrohung und die Forderung nach Verteidigung des christlichen Abendlandes, verlangte nach alten Kämpfern mit der richtigen ideologischen Ausrichtung. Chancen also für erfahrene Verwaltungsbeamte wie Hans Globke, die jetzt für den Wiederaufbau Westdeutschlands gesucht wurden. Peter Sichel meint lakonisch: »Wir suchten nach erfahrenen Beamten, auch wenn sie Nazis gewesen waren, aber solche, die persönlich keinen Dreck am Stecken hatten. Die unterstützten wir.«[16]

Hans Globke hatte seine Vergangenheit unbeschadet hinter sich gelassen – vor allem dank der Unterstützung seines ehemaligen Kollegen aus dem Innenministerium, Robert Kempner, und der »Persilscheine« seiner Freunde. Am 28. Dezember 1945 wurde Globke aus dem amerikanischen Internierungslager für Ministerialbeamte entlassen und Rechtsberater für die britische Militärregierung, für die Control Commission (B. E.), IA & C. Div., A. & L. G., Branch Bünde in Westfalen. Für die Briten erstellte der erfahrene Jurist Hans Globke Rechtsgutachten, zum Beispiel machte er sich Gedanken zur Neustrukturierung der Verwaltung und schlug sinnigerweise ein schnelleres Entnazifizierungsverfahren vor. Damit wollte er den vielen ehemaligen Nationalsozialisten den Weg zur Demokratie erleichtern. Eine Politik der Befriedung, die Adenauer später durchführen und für die Globke zum Paradebeispiel werden sollte.

Vom 6. bis 10. Mai 1946 wurde Globke durch das Assessment Centre Nr. 1 in Bad Oeynhausen überprüft. Da er sich im britischen Sektor aufhielt, fand von Seiten der Amerikaner keine weitere Überprüfung statt. Globke wurde von einem deutschen Gericht als »unbelastet« eingestuft. Am 20. Juni 1946 schied er aus dem Dienst der Briten aus und übernahm am 1. Juli 1946 die Stellung des Stadtkämmerers in Aachen. Im selben Jahr trat er – wie viele frühere Zentrums-Mitglieder – in die neu gegründete Christlich Demokratische Union Deutschlands (CDU) ein und wurde in Aachen Mitglied des Hauptausschusses. Die SPD-Politikerin Annemarie Renger schrieb in ihren Erinnerungen über die Anfänge der CDU: »In der CDU, mit dem ›C‹ für christlich vorneweg, hatten sich zwar katholische und evangelische Christen zusammengeschlossen, doch man hatte den Eindruck, dass die Katholiken dominierten und das Ganze eher eine Fortsetzung des rechten Flügels des Zentrums und der Deutschnationalen als eine neue Partei war.«[17]

Globkes Versuch, bei den Kommunalwahlen in Trier im November 1948 CDU-Bürgermeister zu werden, scheiterte am Widerstand der Sozialdemokraten, die den Kommentator der »Nürnberger Rassegesetze« ablehnten. Trotzdem machte Globke in der Nachkriegszeit eine Blitzkarriere, zunächst 1949 als Vizepräsident des Landesrechnungshofes von Nordrhein-Westfalen in Krefeld und dann als Ministerialbeamter im neuen Bundeskanzleramt.

Der Weg ins Kanzleramt

Der Kontakt zwischen Konrad Adenauer und Hans Globke soll in der Nachkriegszeit durch Vermittlung des nordrhein-westfälischen Finanzministers Heinrich Weitz zustande gekommen sein. Eigentlich seltsam, dass sich die früheren Zentrumspolitiker Adenauer und Globke vorher weder im Rheinland noch in Berlin kennengelernt hatten. Auch der CIA-Agent Tom Polgar, der Globke überprüfte, als er ins Kanzleramt einzog, wundert sich nachträglich: »Ich habe die Lebensläufe von Adenauer und Globke verglichen. Obwohl Adenauer über 20 Jahre älter war, scheint es mir unmöglich, dass er als Oberbürgermeister von Köln den Vizepolizeipräsidenten von Aachen, Globke, nicht gekannt hat. Ich stelle mir vor, dass es viele Konferenzen gab, auf denen sie sich treffen mussten. Sie waren Mitglieder der katholischen Zentrumspartei und zur gleichen Zeit in Berlin, Adenauer als Staatsratsvorsitzender und Globke im Innenministerium. Der Kreis der Regierungsleute um die Wilhelmstraße war damals ziemlich klein, man traf sich im ›Adlon‹ oder im ›Kaiserhof‹. Ich kann mir nicht vorstellen, dass sie sich als Zentrumsleute damals nicht gekannt haben.«[1]

Dass die beiden sich dennoch nicht näher kannten, dafür spricht die folgende Episode. Noch vor ihren ersten Gesprächen hatte Globke bereits für einen Vertrauten Adenauers gearbeitet, und zwar auf einem Gebiet, wo er sich besonders gut auskannte: in Personalfragen. Ab Dezember 1948 ließ Adenauer von ehemaligen Beamten des Reichsinnenministeriums nach Personal suchen, das seinen Ansprüchen für den Dienst in einer künftigen Bundesregierung entsprach. Man muss sich das vorstellen: Es gab noch keine Verfassung, noch keine gewählte Regierung; es gab nur die verfassunggebende Versammlung, den Parlamentarischen Rat, dessen Präsident Konrad Adenauer war. Es gehörte nicht zu den Aufgaben des Präsidenten, nach geeigneten Beamten für die künftigen Bundesministerien zu suchen. Hier zeigen sich ganz früh Adenauers Ambitionen auf das Amt des Bundeskanzlers und seine vorausschauende Planung. So hatte er schon zu diesem Zeitpunkt Dr. Erich Keßler (1945 Ministerialdirigent im RMdI; 1948 Ministerialrat beim Rechnungshof für die britische Zone) beauftragt, den personellen Aufbau der künftigen Bundesregierung vorzubereiten. Adenauer hatte Keßler beim Beirat der britischen Besatzungszone in Hamburg kennengelernt. Keßler wählte als Mitarbeiter erfahrene Beamte aus dem Reichsinnenministerium: Hans Globke (damals noch Stadtkämmerer in Aachen) und Hans Ritter von Lex (im RMdI für die Vorbereitung der Olympiade 1936 zuständig, 1946 bis 1948 Ministerialdirektor im bayerischen Innenministerium). Dabei zeigte sich Keßler von Globkes Fähigkeiten so beeindruckt, dass er Adenauer über dessen Referenten Herbert Blankenhorn (ehemaliges NSDAP-Mitglied, 1951 Leiter der Politischen Abteilung des Auswärtigen Amtes) mehrfach voll des Lobes darüber berichten ließ.[2] Auch dies spricht dafür, dass sich Globke und Adenauer nicht näher kannten.

Hintergrund dieser ganzen Aktion zur Personalrekrutierung war Adenauers Misstrauen gegenüber dem bizonalen Verwaltungsapparat in Frankfurt am Main, der seinem Einfluss entzogen war. Das Personalamt der Verwaltung des Vereinigten Wirtschaftsgebietes (britische und amerikanische Zone) mit seinem unbequemen Leiter, dem SPD-Mitglied Dr. Kurt Oppler, war Adenauer ein Dorn im Auge. Er wollte seinen eigenen Beamtenapparat. Am 15. September 1949 wurde Adenauer mit einer Stimme Mehrheit zum ersten Regierungschef der Bundesrepublik gewählt. Nur fünf Tage später ließ er bei einer Kabinettssitzung die Katze aus dem Sack oder wie es im Sitzungsprotokoll heißt: »Der Bundeskanzler setzt das Kabinett davon in Kenntnis, dass Vizepräsident Dr. Globke vom Rechnungshof des Landes Nordrhein-Westfalen und Dr. Keßler vom bizonalen Rechnungshof sich vorbereitend mit Personalfragen beschäftigt haben. Angestellte Prüfungen haben ergeben, dass nur etwa 40 Prozent des Personals der Frankfurter Verwaltungen ihrer Arbeitsqualität nach für den Bund brauchbar sind. Die Bundesminister für Finanzen und Inneres werden beauftragt, mit den Herren Dr. Globke und Dr. Keßler der personellen Vorbereitung der Bundesarbeit wegen weiter zu verhandeln. Die Bundesminister werden ermächtigt, das für die Arbeitsaufnahme zunächst dringend benötigte Personal vorläufig anzustellen.«[3]

Adenauer bekam die Leute, die er wollte, seine Helfer erhielten in den folgenden Jahren verantwortungsvolle Posten in der Ministerialbürokratie: Globke wurde Staatssekretär im Kanzleramt, Ritter von Lex Staatssekretär und Keßler Unterabteilungsleiter im Bundesinnenministerium. Das bizonale Personalamt wurde dem Bundesinnenministerium unterstellt und 1953 aufgelöst. Sein früherer Leiter, Kurt Oppler, wurde 1952 als deutscher Gesandter nach Island abgeschoben. Hans Globke hatte sein Geschick in Personalfragen im Sinne Adenauers bewiesen, Fähigkeiten, die er in den kommenden Jahren im Kanzleramt perfektionieren durfte. Adenauer als erfahrener Kommunalpolitiker wusste genau, wie wichtig die Personalpolitik für eine erfolgreiche Arbeit war. Am Anfang seiner Amtszeit bestellte Adenauer Globke ins provisorische Kanzleramt in den ersten Stock des zoologischen Museums Koenig und führte mit ihm ein Gespräch – es war der Beginn einer engen Zusammenarbeit, die sich über die gesamte Amtszeit des Bundeskanzlers erstrecken sollte. Zwei rheinische Katholiken und frühere Zentrumsmitglieder hatten sich gefunden. Oder wie Gustav Stein, Präsidialmitglied des Bundesverbandes der Deutschen Industrie, später über das Verhältnis zwischen Adenauer und Globke schrieb: »In der Zusammenarbeit mit Adenauer ergab sich dann bald eine grundlegende Übereinstimmung in allen wesentlichen politischen Fragen. Wie der Kanzler war Globke von tiefem Misstrauen gegenüber der ›halbasiatischen Sowjetunion‹ erfüllt und begrüßte Adenauers klare politische Konzeption, die die beste Garantie für ein demokratisches Wiedererstehen Deutschlands in der festen Bindung an den Westen erblickte.«[4]

Auch wenn Adenauer von Globkes »Persilscheinen« beeindruckt war, den Kommentator der »Nürnberger Rassegesetze« konnte Adenauer nicht gleich zum Staatssekretär ernennen, das hätte die Alliierten mit Sicherheit brüskiert. In einem Brief an Jakob Kaiser (inzwischen Minister für gesamtdeutsche Fragen) vom 9. Dezember 1949 begründete Adenauer seine Entscheidung: »Ich darf Sie weiter daran erinnern, dass ich von der Ernennung des Herrn Vize-Präsidenten Globke zum Staatssekretär Abstand genommen habe, sehr ungern Abstand genommen habe, weil er, der nicht PG [NSDAP-Parteigenosse] war, an dem bekannten Kommentar [gemeint ist der Kommentar zu den »Nürnberger Gesetzen«] mitgearbeitet hatte und wir bei der Ernennung von Staatssekretären sorgsam darauf achten müssen, dass wir nicht irgendwelchen Angriffen dadurch Material geben.«[5]

Im Oktober 1949 war Hans Globke als Ministerialdirigent ins Bundeskanzleramt, in die Schaltzentrale des Regierungschefs gekommen. Am 6. Oktober 1949 richtete er unter den Tagebuch-Nummern 61/49 und 132/49 an Adenauer einen Vorschlag zur Organisation des Kanzleramtes: »Anliegend überreiche ich den Entwurf eines Geschäftsverteilungsplanes für das Staatsekretariat für Inneres im Bundeskanzleramt. Der Plan ist der früheren Einteilung der Reichskanzlei, die sich als zweckmäßig erwiesen hat, angepasst.«[6]

Ein halbes Jahr später wurde er Ministerialdirektor und Leiter der Hauptabteilung für innere Angelegenheiten, damit war er zuständig für Personalfragen. Inge Deutschkron kann Adenauers Entscheidung für Globke bis heute nicht verstehen: »Für meine Begriffe war Herr Dr. Adenauer in der Nazizeit integer. Ich meine, er war kein Widerstandskämpfer, aber er war nicht mit den Nazis verbunden, in keiner Weise. Und darum ist mir unbegreiflich, dass er sich einen solchen Mann suchte und ihn anstellte, an eine solch wichtige Stelle, als rechte Hand. Und meines Wissens ist nichts passiert in Bonn, wo der Herr Globke nicht seine Hand im Spiel hatte.«[7]

Auch bei den amerikanischen Besatzungsbehörden war man bei Globkes Einzug ins Kanzleramt hellhörig geworden. Globke, das war doch der Kommentator der »Nürnberger Rassegesetze« gewesen. Da Globke in der britischen Zone tätig gewesen war, war er aus dem Blickfeld der amerikanischen Behörden und Agenten verschwunden. Adenauer, der Globke gern damit verteidigte, er sei schließlich nach dem Krieg von den Alliierten gründlich durchleuchtet worden, und mehr könne man schließlich auch nicht tun, sagte etwas Falsches. Außer einer Überprüfung durch die Briten hatten keine weiteren Untersuchungen Globkes von Seiten der Alliierten stattgefunden. Es gab vor allem keine Überprüfungen durch amerikanische Behörden vor Globkes Anstellung im Bundeskanzleramt im Jahr 1949. Das geht aus einem Fernschreiben des Hohen Kommissars an das US-Außenministerium vom 9. Mai 1950 hervor.[8] Bis auf die Äußerungen von Globkes Schulkamerad Herbert Engelsing und dessen Frau lagen keine nachrichtendienstlichen Erkenntnisse der Amerikaner über Globke vor.

Am 25. Oktober 1949 hatte sich ein geheimes Fernschreiben, das sich in Globkes CIA-Akte befindet, mit seiner Person, die dem amerikanischen Hohen Kommissar offenbar Kopfzerbrechen bereitete, beschäftigt.[9] Bemerkenswert, dass die US-Behörden zwar Globkes richtigen Vornamen nicht kannten, aber die Ablehnung Globkes durch den Leiter des bizonalen Personalamts, Kurt Oppler, erwähnten. Seine Behörde und er selbst waren – wie oben beschrieben – für Adenauer ein Hindernis auf dem Weg zu einem streng konservativ-christlich ausgerichteten Beamtenstab, zu dem auch viele Kandidaten mit brauner Vergangenheit gehörten: »Die Situation des deutschen Beamtenapparats ist schwierig und eine Quelle der Besorgnis für den HICOG [Hoher Kommissar für Deutschland]. Das gilt besonders für den offensichtlichen Trend, ehemalige Nazis zu berufen, die früher aufgrund der politischen Überprüfung durch den zuständigen Personalreferenten aus der bizonalen Verwaltung herausgehalten worden waren. Zum Beispiel Herbert (?) *GLOBKE*, dessen Berufung OPPLER abgelehnt hatte, weil Globke dabei half, 1934 die Nürnberger Gesetze zu formulieren, er ist jetzt aufgestellt als ADENAUER's Personalreferent.« Eigentlich zeigt dieses Kabel nur, wie wenig die amerikanischen Behörden informiert waren.

Am 23. Dezember 1949 berichtete ein geheimes Fernschreiben wieder über eine Stellungnahme von Globkes altem Schulkameraden Herbert Engelsing, der zu dieser Zeit offenbar der einzige Informant für amerikanische Stellen war und wohl Globke helfen wollte: »Engelsing stellte fest, dass *Hans GLOBKE* ein strenger Katholik und ein Anhänger des rechten Flügels der Zentrumspartei ist, aber kein Nazi. Globke nahm am Putsch des 20. Juli teil und war für einen Posten in der künftigen Regierung vorgesehen. Engelsing half Globke zu fliehen, nachdem der Putsch misslungen war. GLOBKE war kein bewusster […] Kollaborateur, aber ein enger Freund von Engelsing.«[10]

Am 19. Januar 1950 folgte ein geheimes Fernschreiben aus Frankfurt über die Situation in der Ministerialverwaltung: »Die reaktionäre Haltung der Bonner Regierung […] wird zweifellos von den Personen beeinflusst, denen es bis heute gelang, in die höheren Positionen der Regierungsverwaltung aufzusteigen, besonders im Innenministerium. Auch wenn Sie diese Information schon aus anderen Quellen erhalten haben sollten, möchte ich hier gern noch einmal kurz einige der anstößigeren Personen anführen, die hohe Regierungsposten innehaben. – *Dr. Hans GLOBKE,* Berater Kanzler Adenauers bei Personalentscheidungen und anderen den Staatsdienst betreffenden Fragen, früher Oberregierungsrat im Reichsinnenministerium während des Hitler-Regimes und Autor des offiziellen Kommentars zu den Nürnberger Gesetzen (veröffentlicht in der Beck'schen Verlagsbuchhandlung, München 1935) […].«[11]

Tom Polgar, ein CIA-Urgestein,[12] war damals Assistent von Lieutenant General Lucian K. Truscott, dem Nachrichtenoffizier beim amerikanischen Hohen Kommissar: »Erste Bekanntschaft machte ich mit dem Globke-Problem, bevor ich nach Bonn kam. Es war in Frankfurt, wo mich der Nachrichtenoffizier des Hohen Kommissars McCloy beauftragte, die Globke-Akten durchzusehen. Als Globke angestellt wurde, führte das auf amerikanischer Seite zu Verstimmung und Bedenken, dass ein Mann mit seinem Hintergrund eine Spitzenposition in der neuen Adenauer-Regierung bekleiden sollte. Ich sah also die Globke-Akten durch, konnte aber nichts entdecken, was ihn nach alliierten Gesetzen von einem öffentlichen Amt ausgeschlossen hätte. Also kamen wir zu dem Ergebnis: Es war kein guter Stil, aber nicht illegal.«[13]

Auch der Berliner CIA-Chef Peter Sichel beschäftigte sich mit Hans Globkes Wiederverwendung: »Die Globke-Angelegenheit wurde besprochen. Wir waren alle dagegen, aber die Entscheidung wurde nicht auf unserer Ebene getroffen, sondern auf einer viel höheren Ebene. Es war für Adenauer das sine qua non, dass er Globke halten wollte und unter allen Umständen verwenden wollte. Die Frage war, ob wir Adenauer weiter als Kanzler wollten, und das wollten wir. Deshalb mussten wir nachgeben. Aber schön fand ich es nie, und richtig fand ich es auch nie.«[14]

Auffällig ist in diesem Zusammenhang, wie stark Adenauers Position gegenüber den Alliierten war. Allerdings hatten sie mit Adenauer einen unbelasteten, christlich-konservativen Politiker gefunden, einen charismatischen »Alten«, einen Kanzler, der aus katholischer Überzeugung heraus ein gestandener Antikommunist war. Für Adenauer gab es nur die Wahl zwischen »Sklaverei und Freiheit«.

Von Anfang an war Globke im Kanzleramt tonangebend, auch wenn erst einmal seine guten Bekannten Wuermeling und Lenz nacheinander den Posten des Staatssekretärs im Kanzleramt besetzten. Franz-Josef Wuermeling, Sohn eines Zentrumspolitikers, Mitglied im Cartellverband der katholischen deutschen Studentenverbindungen (CV), war von 1926 bis 1931 im preußischen Innenministerium angestellt gewesen. Wuermeling, der als Staatssekretär keine großen Ambitionen hatte, schied Anfang 1950 wieder aus dem Amt. Als Nachfolger schlug Globke seinen Freund aus Berliner Tagen, den Juristen Otto Lenz, ehemals Mitglied im Zentrum und im CV, dem Kanzler vor. Doch Adenauer zögerte, Lenz war ihm zu selbständig, er hielt mit seinen Ansichten nicht hinterm Berg, was »der Alte« gar nicht vertragen konnte, und er zeigte eigene politische Ambitionen. Anders als der nach außen scheue, gegenüber Adenauer devote Globke war Lenz der aktive, quirlige Kommunikator, ein Energiebündel, das sich aber nicht so leicht kontrollieren ließ.

Nach einem Jahr Amtszeit sahen die Umfrageergebnisse für die Bundesregierung nicht gerade rosig aus. Das Wirtschaftswunder ließ noch auf sich warten, mit den Gewerkschaften wurde über die Mitbestimmung gestritten, und die letzten Landtagswahlen hatten der CDU starke Einbrüche beschert. In dieser kritischen Situation brauchte Adenauer einen Propagandisten, der es verstand, für seine Regierungspolitik kräftig die Werbetrommel zu rühren. Der ideale Mann für diese Aufgabe war Otto Lenz. Also stimmte Adenauer notgedrungen seiner Ernennung zu. Als Staatssekretär sollte Lenz das Image der Bundesregierung aufpolieren und ihre Politik populär machen. Adenauer wollte Lenz als einen »demokratischen Goebbels«, wie er ohne Hemmungen erklärte.[15]

Der katholische NS-Widerstandskämpfer Otto Lenz erfüllte seine Aufgabe mit Bravour und griff beherzt auf erfahrene Fachleute aus dem »Dritten Reich« zurück, zum Beispiel auf Peter Neumann, ehemals Mitarbeiter bei der NS-Wochenzeitung *Das Reich*. »Unter dem Pseudonym Hubert Neun hatte er schaudernd über die ›abstoßende Vielfalt aller jüdischen Typen des Ostens‹ im Warschauer Ghetto berichtet. Dem Kanzler lieferte er nun zusammen mit seiner Frau, Elisabeth Noelle-Neumann, die ebenfalls für das *Reich* geschrieben hatte, Informationen über die Stimmungslagen in der Bevölkerung, die ihr Institut für Demoskopie in Allensbach erhob. Zu Lenz' PR-Team gehörte auch Karl Willy Beer, der eine ähnliche Karriere wie Neumann hinter sich hatte, bevor er als Kriegsberichterstatter Stalingrad zum Ort ›unvergleichlichen‹ deutschen Heldentums hochjubelte. Den Antibolschewismus hatte er für die Jahrhundertaufgabe der Deutschen gehalten, die den ›sowjetischen Menschen‹ überwinden müssten, und zwar ›im Geist und mit den Waffen‹.«[16] Beer leitete als Chefredakteur das Berliner CDU-Organ *Der Tag*. Mit dabei war auch Hans Edgar Jahn, ab 1932 NSDAP-Mitglied, NS-Führungsoffizier und ab 1965 Bundestagsmitglied der CDU. In seinem Buch *Steppensturm* (1943) hatte Jahn seinen Hass gegen den »jüdischen Bolschewismus« ausgelebt: »Mit der Vernichtung des Bolschewismus wird der letzte große Versuch des Judentums nach Erlangung der Weltherrschaft zerschlagen werden.«[17] Sowjetbürger beschrieb er damals als »Bastarde zwischen Mensch und Tier«.[18] Jetzt machte er PR für Adenauer und seine Regierung. Der Hass auf den Kommunismus schweißte die Brüder und Schwestern im Geiste zusammen: Katholiken und Altnazis in einem Boot.

Der Antikommunismus wurde zur »Integrationsideologie«,[19] zum wahren gesellschaftlichen Konsens in der jungen Bundesrepublik. Bei einem Besuch im Vatikan reklamierte Adenauer gegenüber Papst Pius XII. gar eine göttliche Berufung der Deutschen im Kampf gegen den Bolschewismus: »Ich glaube, dass Gott dem deutschen Volk in den jetzigen stürmischen Zeitläuften eine besondere Aufgabe gegeben hat, Hüter zu sein für den Westen gegen jene mächtigen Einflüsse, die vom Osten her auf uns einwirken.«[20]

In ihrem Buch *Die Unfähigkeit zu trauern* (1967) haben Alexander und Margarete Mitscherlich das Phänomen des fortbestehenden Antikommunismus aus psychologischer Sicht beschrieben: »Die Ideologie der Nazis ist zwar nach 1945 pauschal außer Kurs geraten, was aber nicht bedeutet, dass man eine sichere Distanz zu ihr gefunden hätte. Dazu wäre eine kritische Auseinandersetzung, zum Beispiel eine Untersuchung auf die Wahnhaftigkeit mancher Teile dieser ›Weltanschauung‹ notwendig gewesen; aber sie kam nicht zustande. So haben sich, sozusagen naiv, weil unreflektiert, Teilstücke dieses Weltbildes völlig unbehelligt erhalten. Das folgenreichste dürfte der emotionelle Antikommunismus sein. Er ist die offizielle staatsbürgerliche Haltung, und in ihm haben sich ideologische Elemente des Nazismus mit denen des kapitalistischen Westens amalgamiert. So ist eine differenzierte Realitätsprüfung für alles, was mit dem Begriff ›kommunistisch‹ bezeichnet werden kann, ausgeblieben. Das unter Adolf Hitler eingeübte Dressat, den eigenen aggressiven Triebüberschuss auf das propagandistisch ausgenutzte Stereotyp ›Kommunismus‹ zu projizieren, bleibt weiter gültig; es stellt eine Konditionierung dar, die bis heute nicht ausgelöscht wurde, da sie in der weltpolitischen Entwicklung eine Unterstützung fand. Für unsere psychische Ökonomie waren der jüdische und der bolschewistische Untermensch nahe Verwandte. Mindestens, was den Bolschewisten betrifft, ist das Bild, das von ihm im Dritten Reich entworfen wurde, in den folgenden beiden Jahrzehnten kaum korrigiert worden.«[21]

Während Lenz mit seinen Helfern aus dem NS-Apparat die Propagandamaschinerie dirigierte, hielt sich Globke, wie immer, unauffällig im Hintergrund und erledigte die eigentlichen Aufgaben eines Staatssekretärs. Globke war schon damals der wirkliche Kopf im Bundeskanzleramt. Am 7. April 1950 interviewte J.S. Arouet vom Nachrichtendienst des Hohen Kommissars (HICOG) Globke im Bonner Kanzleramt und schilderte in einem Bericht Person und Aufgaben. »Dr. Globke spricht leise, relativ wenig und mit großer Bedachtsamkeit. Er wägt jede Bemerkung, die er macht, und jede Antwort, die er gibt, ab, als ob er fürchtet, dass jede spontane Äußerung ihn kompromittieren könnte. Zugleich ist er äußerst höflich. [...] Globke befasst sich mit internen Angelegenheiten. Er ist verantwortlich für die Überprüfung von Gesetzesentwürfen und die diesbezügliche

Unterrichtung des Kanzlers und manchmal auch für den Entwurf von Gesetzesvorlagen, die von der Bundesregierung eingebracht werden. Daraus folgt, dass alle von der deutschen Regierung erlassenen Gesetze über seinen Schreibtisch gehen. Zu seinen Aufgaben als Staatssekretär im Kanzleramt gehören auch die Vorbereitung der Tagesordnung für die Kabinettssitzungen, die Lageberichte an Adenauer und die Zusammenstellung von entsprechenden Unterlagen, die für die Kabinettssitzung erforderlich sind. Innerhalb der Bundesregierung gilt er vielen als einer der mächtigsten Männer und Strippenzieher im Hintergrund. Sein Büro wird von unzähligen Besuchern bestürmt, und sogar Parlamentsabgeordnete, die den Kanzler um einen besonderen Gefallen bitten wollen, wenden sich lieber an Globke, weil das mehr Erfolg verspricht.«[22]

Arouets Bericht wurde von dem CIA-Chef in Karlsruhe, zusammen mit einem Exposé zu Globke am 9. Mai 1950 an die Foreign Division M der CIA nach Washington geleitet. Im Anschreiben schickte er voraus, Dr. Globke werde allgemein als »Graue Eminenz« der Bundesrepublik betrachtet. Das angefügte Material sei zur weiteren Verwendung aufzubewahren. Zu diesem Zeitpunkt, Anfang Mai 1950, nach gerade einmal sieben Monaten Tätigkeit im Kanzleramt, war Globke für die Amerikaner also schon die Graue Eminenz, ein Titel, der von CDU-Kreisen immer als nicht zutreffend abgelehnt wurde, Globke aber während seiner ganzen Dienstzeit unter Adenauer begleitete. In einem weiteren Fernschreiben vom Chief of Station der CIA in Karlsruhe an die Foreign Division M der CIA vom 23. Oktober 1950 wird über eine intensive Befragung Globkes berichtet: »Er zeigte sich von seiner besten Seite, und dennoch: Da er den Bogen zwischen ganz unterschiedlichen Themen spannte, mit solch einer Menge von maßgeblichen Fragen bombardiert wurde und dabei derart viel Alkohol trank, boten diese drei Stunden die Möglichkeit, seine Persönlichkeit aus ganz verschiedenen Blickwinkeln zu beleuchten.« Das Ergebnis der Befragung: »Nachdem alles vorüber war, […] schauten sich alle an und tauschten Kommentare darüber aus, wie sensibel, tolerant und sogar liberal Globke zu sein schien.«[23]

Hans Globke war für Adenauer da, wann immer der Kanzler ihn rief. Selbst wenn er krank war, schleppte er sich zum Gespräch mit Adenauer. Für seinen Chef wühlte sich der pflichteifrige Beamte aus Leidenschaft unermüdlich durch die staubigen Akten. Adenauer mäkelte: »Der einzige Fehler von Herrn Globke ist, dass er [...] alles selbst machen will.«[24] Ohne Globke lief nichts im Kanzleramt. Besonders die Personalpolitik wurde konsequent von ihm gelenkt. Er suchte sich seine Leute genau aus, selbst wenn Botschafterposten im Auswärtigen Amt zu verteilen waren. Der Parlamentarisch-Politische Pressedienst kolportierte einen bezeichnenden Spruch, der unter den Beamten des Außendienstes kursierte: »Die Botschaft hätt' ich gern – allein, mir fehlt der Globke.«[25] Nur Bewerbern, denen er voll vertraute, verhalf er zu Schlüsselpositionen in der Ministerialbürokratie. So konnte er sich ein Informationsnetz und Kontrollsystem aufbauen, wie es auch der Adenauer-Biograph Hans-Peter Schwarz beschrieben hat: »Er hat ein ganzes System entwickelt, wo Beamte [...] auf Spitzenpositionen dirigiert wurden, [...] so dass Staatssekretäre [...] oder Leute ersten oder dritten Grades da waren, die ihn informierten und diese Bundesrepublik steuern halfen.«[26]

Allerdings unkten böswillige Zeitgenossen über Globkes Einstellungspolitik, es gebe keinen Zufall bei der Auswahl der Kandidaten, Zufall werde in Bonn mit CV geschrieben – eine Anspielung auf die Mitgliedschaft im katholischen Cartellverband CV. Völlig unbegründet war dieser Verdacht nicht, zumindest verwies er darauf, dass viele von Globkes Vertrauensleuten aus einer bestimmten Richtung kamen. Obwohl das Grundgesetz Benachteiligungen aus religiösen Gründen verbot, herrschte in Bonn der »heilige« Proporz. Um die beiden christlichen Strömungen in der CDU bei Laune zu halten und um keine Streitereien aufkommen zu lassen, wurden Posten und Pöstchen konfessionell gleichmäßig verteilt. Diese »Konfessions-Arithmetik«[27] beschränkte sich aber nicht nur auf Minister und beamtete Staatssekretäre, bis zur Referenten-Ebene hinunter spielte das »Gesangbuch« neben dem Parteibuch eine oft entscheidende Rolle. »Ganze Abteilungen«, schrieb der *Spiegel,* »werden gespalten, Unterabteilungen neu geschaffen, Referate verdoppelt, um in der Bürokratie das Gleichgewicht zu wahren. Das Bundesinnenministerium verschickte schon 1950 Formulare mit einer Konfessions-Rubrik an Bewerber.«[28] Der SPD-Abgeordnete und Globke-Gegner Adolf Arndt kritisierte in einer Bundestagsdebatte, »der beamtenpolitische Konfessionalismus habe im Bundeskanzleramt selbst zentral« seinen Sitz und werde »durch Herrn Globke personifiziert«.[29] Globkes Antwort: »Auf Grund meiner ministeriellen Tätigkeit hatte ich natürlich eine nicht unerhebliche Personalkenntnis und konnte eine Menge Vorschläge machen. Kein Minister ist über sie, glaube ich, unglücklich gewesen. Aber wenn behauptet wird, ich hätte ein katholisches Übergewicht durchgesetzt, ist das falsch.«[30] Das ist wohl wahr. Er wollte zunächst ein Gleichgewicht der Konfessionen herstellen, denn die Mehrzahl der alten, aus der preußischen Ministerialbürokratie übernommenen Beamten war protestantisch. Sie stellten rund zwei Drittel der Bonner Bürokratie. Im rheinisch-katholischen Regierungssitz strebte man zumindest nach Parität. Die mangelnde Quantität machte Hans Globke laut *Spiegel* mit der Qualität der von Katholiken besetzten Stellen wett: »In allen Ministerien ist entweder der Leiter der Personalabteilung oder aber der Personalreferent für höhere Beamte ein Katholik, und zur katholischen Konfession gehören auch mehr als zwei Drittel aller Beamten, die irgendwelche Finanzfonds zu verwalten haben.«[31] Globke pflegte auch in Personalangelegenheiten enge Verbindungen zu seiner katholischen Kirche. Prälat Wilhelm Böhler, der Vertraute von Kardinal Josef Frings, wusste oft eher von offenen Planstellen, Versetzungen oder Beförderungen Bescheid als der jeweilige Minister. Und natürlich hatte Globke immer ein offenes Ohr für die Anliegen seiner Kirchenmänner.[32]

Doch die Anfänge der Bonner Republik waren nicht nur durch christlich-konservative Kräfte geprägt, sondern eben auch durch die Eingliederung nationalsozialistischer Beamter in die neue Bürokratie. Als Journalistin hat Inge Deutschkron diese Bonner Verhältnisse miterlebt, in denen Globke an zentraler Stelle agierte: »Er hat so viele von den alten Nazis und den rechtsgerichteten Zentrumsleuten, die eben ›so katholisch‹ waren, in Bonn in Stellungen gebracht. Es gab fast kein Ministerium, wo nicht irgend so ein Kerl saß.«[33]

Der Mangel an erfahrenen Beamten und Technokraten förderte die Anstellung zahlreicher ehemaliger Nationalsozialisten in Bürokratie und Wirtschaft: »Aus Einsatzgruppen-Kommandeuren«, so der Kommunikationswissenschaftler Lutz Hachmeister, »wurden Vernunftrepublikaner, aus den Bürokraten des weltanschaulichen Terrors Gelegenheitsdemokraten. Unstrittig ist, dass Modernisierungsgewinne aus der Zeit des NS-Staates in die Erfolgsgeschichte der Bundesrepublik mündeten. Begünstigt durch die Ost-West-Konfliktlage, arbeitete die genuin nationalsozialistische Funktionselite mit den klerikal-konservativen Führungskräften der Adenauer-Administration am System des westlich-orientierten, formierten und durch soziale Bürokratien abgepufferten Kapitalismus. [...] Es war gerade diese spezifische Elitenkoalition, die bei vielen Oppositionellen das Gefühl einer muffigen, eisigen und hermetischen, von dem Tandem Adenauer und Globke repräsentierten Bundesrepublik hervorrief.«[34]

Unterstützt wurde die Rückkehr früherer Nationalsozialisten durch eine spezielle gesetzliche Regelung. Das sogenannte 131er Gesetz von 1951, das sich auf den Artikel 131 Grundgesetz bezog, ebnete ehemaligen NS-Beamten, die beim Entnazifizierungsverfahren nicht als Hauptschuldige oder Belastete eingestuft worden waren, den Weg zu neuen Ämtern in der jungen Republik. Der Sozialdemokrat Egon Bahr, ab 1969 unter Willy Brandt Staatssekretär im Bundeskanzleramt, kritisierte zunächst Globkes Karriere im Kanzleramt, später aber hat er seine Meinung über Adenauers Entscheidung geändert: »Als ich das erste Mal hörte, dass Globke der oberste Beamte der Bundesrepublik Deutschland im Kanzleramt werden würde, war ich empört, und zwar weil ich mir nicht vorstellen konnte, dass ein Mann mit seiner politischen Belastung als Mitautor der Kommentare zu den Nürnberger Gesetzen noch einmal so eine Position erreichen würde. Es war die unausgesprochene Amnestie für hohe NS-Funktionäre, und das fand ich unerhört. Ich habe erst viel später, also im Laufe der 60er und 70er Jahre, mein Urteil in Bezug auf Adenauer revidiert, weil ich erkannte, dass er eine gigantische Aufgabe vor sich hatte, nämlich die Integration des neuen Staates zu machen mit Millionen von NSDAP-Mitgliedern und Millionen von Vertriebenen aus den ehemaligen Ostgebieten. Das war ja politischer Sprengstoff. Und ich glaube, das ist die größte Tat, die Adenauer geschafft hat, diesen Staat dennoch zu integrieren, und Globke war ein Instrument oder ein Zeichen oder ein Signal dafür.«[35]

Es war ein Signal an die Wählerschaft, dass Schluss sein müsse mit der »Nazi-Riecherei«, wie es Adenauer formuliert hatte, ein Zeichen dafür, dass eine braune Vergangenheit nicht unbedingt einer künftigen Karriere schadete. Globke schadete sie jedenfalls nicht. Nach den Bundestagswahlen von 1953 ernannte ihn der Kanzler endlich zum Staatssekretär und Chef des Bundeskanzleramts, ohne dass großer Widerstand laut geworden wäre. Auf seine bisherige Laufbahn angesprochen, erklärte Globke 1956 in einem WDR-Fernsehinterview: »Ich selbst war vor der Ernennung zum Staatssekretär hier schon als Ministerialdirektor tätig. Ich stamme ursprünglich aus der Justiz, ich bin dann aber in der Hauptsache in der inneren Verwaltung tätig gewesen.«[36] Globke – der Meister der Halbwahrheiten. So kann man seine Karriere auch entschlacken.

Adenauers Graue Eminenz

Als Staatssekretär im Kanzleramt »war er laut der Geschäftsordnung der Bundesregierung offiziell – wie zuvor bereits inoffiziell – für die ›Vorbereitung und Ausführung‹ der vom Bundeskanzler bestimmten Politik verantwortlich«.[1] Karl Gumbel, Ministerialdirigent im Bundeskanzleramt von 1949 bis 1959 und Mitglied im katholischen CV, hat den unermüdlichen Fleiß und die Fähigkeiten seines Vorgesetzten Hans Globke aus eigener Erfahrung beschrieben: »Globke erledigte ein ungeheures Arbeitspensum. Trotz des Druckes, der ständig auf ihm lastete, verlor er nie die Übersicht. Er ließ sich auch nicht zur Eilfertigkeit und Flüchtigkeit verleiten. Er blieb immer ruhig und konzentriert. Seine Konzentrationsfähigkeit gehörte zu seinen besonderen Stärken. Ich habe ihm öfter gegenüber gesessen, wenn er angerufen wurde. Er lehnte sich dann in seinem Schreibtischsessel zurück und schloss die Augen. Es war förmlich zu spüren, wie seine Aufmerksamkeit voll und ganz dem Gespräch zugewandt war. Während oder nach Beendigung des Gespräches notierte er sich Stichworte auf einem Zettel. Mit solchen Zetteln war sein Schreibtisch übersät. Globke vergaß nichts. – Seine Empfindungen ließ Globke sich nicht anmerken, was den einen oder anderen irritierte. Er sagte jedoch immer knapp, klar und ohne Vorbehalt seine Meinung.«[2] Walter Henkels, von 1949 bis 1977 Bonner Korrespondent der *Frankfurter Allgemeinen Zeitung*, bescheinigte Globke vor allem seine Beamtentugenden: »Dies nun wusste jedermann: dass Globke ein hervorragender Beamter war, ein ›preußischer‹ Beamter der alten Schule mit dem Grundpostulat: Pflichtbewusstsein, Strenge gegen sich selbst und mit der klaren Auffassung, dass der Beamte Diener des Staates sein müsse.«[3]

Tatsächlich liefen alle Vorgänge im Kanzleramt über Globkes Schreibtisch. Er briefte Adenauer, bereitete Kabinettsvorlagen vor, hörte sich in den Ministerien um. Horst Osterheld, von 1960 bis 1969 Leiter des außenpolitischen Büros im Bundeskanzleramt, schrieb über Globkes Machtposition in der Regierung: »Für alle wichtigen Fragen der Innen-, Außen-, Wirtschafts-, Sozial-, Finanz- und Kulturpolitik war das Kabinett zuständig – bis hin zur Ernennung der Beamten vom Ministerialrat bzw. Obersten an aufwärts. Und all diese Punkte gingen, bevor sie das Kabinett erreichten, durch Globkes Hand, der entschied, ob sie überhaupt vorgelegt, ob sie noch einmal überarbeitet oder ergänzt werden sollten oder ob sie, weil minder wichtig oder unstreitig, im Umlaufverfahren abgewickelt werden konnten. [...] Von 1949 an gab es praktisch keine Entscheidung der Bundesregierung, an der er nicht mitgearbeitet hätte. 14 Jahre lang war er nicht nur der erste Gehilfe des Kanzlers, sondern auch der ganzen Regierung. Er war die Schaltstelle des Wiederaufbaus.«[4] Der CDU-Politiker Wilhelm Johnen, ehemaliger Landtagspräsident von Nordrhein-Westfalen, sagte über die Zusammenarbeit zwischen dem Kanzler und seinem Staatssekretär: »Der Adenauer und Globke, die verstanden sich ja ausgezeichnet, was manche nicht verstanden haben. Der Globke konnte ein dickes Aktenstück in fünf Sätzen vortragen. Das war die Art von Adenauer: Ich will den ganzen Unsinn drumherum nicht wissen. Ich will wissen, worauf kommt es hier an?«[5]

Wenn Adenauer Urlaub machte, war Globke der heimliche Vizekanzler. Die Minister mussten ihm dann ihre Mitteilungen vorlegen, und Globke wählte aus, welche er an den Kanzler in dessen Urlaubsort Cadenabbia weiterleitete. Nicht jeder Minister war von Globkes Macht begeistert, aber jeder wusste, dass der Weg zu Adenauer nur über ihn führte. Als der Kanzler 1955 schwer erkrankte, durfte aus seinem Gefolge nur Globke an sein Krankenbett. Globke war der Mann hinter Adenauer, unübersehbar auch für das Kabinett. Was sich Globke und Adenauer unter vier Augen zu sagen hatten, das wurde bei den täglichen Spaziergängen im weitläufigen Park des Amtssitzes, des Palais Schaumburg, verhandelt. Oder wie Globke mühsam dem Reporter des WDR als Entschuldigung für seine Verspätung erklärte: »Sie haben jetzt etwas warten müssen mit dem Beginn, weil ich gerade mit dem Kanzler durch den Garten ging.

Der Kanzler hat das gerne, dass er gewisse Dinge, vor allem grundsätzliche politische Dinge, bei einem Gang durch den Garten behandelt. Und das ist dann etwas, was auch dazu dient, gleichzeitig bei dem vielen Sitzen am Schreibtisch ein bisschen Bewegung zu verschaffen.«[6] Franz Josef Bach, zeitweise Adenauers persönlicher Referent, hat die Spaziergänger beobachtet, Adenauer »entschieden diskutierend ... und ihm zur Seite, fast unmerklich einen halben Schritt zurück, ruhig und überlegend zuhörend, seinen Kopf etwas nach vorn geneigt und zögernd eine zustimmende oder zur Vorsicht mahnende Bemerkung machend ... Globke.«[7]

Dort, zwischen Büschen und Bäumen, wurde täglich Politik ausgeknobelt – zwischen dem Kanzler und seinem treuen Diener. Ein Verhältnis, das man als perfekte Zusammenarbeit, aber nicht unbedingt als freundschaftlich bezeichnen kann. Ministerialdirigent Karl Gumbel hat die Beziehung der Unzertrennlichen wie folgt charakterisiert: »Globkes Verhältnis zu Adenauer ist schwer zu beschreiben. Eine Freundschaft im landläufigen Sinne war es nicht. Bei aller Übereinstimmung in den grundsätzlichen Fragen der Weltanschauung und der Politik respektierte Globke stets die Grenzen, die durch die amtliche Stellung und das Lebensalter gezogen waren. Adenauer seinerseits tat nichts, um ihm entgegenzukommen. Beide gingen in ihren Aufgaben auf. Globke diente Adenauer mit absoluter Hingabe. Er verfolgte keine eigennützigen oder eigensinnigen Ziele. Seine Loyalität und Diskretion werden mit Recht gerühmt; sie waren unübertrefflich. Er vertrat die Ansichten Adenauers auch dann mit großem Nachdruck, wenn er einmal nicht mit ihnen übereinstimmte.«[8]

CIA-Agent Tom Polgar bringt Globkes Stellung kurz und präzise auf den Punkt: »He was his master's voice.« Wenn Adenauer während einer Bundestagssitzung den Kopf schräg nach hinten wendete, war sein Staatssekretär zur Stelle, um ihm die notwendigen Hintergrundinformationen und Tipps ins Ohr zu flüstern. Globke hatte meist parat, was der Kanzler wissen wollte, er verfügte bekanntlich über ein hervorragendes Gedächtnis: »Wichtiger als die ständige Verfügungsbereitschaft«, so Horst Osterheld, »war freilich Globkes ungeheueres präsentes Wissen. Er kannte die Lebensläufe aller politisch interessanten Männer, ihr Herkommen, ihre Haltung vor, während und nach dem Kriege. Er wusste, wer sie beeinflussen konnte und welche Steckenpferde sie hatten; er kannte auch ihre Bekannten. [...] Noch nach Jahren wusste er, ob jemand rauchte, Tee oder Kaffee trank, und dass Churchill herben Wein bevorzugte. Wenn er einen Vorgang benötigte, beschrieb er seiner Vorzimmerdame am Telefon die Akte als ›vierte von unten im dritten Stoß rechts‹ (und er hatte eine Reihe ziemlich hoher Aktenstöße auf, in und neben dem Schreibtisch).«[9] Angesichts eines derartig überragenden Erinnerungsvermögens, das auch von anderen Zeitzeugen gerühmt wurde, fragt man sich doch, warum Globke vor Gericht immer dann, wenn es um seine Vergangenheit ging, unter Gedächtnisschwund litt.

Globke, der loyale Beamte, wie ihn schon Reichsinnenminister Frick beschrieben hatte, entwickelte auch unter seinem neuen Herrn Konrad Adenauer eine geradezu meisterhafte Kunst der Zurückhaltung und Verschwiegenheit. Frank Bösch, der sich als Historiker genauer mit der Adenauer-CDU und Globkes Rolle auseinandergesetzt hat, urteilt: »Globke hatte einerseits eine bemerkenswerte Zurückhaltung, eine geradezu devote Form des Umgangs mit Adenauer, aber gleichzeitig versorgte Globke ihn mit einer unglaublichen, geradezu lautlosen Effizienz in sehr, sehr unterschiedlichen Bereichen ständig mit Informationen.«[10]

Hans Globke wahrte seine vorsichtige, distanzierte Haltung nicht nur in der Öffentlichkeit, sondern auch im kleinen Kreis. Seine hinter Höflichkeit versteckte Verschlossenheit verlieh ihm die Aura des Sphinxhaften. Globkes Kollege Horst Osterheld: »Er ließ nie sichtbar werden, wie viel Einfluss er hatte, wie viel er zu steuern und zu regeln vermochte. Er schwieg im Kabinett, es sei denn, dass man ihn fragte. Bei Adenauers berühmten Teegesprächen hielt er sich ganz zurück und suchte nicht, sich hervorzutun. Selbst unter vier Augen sprach er fast nie von sich selbst oder pochte auf seine Position. Er lenkte den Regierungsapparat unauffällig und lautlos, mit beispielhafter Diskretion.«[11]

Und Adenauer selbst lobte 1956 seinen tüchtigsten und treuesten Diener: »Ich wüsste keinen, den ich an die Stelle Globkes setzen könnte. Er ist ein Beamter von ungewöhnlichem Pflichtgefühl, mit besonders gutem Gedächtnis, ungeheurer Personenkenntnis, überragender Intelligenz und Verschwiegenheit.«[12] Ein Urteil, das auch Frank Bösch teilt. »Globke war jemand, den man zu Recht als Graue Eminenz bezeichnen kann. Er bestach durch absolute Diskretion und durch eine lautlose Effizienz, mit der er Adenauer in allen Fragen politisch, aber auch parteipolitisch zuarbeitete. Globke war diskret, und Adenauer konnte sicher sein, dass alles was er mit ihm besprach, nicht an die Öffentlichkeit kam. Globke war hundertprozentig loyal. Und gerade so eine Person brauchte Adenauer, der permanent von Misstrauen geprägt war.«[13]

In Globkes Arbeitszimmer hing ein Moltke-Porträt von Franz von Lenbach. »Der große Schweiger« Moltke war offenbar sein Vorbild. Eine Erkenntnis, die sich auch Heinrich Weitz, Finanzminister von Nordrhein-Westfalen, aufdrängte. So jedenfalls wird es in einer Anekdote kolportiert: »Beide saßen sich im Palais Schaumburg gegenüber. An der Wand hing das bekannte Porträt des Generalfeldmarschalls von Moltke von Lenbach. Nach einer halben Stunde vergeblichen Bemühens erhob sich Weitz und, mit dem Finger auf das Bild zeigend, sagte er: ›Herr Staatssekretär, der da war im Vergleich mit Ihnen ein Schwätzer.‹«[14] Das Moltke-Gemälde hing noch sechs Jahre nach Globkes Abschied im Kanzleramt. Als Egon Bahr, der frischgebackene Staatssekretär Willy Brandts, in Globkes früheres Arbeitszimmer einzog, fragte man ihn, ob das Bild ausgetauscht werden solle. Aber Bahr behielt es. »Welche Vorstellungen von Sozialdemokraten muss es in diesem Haus geben, dessen Belegschaft ihre zeitweilige Weltuntergangsstimmung schnell überwunden hat und sich vorsichtig und insgesamt hilfsbereit gibt. Ehmke frotzelt, Moltke als großer Schweiger passe nicht zu unserer demokratischen Offenheit. Da bin ich anderer Meinung.«[15]

Hans Globke selbst hatte keine Ambitionen auf Ämter, die ihn ins Scheinwerferlicht der Öffentlichkeit gebracht hätten. Globke wollte und konnte seinem Kanzler keine Konkurrenz machen. Er war Beamter, kein Politiker, der mit seiner Rhetorik Massen mitreißen konnte. Auch wenn Adenauer seinen Adlatus gegen Angriffe von außen verteidigte, im Innenverhältnis hatte er Globke mit seiner braunen Vergangenheit in der Hand. Selbst wenn er mehr gewollt hätte, was sicherlich nicht der Fall gewesen ist, war Globke zum Dienen verdammt. Globke, so Frank Bösch, »war natürlich geradezu ein Idealtypus des preußischen loyalen Beamten, und gerade wegen seiner Vergangenheit im Nationalsozialismus wusste Adenauer, dass Globke nicht eine eigenständige Karriere, etwa als Nachfolger Adenauers oder Ähnliches anstreben würde. Globke war frei von diesem Verdacht. Insofern konnte Adenauer ihm ganz vertrauen, ohne fürchten zu müssen, dass Globke etwa Ränkespiele mit einem bestimmten politischen Flügel treiben würde.«[16] Reinhard Strecker, der 1961 eine Dokumentation über Globkes Vergangenheit veröffentlichte, resümiert: »Er war der kompetenteste Kollaborateur, und deshalb war er auch für Adenauer unverzichtbar. Er kannte alle Tricks, er wusste, wie man's macht, und konnte Adenauer andererseits nie gefährlich werden.«[17]

Globkes Machtposition war auch deshalb so groß, weil er in seiner Funktion im Kanzleramt eine Schlüsselposition einnahm. Er verfügte nicht nur über den 12,5 Millionen DM (1956) schweren »Reptilienfonds«, einen Sonderetat des Bundeskanzleramts, dessen Verwendung keiner Kontrolle unterlag, sondern ihm unterstand als Sprachrohr auch das Presse- und Informationsamt der Bundesregierung. Das Amt unterstützte und beeinflusste mit Millionenbeträgen politisch genehme Blätter, darunter auch die rechtsradikale *Deutsche Soldaten-Zeitung*. Sie war 1951 unter anderem von Joachim Ruoff, Offizier im SS-Führungshauptamt und Standartenführer der Waffen-SS, gegründet worden. Das antikommunistische Kampfblatt für deutsche Kriegsveteranen war zunächst von den amerikanischen Verwaltungsbehörden finanziell gefördert worden. Anschließend, in den Jahren 1953/54, kam das Geld vom Bundespresse- und Informationsamt, das Globke damals unterstand. Die Zeitung sollte die geplante Wiederaufrüstung der Bundesrepublik und den Kampf gegen den Bolschewismus propagandistisch unterstützen. Später erwarb der Rechtsradikale Gerhard Frey das Blatt und gab es unter dem Titel *Deutsche National-Zeitung* heraus.

Als Staatssekretär kontrollierte Globke auch die Geheimdienste, was seine Machtposition entschieden verstärkte. Dem verschwiegenen Gehilfen des Kanzlers unterstanden das Bundesamt für Verfassungsschutz, das der Abwehr von Verfassungsfeinden im Inland dient, und der neugeschaffene Bundesnachrichtendienst unter Reinhard Gehlen. Für Globke war besonders Gehlens Organisation ein ideales Instrument der Nachrichtenbeschaffung. Im Übrigen hielt Globke auch guten Kontakt zum US-Geheimdienst CIA. Diese vielfältigen Geheimdienstkontakte erstaunen Egon Bahr noch heute. »Sie gingen weit über alles hinaus, was man damals gewusst, angenommen oder befürchtet hat.«[18]

Das Boulevard-Blatt *BILD* stilisierte Globke damals gar zum »Schatten-Kanzler« hoch: »Was Macht bedeutet, konzentriert sich in seinen Händen: Posten, Geld und Wissen. Schatten-Kanzler Globke ist der bestinformierteste Mann in der Bundesrepublik, nicht nur in Bezug auf Staatsgeheimnisse, sondern auch in Bezug auf die privaten Schwächen seiner Gegner.«[19] Die *New York Times* nannte ihn in einem Artikel am 2. Oktober 1963 den »zweitstärksten Mann in Westdeutschland«.[20] Und der schärfste Globke-Gegner im Bundestag, der sozialdemokratische Abgeordnete Adolf Arndt, bezeichnete das Kanzleramt unter Globke mit boshafter Ironie und in Anspielung auf das NS-Reichssicherheitshauptamt als »Bundessicherheitshauptamt«. Für Egon Bahr lässt sich Globkes damalige Rolle in einem Satz charakterisieren: »Er war für Adenauer die Spinne im Netz.«[21]

Geheime Kontakte zu Agenten und Militärs

Die Zusammenarbeit mit Geheimdiensten und ihrer Art der Nachrichtenbeschaffung kam Globkes Mentalität des unauffälligen Strippenziehers, der von der Öffentlichkeit abgeschotteten Arbeit im Hintergrund entgegen. Globke, der sich keine Aggressionen leistete und sich stets hinter der Maske unverbindlicher Freundlichkeit und Höflichkeit versteckte, kämpfte nicht mit offenem Visier. Der *Spiegel* berichtete von der Studie eines Bonner Psychologen, der Globke analysierte und zu dem Ergebnis kam, »dass Typen wie er, die im Alltag Schutz in einer Ehe mit einer Frau mütterlichen Typs suchen und im geistigen Bereich Schutz im ›mütterlichen Schoß‹ der Kirche finden, ein zwar oft hochentwickeltes, aber stets künstliches Selbstbewusstsein zur Schau tragen. Nur eines könnten sie nie: offen und frontal angreifen.«[1] Globkes hervorragende Eignung für geheime Missionen entfaltete sich besonders in der Beziehung zur Organisation Gehlen, die eine zentrale Rolle im Kalten Krieg spielte und erheblichen Anteil an der Verschärfung des Ost-West-Konflikts hatte.

Als Chef der Geheimdienstabteilung des deutschen Generalstabs, der Abteilung »Fremde Heere Ost«, hatte der damalige Generalmajor Reinhard Gehlen Informationen über die Sowjetunion gesammelt. Hinter dieser harmlosen Formulierung verbargen sich Massenbefragungen sowjetischer Kriegsgefangener, denen jede menschliche Behandlung verweigert wurde. Oft genug wurden Informationen durch Folterungen erzwungen, Erkenntnisse, die Gehlens Karriere förderten. Als sich 1944 abzeichnete, dass der Krieg nicht mehr zu gewinnen war, überlegte Gehlen, wie er seine Haut in die Nachkriegszeit retten konnte. Da er vermutete, dass die westlichen Alliierten sich über kurz oder lang gegen die Sowjetunion wenden würden, witterte er seine große Chance. Für Gehlen, den strammen Antikommunisten, gab es nur eine weltpolitische Zukunftsbedrohung –

Stalin auf dem Vormarsch nach Westen: »So wie wir den Kommunismus über Jahre hinweg kennengelernt hatten, war es uns klar, dass Stalin seine Absichten nicht ändern, sondern dass er weiter expansiven Vorstellungen folgen würde.«[2]

Ex-CIA-Agent Peter Sichel äußerte sich im Jahr 2005 auf einem Symposion über die Zusammenarbeit des amerikanischen Geheimdienstes mit der Organisation Gehlen über dessen Hoffnungen: »Wir dürfen auch nicht vergessen, dass Gehlen und seine Stabsoffiziere lange von dem Tag geträumt hatten, an dem die Amerikaner sich den Deutschen anschließen würden um die Sowjetunion zu bekämpfen. Dieser ›Traum‹ war nicht auf das Militär beschränkt, sondern ihm hängen sogar Zivilisten an, die nicht Teil der herrschenden Klasse der Nazis waren. Selbst einige der Verschwörer gegen Hitler hegten falsche Hoffnungen bezüglich der Optionen, Deutschlands territoriale Einheit zu bewahren, und schlossen eine etwaige Fortsetzung des Krieges gegen die Sowjets durch die Alliierten nach der deutschen Niederlage nicht aus.«[3]

Gehlen war früh klar, dass die amerikanischen Geheimdienste kaum Material über die Sowjetunion besaßen, Informationen, die er ihnen im Tausch gegen seine Freiheit und Mitarbeit anbieten konnte. Deshalb ließ er heimlich das gesamte Material der Abteilung »Fremde Heere Ost« auf Mikrofilm kopieren, in wasserdichte Stahlbehälter verpacken und in den österreichischen Alpen vergraben. Am 22. Mai 1945 ergaben sich dann Gehlen und einige seiner Mitarbeiter den Amerikanern. Gehlens Rechnung ging auf. Die Amerikaner interessierten sich für sein Material, besonders General Edwin Sibert, ranghöchster Offizier des Armee-Geheimdienstes in Europa, und Walter Bedell Smith, Generalstabschef des Alliierten Oberkommandos. Auch »Wild Bill« Donovan und Allen Dulles bekamen Wind von Gehlens Angebot. Im August 1945 wurden Gehlen und einige seiner Mitarbeiter ins »Postfach 1142« gebracht, das war der Codename für Fort Hunt in der Nähe von Washington, wo sie Rede und Antwort stehen mussten und Gehlen erste Berichte über die Sowjetunion verfasste. Die Amerikaner waren begeistert. Im Dezember beschloss man, Gehlen und seine Männer auf Kosten der USA weiteroperieren zu lassen.

1946 wurde die »Org« (Kürzel für die Organisation Gehlen) gegründet. Sie hatte zunächst ihren Sitz im Camp King in Oberursel im Taunus, am 6. Dezember 1947 bezog sie ihr neues Quartier in der früheren Rudolf-Heß-Siedlung in Pullach bei München, die aufgrund des Einzugsdatums den Spitznamen »Camp Nikolaus« erhielt. Geleitet und finanziert wurde Gehlens Dienst zunächst von der US Army, 1949 übernahm dann die CIA die »Org«. Mit General Sibert hatte Gehlen ein mündliches »Gentlemen's Agreement« über die Aufgabenstellung von »Org« getroffen. Punkt eins legte die Fortsetzung alter Aufgaben unter neuer Aufsicht fest: »Es wird eine deutsche nachrichtendienstliche Organisation unter Benutzung des vorhandenen Potentials geschaffen, die nach Osten aufklärt bzw. die alte Arbeit im gleichen Sinne fortsetzt. Die Grundlage ist das gemeinsame Interesse an der Verteidigung gegen den Kommunismus.«[4]

»Die alte Arbeit im gleichen Sinne fortsetzen« – das war eine Aufgabe für erfahrenes Personal, nicht nur für Wehrmachtsoffiziere aus Gehlens altem Stab, sondern auch für ehemalige Angehörige von SS, SD (Sicherheitsdienst des »Reichsführers SS«) und Gestapo (Geheime Staatspolizei). Obwohl Gehlen den Amerikanern versprochen hatte, keine Leute aus diesen verbrecherischen Organisationen zu rekrutieren, stellte er sie trotzdem an – oft unter falschem Namen und mit gefälschten Papieren. Ende der 40er Jahre zählte die »Org« rund 4000 Mitarbeiter, 400 von ihnen, also jeder Zehnte, sollen aus den Sicherheitsapparaten der Nazis gekommen sein, darunter SS-Obersturmführer Hans Sommer, der in Paris Synagogen anstecken ließ, SS-Standartenführer Willi Krichbaum, oberster Gestapo-Chef in Südosteuropa, und SS-Sturmbannführer Fritz Schmidt, Gestapochef in Kiel.[5] Als Sachverständiger für Osteuropa fungierte Dr. Emil Augsburg. Der ehemalige SS-Standartenführer hatte während des Krieges ein Mordkommando in der besetzten Sowjetunion geleitet. Dann war er in einer Führungsposition im »Wannsee-Institut« tätig gewesen, das sich mit der »Ostforschung« beschäftigte und ab 1940 dem Amt VI des Reichssicherheitshauptamts unterstand. Für Gehlen sammelte Augsburg bei antikommunistischen Emigranten und Überläufern Informationen über die Situation im Ostblock.[6] Augsburgs Tätigkeit für die Organisation Gehlen ist auch belegt durch seine CIA-Akte. Die amerikanischen Geheimdienstspezialisten müssen damals beide Augen zugedrückt haben, denn auch ihnen konnte nicht verborgen bleiben, welche hochrangigen SS-Veteranen und Kriegsverbrecher bei Gehlen, Deckname »Dr. Schneider«, Dienst taten. Aber es ging ja auch nach ihrer Auffassung um den Kampf gegen einen schier übermächtigen Gegner, da heiligte der Zweck die Mittel. »Er steht auf unserer Seite«, behauptete CIA-Direktor Allen Dulles später von Gehlen, »und nur darauf kommt es an.«[7]

Die Informationen, die Gehlen und seine Organisation über den Osten lieferten, schürten die Angst vor einem sowjetischen Angriff durch Übertreibungen und schlichte Erfindungen. Außerdem wollte Gehlen natürlich auch beweisen, wie unentbehrlich er war. Peter Sichel, der ehemalige CIA-Chef von Berlin, meint: »Er hat sich sehr wichtig gemacht, der Gehlen. Er war absolut antirussisch und antikommunistisch. Er hatte sozusagen sein eigenes politisches Programm. Und das alles sprach für mich dagegen, dass wir mit ihm zu tun hatten. Aber das war letztendlich nicht meine Entscheidung, sie wurde auf einer viel höheren Ebene getroffen.«[8]

Das Bedrohungsszenario, das in Pullach entworfen wurde, war Wasser auf die Mühlen der Kalten Krieger in den USA und Westdeutschland. Sie bekamen die Horrornachrichten, die sie hören wollten, und Gehlen machte sich dadurch bei ihnen beliebt. »Eine besonders nachhaltige und problematische Wirkung erzielten die Informationen, die man über die Organisation Gehlen bezog, deren Mitarbeiter, allen voran ihr Chef, sich vom gleichen fanatischen und daher blinden Antikommunismus leiten ließen, wie seinerzeit im blutigen ›Kreuzzug‹ gegen den Bolschewismus. Ihre Glaubwürdigkeit litt darunter nicht in den USA, im Gegenteil: Entsetzt von Stalins Brutalpolitik, glaubten viele auch die abwegigsten Mutmaßungen.«[9]

Der militärische Geheimdienst der USA schätzte zum Beispiel 1946 die Rote Armee als kriegsmüde und schlecht ausgerüstet ein, was auch mit den späteren Berichten der CIA-Agenten Sichel und Polgar übereinstimmte. Außerdem war die sowjetische Armee in Ostdeutschland schlecht motorisiert und war deshalb in hohem Maße auf den Schienentransport angewiesen. Die wichtigsten Strecken, insgesamt sogar ein Drittel des Schienennetzes, waren aber von den Sowjets demontiert worden. Daher kam der amerikanische Geheimdienst zu dem Ergebnis, ein Angriff stehe vorläufig nicht bevor.[10] Aber Gehlen und seine revanchegierige Truppe heizten mit ihren Berichten das politische Klima an, so wurden aus müden Besatzungseinheiten frische Sturmtruppen. Auch die Truppenstärke wurde viel zu hoch angesetzt. Informationen, die in Washington gleichwohl auf fruchtbaren Boden fielen und die Fehleinschätzung der tatsächlichen Absichten und der Kampfkraft der Sowjetunion auslöste.

Mit seinem Nachrichtendienst hat Gehlen zur Verschärfung der Ost-West-Spannungen nicht unwesentlich beigetragen. Peter Sichel zog 60 Jahre später ein selbstkritisches Resümee: »Zurückblickend meine ich, wir hätten uns niemals mit der Organisation Gehlen oder mit Gehlen und seinem Stab einlassen dürfen. Der begrenzte Nutzen der von ihnen gelieferten geheimdienstlichen Erkenntnisse stand in keinem Verhältnis zu den Kosten, zu den politischen Schwierigkeiten, die sie uns einbrockten, und zu den tatsächlichen finanziellen Ausgaben. Es war doch ganz offensichtlich so, dass die Organisation Gehlen letztendlich zum deutschen Auslandsgeheimdienst wurde. Und daraus ergibt sich die Frage, ob es zwingend war, diese Kontinuität zwischen dem Krieg und der Nachkriegsperiode zuzulassen. Ich bin überzeugt, dass es definitiv nicht notwendig und politisch betrachtet sogar äußerst problematisch war.«[11]

Hans Globke war schon vor seiner Ernennung zum Staatssekretär im Kanzleramt Adenauers Mann für vertrauliche Angelegenheiten. CIA-Agent Tom Polgar erinnert sich an eine Begegnung mit Adenauer: »Ich habe den Kanzler sehr informell getroffen. Er schlug vor, dass ich mich direkt an ihn wenden sollte, wenn ich etwas sehr Vertrauliches mitteilen wolle. Im Weggehen drehte er sich um und sagte: ›Gehen Sie über Globke.‹ Das hieß für mich, er wollte, dass vertrauliche Angelegenheiten von Globke geregelt wurden.«[12]

Globke hielt die Verbindung zur CIA. In einem Fernschreiben vom 20. Dezember 1950 wurde er in einer Liste mit »aktiven Spezialverbindungen« der CIA in der Bundesrepublik genannt. Als Globkes Kontaktmann fungierte ein CIA-Agent mit dem Decknamen »LERSNER«.[13] Nach der Gründung der Bundesrepublik hielt Gordon Stewart als Station Chief in Bonn (er war von Karlsruhe dorthin übergesiedelt) den Kontakt zum Kanzleramt. »Der Station Chief in Bonn war direkt mit Globke in Kontakt, wenn es um nachrichtendienstliche Angelegenheiten für den Kanzler ging«, so Tom Polgar.[14] Nach Auskunft von Polgar sprach Stewart sehr gut deutsch. Er war befreundet mit Eugen Gerstenmaier, dem späteren Bundestagspräsidenten. Beide kannten sich schon aus der Zeit vor dem Krieg, als Stewart in Deutschland studiert hatte.

Die Gründung der Bundesrepublik 1949 kam auch den Absichten Gehlens entgegen, seine Organisation einer künftigen bundesdeutschen Regierung zu unterstellen. In seinem »Gentlemen's Agreement« mit General Sibert hatte Gehlen diese Perspektive ausdrücklich vereinbart: »Sobald wieder eine souveräne deutsche Regierung besteht, obliegt dieser Regierung die Entscheidung darüber, ob die Arbeit fortgesetzt wird oder nicht.«[15] Gehlen war klar, wo er Bündnispartner für seine Pläne finden konnte. »Entscheidend war für den späteren Nachrichtendienst, dass der erste Bundeskanzler Dr. Adenauer und einer seiner engsten Mitarbeiter, zuletzt als Staatssekretär, Dr. Hans Globke war. Beide waren Männer mit einem natürlichen Fingerspitzengefühl für alle politischen und nachrichtendienstlichen Fragen und Notwendigkeiten.«[16]

Am 29. Juni 1950, vier Tage nach Beginn des Korea-Kriegs, saß im Kanzleramt Hitlers Ostaufklärer Generalmajor Reinhard Gehlen, CIA-Deckname »UTILITY«, zum ersten Mal dem damaligen Ministerialdirektor Globke gegenüber: »Ich kannte Globke bis dahin nicht persönlich, sondern nur vom Hörensagen. Mich empfing ein sympathischer Herr mit randloser Brille, der, wie sich in dem folgenden Gespräch ergab, alle Probleme der inneren Verwaltung offenbar aus eigener Erfahrung souverän beherrschte. Globke machte zunächst einen sehr zurückhaltenden Eindruck, der erst wich, als sich herausstellte, dass er mit meinem alten Regimentskameraden, dem nach dem 20. Juli 1944 hingerichteten General Stieff und dessen Frau nahe befreundet war. Globke machte nicht viele Worte. Ich trug ihm meine Gedanken bezüglich der Notwendigkeiten für den Aufbau und die Weiterentwicklung des Auslandsnachrichtendienstes eines modernen Staates vor. [...] Dieses erste Gespräch entschied noch nichts, sondern war von beiden Seiten her nur als Orientierung gedacht. Globke behielt sich zu diesem Zeitpunkt die weitere Verbindung zu der damaligen ›Organisation G.‹ persönlich vor.«[17]

Gehlens Darstellung, es sei bei diesem Treffen noch nichts entschieden worden, ist nach Einsicht in Globkes CIA-Akte schlicht falsch. Sie enthält nämlich eine Aktennotiz in deutscher Sprache über das Gespräch mit Globke am 29. Juni 1950, eine Notiz, die ganz offensichtlich von Gehlen stammt. Er berichtete über seinen Vortrag bei Globke, dem er klarmachte, dass er mit seiner »Org« künftig, nach entsprechender Erweiterung der deutschen Souveränitätsrechte, für die Bundesregierung arbeiten wolle. Dann notierte er das Ergebnis der Besprechung:

»Die deutsche Regierung ist zu einer technischen Unterstützung der Organisation prinzipiell bereit. Diese Unterstützung wird sich zunächst auf die US-Zone beschränken, so lange, bis sie in Übereinstimmung mit den übrigen Besatzungsmächten auch auf deren Zonen ausgedehnt wird.

Für die formelle Bestätigung genügt eine kurze Rücksprache Dr. Shute [Direktor des Office of Intelligence beim amerikanischen Hohen Kommissar McCloy] – Präsident Globke [Globke war zu diesem Zeitpunkt Vizepräsident des Landesrechnungshofes NRW]. Eine besondere Rücksprache zwischen Mr. McCloy und Dr. Adenauer wird im Augenblick nicht für erforderlich gehalten und auch nicht für zweckdienlich, um der Angelegenheit keinen offizielleren Charakter zu verleihen, als nach der Natur der Sache nötig ist.

Die Verbindung zwischen der Organisation und der Regierung bleibt zunächst auf den Kontakt zwischen Präsident Globke und Dr. S. beschränkt. Ein persönlicher Vortrag von Dr. S. beim Herrn Bundeskanzler wird in beiderseitiger Übereinstimmung vorläufig nicht für nötig gehalten, da die beiderseitigen Auffassungen sich decken und Präsident Globke die entsprechende Ermächtigung des Bundeskanzlers hat.«[18]

Außerdem habe die Regierung den ausdrücklichen Wunsch geäußert, dass in der Aufbauphase des Verfassungsschutzes die Organisation Gehlen Hilfestellung bei der »Aufklärungsarbeit gegen den Kommunismus« leiste. Das waren für ein erstes Treffen doch schon sehr konkrete Überlegungen. Und natürlich sollte die Angelegenheit zunächst geheim bleiben, ohne offizielle Beteiligung Adenauers, der sich nicht angreifbar machen wollte. Aber für solche Mauscheleien hatte er ja seinen »lieben Herrn Globke«.

Auf Globkes Empfehlung hin fand dann am 20. September 1950 doch ein Treffen mit Adenauer statt, das entsprechend positiv verlief. Adenauer wollte endlich einen von den Amerikanern unabhängigen, eigenen Geheimdienst, der ihm angesichts der weiteren Verschärfung des Ost-West-Konflikts durch den gerade begonnenen Korea-Krieg besonders dringend notwendig erschien. Am 12. Dezember 1950 hatte Globke dem Spionage-General Gehlen mitgeteilt, dass die Bundesregierung den Dienst übernehmen wolle, sobald es politisch opportun erscheine und die Finanzierung geklärt sei. Nur wenige Tage später bestätigte ein CIA-Kabel einen entsprechenden Bericht von »UTILITY« (Gehlen).[19]

Wenige Monate später sah sich Globke (Code-Nr. I-1783 bei der »Org«) auch persönlich in der Spionagezentrale um. Am 7. Mai 1951 besuchte er Gehlen in Pullach. Besonders interessierte ihn die Kartei und ihre Arbeitstechniken. »Bei dieser Gelegenheit bekam er auch seine eigenen Karteiunterlagen und die von Adenauer vorgelegt«, so Gehlen.[20] Am 9. August 1951 fand im österreichischen Bad Gastein ein geheimes Treffen zwischen zwei CIA-Beamten (einer war wohl Gordon Stewart, CIA-Chef in Bonn) und Hans Globke statt, der den Amerikanern die positive Haltung Adenauers zur Übernahme von »ZIPPER« (Deckname der Organisation Gehlen) zusätzlich zum intern agierenden Verfassungsschutz erläuterte. Am Ende des Gesprächs fragten die CIA-Vertreter Globke vertraulich, ob »UTILITY« (Gehlen) für »UPTHRUST« (Adenauer) akzeptabel sei. Globke antwortete kurz und präzise mit »Ja« – »und er gab diese Antwort auf direkte und emphatische Weise«, heißt es in einem Fernschreiben des Chief of Station Karlsruhe. Globke habe ausgeführt, dass weder Adenauer noch er selbst Gehlen für einen Canaris[21] hielten. Adenauer sei jedoch sehr beeindruckt von Gehlens ruhiger und objektiver Analyse nachrichtendienstlicher Themen.[22]

In einem *Spiegel*-Artikel aus dem Jahr 1971 berichteten die Autoren Hermann Zolling und Heinz Höhne unter Berufung auf »Org«-

Veteranen, dass der erste Kontakt zwischen Adenauer und Gehlen bereits 1948 stattgefunden habe.[23] Als Adenauer im Kreis von Parteifreunden geäußert habe, man wisse zu wenig über die sowjetische Zone, sei ihm Gehlen empfohlen worden. Ein paar Tage später habe er sich mit Gehlen getroffen, was dabei genau beredet worden sei, sei nicht bekannt. Die beiderseitigen Interessen seien dafür umso klarer gewesen: »Gehlen konnte dem CDU-Mann in dem anhebenden Machtkampf um die Kanzlerschaft durch seine mannigfachen Möglichkeiten geheimer Information einen entscheidenden Vorteil gegenüber den Konkurrenten sichern, Adenauer hingegen dem Org-Chef eine Vorrangstellung im westdeutschen Geheimdienst-System garantieren. [...] Zudem stimmten Adenauer und Gehlen in der politischen Lagebeurteilung überein: Beide rechneten mit der Möglichkeit eines Kriegs zwischen West und Ost, beide sahen Westdeutschland von einer Fünften Kolonne des Kommunismus bedroht.«[24] Bei der Gründung der Bundesrepublik – so der *Spiegel* – sei die Zusammenarbeit bereits eingespielt gewesen. Nach der ersten Kabinettssitzung am 20. September 1949 habe Adenauer Gehlen zu einem Gespräch über die Zukunft seiner Organisation empfangen.

Ob der Kontakt zu Adenauer 1948 oder 1950 geknüpft wurde, sei dahingestellt, doch bis zur tatsächlichen Übernahme der »Org« als Bundesnachrichtendienst am 1. April 1956 dauerte es noch ein paar Jahre. Bevor man die alte Geheimdienstgarde einer immer noch sensiblen Öffentlichkeit als neuen Auslandsgeheimdienst der Regierung präsentierte, wollte man im Kanzleramt noch etwas Zeit vergehen lassen. Aber schon auf dem Weg dorthin entwickelte sich zwischen den konservativen Katholiken, den Nachrichtendienstoffizieren aus Hitlers Generalstab und ihren SS-Gehilfen zur allseitigen Zufriedenheit und trotz etlicher Pannen eine enge Zusammenarbeit. Reinhard Gehlen: »Dabei bewährte sich, dass Globke neben seinem gesunden Sinn für alle Dinge über eine umfassende Erfahrung auf allen Bereichen der inneren Verwaltung verfügte. Die Zusammenarbeit mit ihm war bei aller sachlichen Problematik, die häufig auftrat, ein erfreuliches Erlebnis. [...] Soweit nicht eine Entscheidung des Bundeskanzlers eingeholt werden musste, bekam ich stets eine klare Entscheidung im Sinne eines Ja oder Nein oder später, als der Dienst amtlicher Nachrichtendienst war, auch gelegentlich: ›Wenn Sie glauben, dass es im Sinne der Sache unbedingt notwendig ist, machen Sie es auf eigene Verantwortung; wenn aber etwas passiert und die Sache schiefläuft, kann ich Sie nicht decken.‹«[25]

Der ehemalige BND-Abteilungsleiter Volker Foertsch beschrieb in einer Fernsehdokumentation die zentrale Rolle Globkes: »Die Schlüsselfigur in dem ganzen Komplex ist Globke. Ob Gehlen mit Adenauer viel zu tun hatte, weiß ich nicht. Globke vertraute wohl sehr auf ihn und war auch derjenige, an den sich Gehlen wandte, wenn es irgendwelche Probleme gab oder wichtige Informationen.«[26] Auch Franz Josef Strauß bestätigte Globkes Schlüsselrolle: »Nicht zuletzt war er, was damals besonders wichtig war, der Verbindungsmann zu den Nachrichtendiensten und hatte ein besonders inniges Verhältnis zu Reinhard Gehlen.«[27]

Gedeckt durch ein Gesetz der Alliierten, das der Organisation Gehlen das Recht gab, für die amerikanische Besatzungsmacht Informationen zu sammeln, konnten die Agenten aus Pullach Jagd auf Staatsfeinde machen: »Gehlens V-Leute horchten«, so Hermann Zolling und Heinz Höhne im *Spiegel,* »in westdeutschen Universitäten, beobachteten in Industriebetrieben, spähten in Behörden. Sie nahmen Einblick in Karteikarten bei Einwohnermeldeämtern, Krankenkassen, Arbeitsämtern: Sie betrieben Personenabklärung über Bewerber für den neuen Bundesdienst, über Journalisten, Gewerkschaftler, Politiker, Geistliche, Professoren und Wirtschaftler. Gehlens innerdeutsche Dossiersammlung diente von Anbeginn einem persönlichen Ziel: seine Stellung dort auszubauen, wo der Geheimdienst-Chef schon frühzeitig seinen eigentlichen Dienstherrn sah – im Bundeskanzleramt zu Bonn.«[28]

John Le Carré, britischer Bestseller-Autor und ehemaliger Secret-Service-Agent erinnert sich: »So grotesk wie das geteilte Land war auch das politische Gehabe. Die Komödie, die die Geheimdienste dabei spielten, war schier unglaublich. Wir wussten um die Nazi-Vergangenheit Globkes und Achenbachs,[29] und manche von uns hatten das mulmige Gefühl, dass in einem Land, in dem diese Leute politische Macht bekommen, etwas diabolisch schiefgehen kann. Man muss sich diesen historischen Moment einmal vorstellen:

Reinhard Gehlen zog mit seiner Organisation, die wie er zu Hitlers Abwehr an der Ostfront gehörte, in Martin Bormanns Villa in Pullach, um dort den BND aufzubauen.«[30]

Dass Globke seine Macht tatsächlich ausnutzte, um Informationen über politische Gegner zu sammeln, darauf verweist auch ein CIA-Kabel aus Bonn vom 24. Juni 1953: »SCHAEFFER [gemeint ist wohl Bundesfinanzminister Fritz Schäffer] ist gegen Gehlen. Er ist sauer, dass GLOBKE und GUMPEL [gemeint ist Karl Gumbel, Globke-Intimus im Kanzleramt] Gehlen als Privatagentur nutzen, um sich über politische Opponenten zu informieren.«[31]

Auch der ehemalige BND-Mann Volker Foertsch ist der Meinung, dass Globke die Gegner der Regierung und die Opposition ausspionieren ließ. »Mein Eindruck war, dass Globke die Organisation Gehlen auf jeden Fall und in der Anfangszeit auch noch den BND innenpolitisch genutzt hat.«[32] Bespitzelt wurden unter anderem der ehemalige Innenminister Gustav Heinemann und der Sozius seiner Anwaltskanzlei Diether Posser, später Justiz- und Finanzminister in Nordrhein-Westfalen, der SPD-Oppositionsführer Ollenhauer, Herbert Wehner und ihr Umfeld.[33]

Nach dem Bericht des *Spiegel* stellte das Kanzleramt der Organisation Gehlen finanzielle Mittel zur Verfügung: »Globke richtete mit Adenauers Genehmigung im Kanzleramt einen Sonderfonds ein, aus dem er spezielle Aufträge für die Org finanzierte. Mit diesem Geld begann Gehlen, die Inlandsaufklärung seines Geheimdienstes zu intensivieren. Ihm dienten die entstehenden Ministerien und Behörden des Bundes als Ansatzpunkte für die Anwerbung neuer Mitarbeiter, Quellen und Agenten.«[34]

Selbst wenn Gehlen auch Kontakte zum SPD-Oppositionsführer Kurt Schumacher pflegte, politisch diente er Adenauer. Noch einmal der *Spiegel:* »Pullacher Faustregel: Wer gegen Adenauer opponiert, ist Kommunist. Denn die Berichte und Analysen der Inlandsaufklärung wurden oft nach einer schlichten ideologischen Faustregel bearbeitet: Die Regierung Adenauer stand mit den USA in einer Front gegen den bolschewistischen Weltfeind. Wer in der Bundesrepublik parteipolitisch oder persönlich gegen Adenauer opponierte, war für Gehlen-Leute zumindest verdächtig, wenn schon nicht Kommunist, so doch Neutralist und damit anfällig für die Lehren des Kommunismus zu sein. Diese simple Optik erklärt denn auch, warum Gehlen und seine Führungsmitarbeiter jede von der CDU geführte Bundesregierung mit dem Staat schlechthin identifizierten, mochten sie aus taktischen Gründen auch Wert darauf legen, ihre Kontakte zur SPD-Parteiführung zu pflegen. Die Sozialdemokraten blieben ihnen suspekt, allein Adenauer und seine CDU zählten.«[35]

Dass man im Kanzleramt hervorragend unterrichtet war, zeigt folgendes Beispiel. Am 1. März 1956, bei einem seiner berühmten Teegespräche mit ausgewählten Journalisten, sprach Adenauer Globke auf eine geplante Titelstory des *Spiegel* an: »Ich höre, dass der *Spiegel* eine Nummer zu Ihren Ehren herausgibt.«[36] Das war gut vier Wochen vor Erscheinen der Ausgabe am 4. April mit dem Globke-Titelfoto und der Schlagzeile »Bürovorsteher im Vorraum der Macht«. Der Geheimdienst – wahrscheinlich Gehlen persönlich – hatte offensichtlich seine Kontakte zur *Spiegel*-Redaktion genutzt, um Globke rechtzeitig zu warnen.

Von kleinen Nettigkeiten berichtet ein Fernschreiben des Munich Representative of Commander, U.S. Naval Forces, Germany an den Director of Naval Intelligence vom 12. Oktober 1955. Anlässlich eines Besuches bei der 6. US-Flotte im Mittelmeer habe Gehlen im Laden an Bord unter anderem »eine Kiste Zigarren für Staatssekretär Globke« erstanden (schwer vorzustellen, dass Globke Zigarren rauchte). Außerdem habe Gehlen vorgeschlagen, ob man nicht Globke zu einem ähnlichen Besuch als Gast der US Navy einladen wolle. Artigkeiten Gehlens, die auf die enge Beziehung der beiden verwiesen. Dafür half Globke schon einmal aus, wenn es darum ging, einen ungeliebten Konkurrenten von Gehlen aus dem Feld zu schlagen, zum Beispiel den militärischen Nachrichtenmann Friedrich Wilhelm Heinz mit seinem Dienst, der 1950 bis 1953 Spionage in der DDR betrieb und zum Geschäftsbereich des Bundeskanzleramtes gehörte. Gehlen benutzte zunächst einen anderen Kontrahenten, den Präsidenten des Bundesamtes für Verfassungsschutz, Otto John, einen ehemaligen Widerstandskämpfer aus dem Kreis um den Abwehroffizier Oster. Gehlen redete John zu Unrecht ein, Heinz spekuliere auf seinen Posten und spioniere für den Osten. John ließ eine Akte über Heinz anlegen, die dann von Globke dem Kanzler zugespielt wurde. Globke wusste, wie man »den Alten« auf die Palme brachte – er fügte ein Zitat aus einem frühen, 1930 erschienenen Buch von Heinz hinzu: »Pan-Europa-begeisterte Oberbürgermeister domüberschatteter Städte unterstützten sie (die Separatisten)[37] durch Schweigen und Untätigkeit.«[38] Adenauer ließ Heinz feuern.

Mit der Affäre um Otto John,[39] der angeblich in die DDR verschleppt wurde, aber wieder zurückkehrte, wurde ein weiterer persönlicher Gegner Gehlens ausgeschaltet. Globke arbeitete aber nicht nur mit seinem Vertrauten Reinhard Gehlen zusammen, sondern setzte auch andere Mittel ein. Vor dem Untersuchungsausschuss des Bundestages im Fall Otto John gab Hans Globke in geheimer Verhandlung zu, dass das Kanzleramt von sich aus auch Anweisungen zur Personenüberwachung an das Bundesamt für Verfassungsschutz gegeben hatte, ohne das Innenministerium, das die Dienstaufsicht hatte, zu informieren. Wer konkret bespitzelt wurde, das verschwieg Globke. Gerade dieses beharrliche Schweigen aber legte den Schluss nahe, dass es sich um namhafte Politiker und Abgeordnete handelte. Informationen, die Globke sammelte, um sie bei Gelegenheit gegen Gegner der Regierung auszuspielen.[40]

Globke war allerdings auch selbst Objekt einer Bespitzelung aus dem Osten. Wie DDR-Spionagechef Markus Wolf in seinen Erinnerungen schreibt, hatte Mitte der 50er Jahre ein DDR-Agent in Romeo-Manier zarte Bande zu einer Sekretärin in Globkes Büro geknüpft. Unter dem Decknamen »Gudrun« lieferte sie Informationen über Personen und Vorgänge aus Adenauers unmittelbarer Umgebung, über seine Kontakte zu Gehlen und über seinen wichtigsten Staatssekretär. Material, das in der DDR für Kampagnen gegen Globke verwendet wurde.[41]

Als Sicherheitsberater Adenauers pflegte Globke ebenfalls gute Kontakte zur CIA, die ihn in ihren Berichten nicht nur unter seinem Namen, sondern auch unter dem CIA-Decknamen »Causa« führten. So verschickte der Chief of Base Bonn im Februar 1954 ein Memorandum mit dem Anschreiben »OPERATIONS/LIAISON:

CAUSA Briefing by the DDI.«[42] Aus dem Memorandum selbst ist ersichtlich, wer gemeint war: Es ging um ein Treffen zwischen Globke und dem CIA-Deputy Director for Intelligence Robert Amory. Die Begegnung fand am 11. Februar 1954 im Bundeskanzleramt statt, Thema waren nationale Sicherheitsstrukturen, insbesondere der amerikanische Nationale Sicherheitsrat, der als Vorbild für die Bundesrepublik dienen sollte. Eine simple kleine Nachhilfestunde für den deutschen Gesprächspartner nach dem Motto »Wie baue ich eine Sicherheitsstruktur auf?«. »Dr. Globke wurde eine Kopie des aktuellen Newsweek-Magazins übergeben, das einen Artikel über den Nationalen Sicherheitsrat (National Security Council) enthielt und Fotos seiner führenden Mitglieder. Dr. Globke wurde auch ein Schaubild, betitelt ›Arbeitsstruktur des Nationalen Geheimdienstes‹ (National Intelligence Production Structure) ausgehändigt, auf das man sich bei den Ausführungen zum eng verzahnten System der Geheimdienste bezog.«

Globke und Adenauer verhandelten mit der CIA nicht nur auf staatlicher, sondern auch auf Parteiebene. Ein CIA-Memorandum vom 11. Mai 1955 beschäftigt sich mit einem Briefing-Papier für ein geplantes Treffen zwischen dem CIA-Direktor und Adenauer/Globke am 16. Juni 1955. Der erste Tagesordnungspunkt sollte sich mit Operationen des CDU-Ostbüros unter der Leitung von CDU-Bundesgeschäftsführer Dr. Bruno Heck befassen. Heck prägte später, am 18. Oktober 1973, nach einer Chile-Reise und der Besichtigung des Stadions in Santiago, wo politische Häftlinge von Pinochets Schergen gefoltert und ermordet wurden, gegenüber der *Süddeutschen Zeitung* den unvergesslichen Satz: »Das Leben im Stadion ist bei sonnigem Wetter recht angenehm.« 1955 ging es noch um Propaganda und psychologische Kriegsführung gegen die DDR, ein Gemeinschaftsprojekt von CDU und CIA: »Dr. Heck ist der Kanal, durch den die Botschaft in Deutschland kürzlich auf politischer Ebene eine Vereinbarung mit der CDU erzielte, in der es darum ging, ein gemeinsames Programm von CDU und CIA zur Durchführung psychologischer Kriegsführung in Ostdeutschland aufzubauen. Dieses Programm, das über die Verhandlungsphase hinaus ist, soll demnächst zu konkreten Operationen führen, für die das CDU-Ostbüro genutzt wird und die unter der Leitung und mit finanzieller Unterstützung der CIA noch ausgebaut werden sollen. Innerhalb dieses Programms ist beabsichtigt, dass Dr. Heck die volle politische und operative Verantwortung für die Ostpropaganda der CDU haben wird.«[43]

Zur Bekämpfung des Kommunismus in Europa war auch ein streng geheimes militärisches Projekt entwickelt worden: Operation »Gladio«, die Bildung sogenannter Stay-behind-Armeen. Da man im Westen nach dem Krieg einen Angriff der Sowjetarmee befürchtete, wurden Konzepte zur Bekämpfung der Sowjets durch Guerillatruppen hinter den feindlichen Linien entwickelt. Ein Netzwerk, das von CIC/CIA und dem britischen MI6 europaweit auf- und ausgebaut und später von der NATO koordiniert wurde. In dieses Projekt waren Gehlen, Adenauer und Globke eingebunden bzw. darüber informiert. Ein ehemaliger Beamter des NATO-Geheimdienstes erläuterte, dass die CIA »das gesamte Spionagesystem, das von Hitlers Spionage-Chef Reinhard Gehlen geleitet wurde, übernommen hatte, um die deutsche Geheimarmee aufzubauen. Das ist sehr wohl bekannt, weil Gehlen der geistige Vater der Stay-behind in Deutschland war und seine Rolle auch dem westdeutschen Bundeskanzler Konrad Adenauer von Anfang an bekannt war.«[44]

Der Codename für das Programm in Südwestdeutschland lautete »Kibitz«, die entsprechenden CIA-Akten wurden 2005 freigegeben. Für »Stay-behind«-Kommandos wurden versteckte Waffen- und Munitionsdepots angelegt, CIC-Agenten rekrutierten alte Nazis mit Kampf- und Waffenerfahrung für den antikommunistischen Guerillakampf. 1952 wurde in der Bundesrepublik ein amerikanisches Netzwerk namens Bund Deutscher Jugend (BDJ) aufgedeckt, eine Tarnorganisation für die Stay-behind-Truppe »Technischer Dienst«. Einer der Anwerber für den BDJ war niemand Geringeres als Klaus Barbie, der sadistische »Schlächter von Lyon«, der jetzt für das amerikanische CIC arbeitete.[45] Anders als der Name Bund Deutscher Jugend vermuten ließ, lag das Durchschnittsalter in dieser Organisation bei 42 Jahren. Es waren ehemalige Wehrmachts- und SS-Angehörige, Rechtsextremisten, die zunächst auf dem amerikanischen Truppenübungsplatz Grafenwöhr und später im hessischen Odenwald im Guerillakampf ausgebildet worden waren. Von der CIA waren sie mit Waffen, Sprengstoff und Geld versorgt worden. Bei einer Durchsuchung fand sich auch eine Liste mit Namen kommunistischer und sozialdemokratischer Politiker. Es war eine Todesliste. Im Kriegsfall sollten als Erste zehn Kommunisten und danach 40 Sozialdemokraten getötet werden, unter ihnen der SPD-Parteivorsitzende Erich Ollenhauer, Hessens Innenminister Heinrich Zinnkann und Hans Jahn, Vorsitzender der deutschen Eisenbahnergewerkschaft. Von den USA ausgebildete Agenten des BDJ hatten die SPD bereits infiltriert, um möglichst schnell zuschlagen zu können. Ein Indiz dafür, wie wenig die USA der deutschen Linken im Kalten Krieg vertrauten. Gruppen des »Technischen Dienstes« existierten auch in anderen Bundesländern. Wie ein früheres Mitglied berichtete, wusste der Verfassungsschutz Bescheid und deckte die Organisation.[46] Das Auffliegen der hessischen Truppe blieb ohne Konsequenzen: Die USA sorgten dafür, dass Spuren verwischt und die Mitglieder des »Technischen Dienstes« nicht vor Gericht gestellt wurden. Gehlen blieb trotz dieses Skandals im Amt, und »Gladio« existierte in Deutschland weiter.

Timothy Naftali, Direktor des Richard Nixon Presidential Library and Museum, hat die CIA-Akten über die Operation »Kibitz« ausgewertet: »Im April 1953 unterrichtete die CIA Hans Globke, Konrad Adenauers wichtigsten nationalen Sicherheitsberater, ganz allgemein über US-amerikanische ›Stay-behind‹-Operationen in Deutschland. Mit Ausnahme der wenigen verbliebenen ›Kibitz‹-Agenten, die die CIA weiterhin agieren ließ, versprach die US-Regierung, diese Aktivitäten in Zukunft den Deutschen selbst zu überlassen und ein solches westdeutsches System von ›Stay-behind‹-Operationen finanziell zu unterstützen.«[47]

Wie der frühere Beamte des NATO-Geheimdienstes, der anonym bleiben wollte, behauptete, habe Adenauer »im Mai 1955 ein geheimes Protokoll mit den USA über den Beitritt Westdeutschlands in die NATO unterzeichnet, in dem man übereingekommen war, dass die westdeutschen Behörden von der Verfolgung bekannter rechtsgerichteter Extremisten Abstand nehmen würden. Weniger bekannt ist, dass andere deutsche Politiker von der Existenz geheimer Widerstandspläne erfahren durften. Einer davon war der damalige Staatssekretär und ehemalige hochrangige Nazi Hans Globke.«[48]

Ungeklärt ist, ob Globke von einer weiteren CIA-Aktion unterrichtet war: der Installation einer Spionagekamera an der Lufthansa-Maschine des Kanzlers beim Flug nach Moskau. Am 8. September 1955 war Adenauer, unter anderem begleitet von Globke, nach Moskau geflogen, um über die Freilassung von Kriegsgefangenen und die Aufnahme diplomatischer Beziehungen zu verhandeln. Wie das Fernsehmagazin »Report Mainz« 2005 berichtete,[49] hatte die CIA in der Super Constellation eine Kamera angebracht, um beim Anflug auf Moskau Luftbilder der Radar- und Raketenstellungen der Sowjetarmee machen zu können. Aus Angst vor einem britisch-amerikanischen Luftangriff hatte Stalin Moskau mit einem doppelten Gürtel von Flugabwehrraketen umgeben lassen. Die amerikanischen Militärs besaßen bis dahin keine näheren Informationen über die Funktionsweise des Lenkradars, das wegen seiner Form »Jojo« genannt wurde. Deshalb fürchteten die Amerikaner, dass sie im Kriegsfall mit ihren strategischen Bombern an diesem Raketengürtel scheitern könnten. Gene Poteat, ein CIA-Aufklärer, berichtete in »Report«: »Das erklärt, warum das Radar von so großer Bedeutung für das strategische Luftkommando der US-Luftwaffe war.«[50]

Als Adenauer im Juni 1955 mit Präsident Eisenhower über seine Moskau-Reise sprach, hatte man in der CIA einen Plan ausgeheckt, so Dino A. Brugioni, der damals in der CIA-Informationsauswertung arbeitete. »Man kam darauf, eine Kamera in das Flugzeug Adenauers einzubauen. Und man hat alles, was dazu nötig war, bestens erledigt. Die Kamera wurde so gut versteckt wie nur irgend möglich.«[51] Die Piloten der Kanzlermaschine waren Amerikaner. Sie hätten die sowjetischen Flugbegleiter und Aufpasser beim Anflug unter einem Vorwand abgelenkt, während die Luftbildkamera automatisch ihre Bilder geschossen habe, erzählte Brugioni: »Ich habe ungefähr fünf Fotos gesehen. Er flog direkt über das Jojo.«[52]

Ein Bericht, so »Report«, stellte fest, dass die Fotos im September 1955 gemacht wurden, also in dem Monat, in dem Adenauer und Globke nach Moskau flogen. Es könnte also durchaus stimmen, was der ehemalige CIA-Mann Brugioni behauptet hat. Hätte man allerdings die Kamera entdeckt, wären die politischen Folgen nicht abzusehen gewesen. Waren Adenauer und Globke eingeweiht? Dann jedenfalls hätten sie ein risikoreiches politisches Vabanquespiel betrieben.

Während Globke ansonsten bei Abwesenheit des Kanzlers als sein inoffizieller Vertreter in Bonn die Stellung hielt, hatte Adenauer ihn in Erwartung schwieriger Verhandlungen zur ersten gemeinsamen Auslandsreise nach Moskau mitgenommen. Globke hatte wie immer in weiser Voraussicht vorgesorgt. Damit seine Mannschaft beim verschärften Kampftrinken während der Verhandlungen mit den Sowjets mithalten konnte, verabreichte er ihr löffelweise Olivenöl, offenbar ein probates Globke-Hausmittel gegen die Wirkung von Wodka. Auch wenn die sowjetische Delegation zunächst nicht übermäßig von seiner Anwesenheit erbaut schien, so schlich sich der höflich-freundlich-zurückhaltende Staatssekretär im Lauf des Aufenthalts doch in die Herzen der kommunistischen Regierungsriege. Außenminister Molotow schwärmte vom »reizenden Menschen«, Ministerpräsident Bulganin gratulierte ihm zum Geburtstag und brachte »zwischen dem ersten und dem zweiten Akt von ›Romeo und Julia‹ in einem Séparée des Bolschoi-Theaters einen Toast auf ihn aus«; und Nikita Chruschtschow, zu dieser Zeit Erster Sekretär des ZK der KPdSU, tauschte mit Globke gar die Wodkagläser, um seine Sympathie zu demonstrieren. Da hätte nur noch der Bruderkuss gefehlt. Der *Spiegel* nahm die Episode nur zu gern zum Anlass eines süffisanten Seitenhiebs: »Ein halbes Jahr später war Hans Globke, der strenggläubige Sohn der römisch-katholischen Kirche, zum Geburtstag des Papstes in Rom, wahrscheinlich als der einzige Gläubige, der schon buchstäblich an dem Becher des erklärten Antichristen im Kreml genippt hatte.«[53]

Das ins helle Licht der Öffentlichkeit getauchte diplomatische Parkett war für den Mann im Hintergrund die falsche Bühne. Sichtlich unwohl muss er sich in Moskau gefühlt haben, mitten in der für ihn bedrohlichen Fremde, in der Burg des bolschewistischen Todfeindes. Selbst der *Spiegel* schien Mitleid zu haben. »Wer gesehen hat, wie bekümmert dieser Mann während des Kanzler-Besuchs in Moskau an einem glühendheißen Septembertag – umringt von Sowjetmenschen in Hemdsärmeln und dünnen Kleidchen – auf einem privaten Spaziergang im hochgeknöpften schwarzen Anzug mit Schweißperlen auf der Stirn über den Roten Platz vorm Kreml stiefelte, der ahnt, wie dem Staatssekretär jeder Schritt zuwider ist, der ihn aus der festgefügten Welt des Palais Schaumburg führt.«[54]

Als Adenauers Sicherheitsberater hat Globke in Geheimdienstfragen eine Schlüsselstellung in der Regierung eingenommen. Globkes Ruf als bestinformierter Mann in Bonn hatte in diesen Kontakten seine Grundlage – natürlich neben seinem persönlichen Netz aus Informanten unter den Mitarbeitern der Ministerien. Offenbar waren auch die Verbindungen zur CIA fruchtbar. Globke hielt seine amerikanischen Gesprächspartner auf dem Laufenden, und im Gegenzug drangen geheime Nachrichten aus den USA bis ans Ohr des Kanzlers. Globkes geheime Missionen für den Kanzler beschränkten sich aber nicht auf die Grauzone geheimdienstlicher Tätigkeiten. Er spielte auch eine zentrale Vermittlerrolle bei der zunächst heimlichen Planung der Wiederaufrüstung in der Bundesrepublik.

Nach der Niederlage im Zweiten Weltkrieg hatten die führenden deutschen Militärs fleißig an der eigenen Entlastung und der Reinwaschung der Wehrmacht gearbeitet. Es ging um die »Ehrenrettung des deutschen Soldaten«. Schlichtes Soldatentum wurde von den Taten Hitlers und seiner »politischen« Verbände getrennt, so als habe die Wehrmacht nie an der Vernichtungspolitik im Osten teilgenommen. Bereits damals wurde der Mythos von der »sauberen« Wehrmacht geboren, der sich über Jahrzehnte gehalten hat.[55] So wie Gehlen schon während des Krieges die Notwendigkeit eines künftigen deutschen Geheimdienstes befürwortet hatte, der den Kampf gegen den Bolschewismus in einem neuen Deutschland fortsetzen sollte, so planten auch deutsche Militärs wenige Jahre nach Kriegsende die »Remilitarisierung« an der Seite der westlichen Alliierten. In Konrad Adenauer, der so gar nichts Militärisches an sich hatte, fanden sie ihren entscheidenden Verbündeten. Adenauer war Machtpolitiker, eine eigene Armee gehörte für ihn zum Bollwerk gegen den Osten.

Das Feindbild verband ihn mit den Militärs. Außerdem wollte er damit die vollständige Souveränität der Bundesrepublik erreichen. Schon im Oktober 1945 hatte der wehrhafte Kanzler einen Warnruf ausgestoßen: »Asien steht an der Elbe.«[56]

In Gehlens Hauptquartier in Pullach arbeitete 1948 ein gewisser Dr. Horn an der künftigen Wiederbewaffnung, natürlich heimlich, denn die Alliierten hatten die Entmilitarisierung Deutschlands angeordnet, und die drei Westalliierten verpflichteten noch im Petersberger Abkommen im November 1949 die Bundesregierung, die Politik der Entmilitarisierung fortzuführen und die Neubildung von Streitkräften zu verhindern. Dr. Horn, der eigentlich Adolf Heusinger hieß, hatte unter Hitler als Chef der Operationsabteilung des Generalstabes im Oberkommando des Heeres das Unternehmen »Barbarossa«, den Überfall auf die Sowjetunion, mit geplant und war jahrelang einer der wichtigsten militärischen Berater Hitlers: »Heusingers Ordonnanzoffizier, kein getreuer Eckermann, sondern ein kritischer Kopf, dem die funktionalistische Haltung seines Chefs misshagte, registrierte in seinem Tagebuch genau die ungeheuren deutschen Verbrechen im Osten und den Judenmord. Dieses von ihm geteilte Wissen seines Vorzimmers hinderte Heusinger jedoch nicht, noch lange den Vorstellungen eines notwendigen Kreuzzugs des Abendlands gegen die bolschewistische und asiatische Gefahr aus dem Osten anzuhängen. Seit August 1942 koordinierte Heusinger die brutale ›Bandenbekämpfung‹ und erwies sich auch dabei als militärischer Funktionär, der die ›Kriegsnotwendigkeiten‹ über Sentiments stellte.«[57]

Generalleutnant a.D. Adolf Heusinger arbeitete nun für seinen ehemaligen Untergebenen Reinhard Gehlen als Chef der Auswertung.[58] Zusammen mit dem früheren Rommel-Adjutanten Hans Speidel lieferte er Adenauer schon 1948, also noch vor Gründung der Bundesrepublik, Expertisen über den Aufbau einer neuen deutschen Armee, ausgerüstet mit moderner Bewaffnung und Panzern. Speidel wurde von Adenauer 1950 zu seinem militärischen Berater ernannt. Dritter im Bund der alten Generäle war Hermann Foertsch, ehemaliger Chefideologe der Wehrmacht, der den persönlichen Eid der Wehrmachtsangehörigen auf Adolf Hitler entworfen und der 1943 als Chef des Generalstabs des Oberbefehlshabers Südost befohlen hatte: »In jedem Transportzug ist als erster Wagen hinter der Lok ein verriegelter G[üter]-Wagen zur Mitnahme von gefangenen Banditen oder Geiseln mitzuführen, die im Falle eines Anschlages gegen den Zug, ob er gelingt oder nicht, sofort zu erschießen sind.«[59]

Aber eigentlich hatten die Deutschen die Nase voll von den Schrecken des Krieges; 1949 lehnten in einer Umfrage drei Viertel der befragten Männer einen Wehrdienst ab. Zunächst musste das bis auf die alten Berufsoffiziere kriegsmüde Volk wieder für eine Armee mobilisiert werden. So schürten Adenauer und die CDU die alten Ängste vor dem Bolschewismus, vor einem Überfall der Roten Armee, vor Tod und Vergewaltigung. Auf dem ersten Parteitag der CDU am 20. Oktober 1950 zog der Kanzler alle Register ideologischer Beeinflussung, indem er ein übermächtiges Bedrohungs- und Horrorszenario entwarf. Zugleich deutete er vorsichtig die Notwendigkeit einer eigenen Armee an: »Seit Jahr und Tag musste jeder, der die Dinge klar sieht, fürchten um unser Vaterland, um unsere Sicherheit; er musste fürchten, dass Deutschland eventuell Schauplatz kriegerischer Auseinandersetzungen werden könnte; er musste zittern davor, dass im Falle eines russischen Angriffs Millionen von Deutschen nach Russland getrieben, in russische Armeen gesteckt oder zur Sklavenarbeit verdammt würden. […] – Deutschland steht der sowjet-russischen Macht unmittelbar gegenüber; im Falle einer russischen Aggression würde es das erste Opfer sein. Der Kalte Krieg wird von Sowjet-Russland mit aller Kraft gegen uns geführt. Die Fünfte Kolonne steht überall bereit. […] – In der letzten Zeit ist in der deutschen Öffentlichkeit besonders lebhaft die Frage diskutiert worden, ob Deutschland einen Beitrag zur Verteidigung seiner selbst und Europas leisten sollte. Es handelt sich um eine außerordentlich ernste Frage, die nur richtig erörtert und entschieden werden kann, wenn man sie in ihrer chronologischen Entwicklung und in voller Ruhe betrachtet. […] – Niemals kann ich anerkennen, dass es Gottes Wille sein soll, dass wir je unser Vaterland und Westeuropa der Herrschaft des antichristlichen Bolschewismus überlassen sollen.«[60]

Auch bei den Alliierten, vor allem auf amerikanischer Seite, wurde hinter den Kulissen der Plan eines westdeutschen Wehrbeitrages erörtert, besonders unter dem Eindruck des gerade ausgebrochenen Korea-Kriegs. Im August 1950 schlug Adenauer in zwei geheimen Memoranden der amerikanischen Regierung die Aufstellung eines bundesdeutschen Militärkontingents und seine Integration in ein westliches Bündnis vor, nachdem bei einem Treffen am 16. Mai 1950 die Westmächte gegenüber Adenauer einer Wiederaufrüstung Westdeutschlands zugestimmt hatten. Daraufhin hatte Adenauer am 24. Mai 1950 den General der Panzertruppe a.D. Gerhard Graf von Schwerin zum »sachverständigen Berater in militärischen und Sicherheitsfragen« ernannt. In einem streng geheimen Schreiben vom 17. Juli 1950 an Globke schlug Schwerin die Übernahme eines kleinen Arbeitsstabes vor: »Diese Herren würden, abgesehen von laufenden Arbeiten, zunächst Ihnen, Herr Ministerialdirektor, für Durchführung der Vorbereitungsarbeiten des richtigen Starts zur Verfügung stehen und in dieser Hinsicht nach Ihren Weisungen arbeiten. Diese Lösung wäre besonders erwünscht, um nicht noch weitere Persönlichkeiten in das Unternehmen Einblick nehmen zu lassen.«[61]

Das Büro Schwerin, das ab 1. August 1950 auf Wunsch Adenauers die Tarnbezeichnung »Zentrale für Heimatdienst« führte, diente als Verbindungsbüro zu den Westalliierten. Auch hier war Globke, der für Adenauer den Kontakt zu den Generälen hielt, wieder beteiligt. Weil Globke, damals noch als Ministerialdirektor, für das Personalwesen und das Budget des Bundeskanzleramtes verantwortlich war, unterstand ihm auch die Finanzierung des Büros Schwerin. »Auf diese Weise gewann er eine Art Dienstherrenfunktion. Am 23. Oktober 1950 wurde die Zentrale für Heimatdienst Globke auch tatsächlich unterstellt. Ferner fungierte Globke als die Verbindungsstelle zwischen dem Büro und anderen Ministerien.«[62]

Im August 1950 hatten die Generäle Heusinger, Speidel und Foertsch in einer Denkschrift für Adenauer die Notwendigkeit eines deutschen Militärkontingents im Rahmen eines westlichen Militärpakts dargelegt. Dabei wurde auch die Strategie der »Vorwärtsverteidigung«, ein ideologisch verbrämter Begriff für eine Offensivstrategie, vorgeschlagen. Globke, der den Kontakt zu den Generälen hielt, bekam von Adenauer den Auftrag, »das Trio Heusinger, Speidel und

Foertsch bei der geheimen Ausarbeitung zu einer deutschen Wiederbewaffnung zu beaufsichtigen, ohne die alliierte Hohe Kommission, auch nicht die Amerikaner, zu Rate zu ziehen«.[63] Die inhaltliche Planung für die zukünftige Armee fand vom 3. bis 6. Oktober 1950 mit Genehmigung von McCloy im Zisterzienserkloster Himmerod in der Eifel statt. 15 hohe Wehrmachtsoffiziere, darunter die Adenauer-Berater Heusinger, Speidel und Foertsch, forderten eine moderne deutsche Armee in einer Stärke von zwölf Heeresdivisionen. Die alten Strategen und Kämpfer des Ostfeldzugs beschäftigten sich nun mit Strategieplanungen für die Bundesrepublik und Europa, für die Gesamtverteidigung von den Dardanellen bis nach Skandinavien. Eine moderne Truppe sollte es sein, ausgerüstet mit schnellen Panzerverbänden und Atombomben, also eben nicht gerade das, was man unter einer Verteidigungsarmee versteht. Außerdem forderten die Hitler-Offiziere die Rehabilitierung des deutschen Soldaten und die Freilassung der wegen Kriegsverbrechen noch einsitzenden Kameraden. Die »Himmeroder Denkschrift« des »Expertenausschusses« wurde an Adenauer weitergeleitet. Holger Herwig von der Universität Calgary berichtet, Adenauer habe das Memorandum mit Speidel, Heusinger, Globke, Blank (dem künftigen Verteidigungsminister) und General Reinhard Gehlen erörtert.[64] Detlef Bald, langjähriger Wissenschaftlicher Direktor für »Militär und Gesellschaft« am Sozialwissenschaftlichen Institut der Bundeswehr, konstatiert, dass die »Himmeroder Denkschrift« »im Kanzleramt vom Leiter der Politischen Abteilung, Herbert Blankenhorn, und von der rechten Hand Adenauers, Hans Globke, als streng geheimer Masterplan für die Aufrüstung sanktioniert« wurde.[65]

Auch später war Globke in die Vorbereitungen für eine künftige deutsche Armee eng eingebunden. So nahm er an einer Beratung im Mai 1955 teil, bei der ein Zeitplan für die Aufstellung der ersten Verbände und ihre Eingliederung in die NATO erörtert wurde. Adenauer erwähnte am 22. Mai 1955 in einem Brief an Bundespräsident Theodor Heuss diese Beratungen mit den »Herren Blank, Heusinger, Speidel, ferner Globke«.[66] Globke hatte wieder einmal seinem Herrn bei der Weichenstellung für die Zukunft geholfen. James H. Critchfield, der für die CIA die Organisation Gehlen in Pullach überwachte, charakterisierte Globkes wichtige Rolle beim Aufbau des nationalen Sicherheitssystems. »Als Staatssekretär im Bundeskanzleramt war er in der Anfangszeit der Regierung Adenauer der mächtigste Mann und prägte die Außen- und Verteidigungspolitik, welche die Grundlage für die engen Beziehungen zu den Vereinigten Staaten und zur NATO bildeten. Er verhalf Heusinger, Speidel und Gehlen zu Schlüsselstellungen innerhalb Adenauers nationalem Sicherheitssystem.«[67]

Am 12. November 1955 bekamen die ersten 101 Freiwilligen ihre Ernennungsurkunden. Alte Ziele, neu formuliert, und gemeinsame ideologische Frontstellungen bestimmten für die kommenden Jahre die Richtung.[68] Schon zur Jahreswende 1955 hatte der Kölner Kardinal Josef Frings im liturgischen Gewand kräftig mit dem Säbel gerasselt: »Sollen wir untätig in jener Lethargie verharren, welche uns vor unvorstellbare Situationen stellen könnte, so dass das teure Vaterland einmal jenes Leid und Elend erfahren müsste, unter dessen Joch die weiten Landteile der asiatischen Völker schmachten und erliegen? – Nein und abermals nein! Kein Mittel und kein Weg darf uns zu viel sein. Es ist die höchste Zeit, und es soll wieder Ehrenpflicht jedes wahren Deutschen sein und bleiben, die heiligen Rechte unserer deutschen Nation zu verteidigen und die Heimat zu schützen vor den Krallen dieser blutgierigen Feinde.«[69]

Der (un)heimliche Generalsekretär der CDU

Hans Globke hatte nicht nur eine Schlüsselfunktion als Berater in der Regierung Adenauer, im Netz der Geheimdienste und bei der Planung der Bundeswehr, sondern er besetzte auch strategische Machtpositionen innerhalb der Adenauer-CDU. Es waren Aufgaben, die er nicht mit Verve auf dem Rednerpodium erfüllte, sondern in bewährter Manier im Hintergrund erledigte. Wie auf der Regierungsebene, so zog das Tandem Adenauer–Globke auch innerhalb der Partei unauffällig, aber zielstrebig die Fäden.

Als sich die neue Partei, die Christlich-Demokratische Union, nach Kriegsende gründete, konnte sie die immer noch existierende Infrastruktur des katholischen Zentrums übernehmen. Im Gegensatz zu anderen Parteien wie den Sozialdemokraten oder den Kommunisten, deren Parteiapparate von den Nationalsozialisten zerschlagen worden waren, hatte der politische Katholizismus im Verein mit kirchlichen Organisationen ein Netz von Kontakten aufrechterhalten. Auf eine Wiederbelebung der katholischen Zentrumspartei hatte man aber bewusst verzichtet, weil man meinte, eine christliche Partei, die Katholiken und Protestanten gleichermaßen einbezog, biete einen stärkeren Widerstand gegen den befürchteten Einfluss der »Marxisten« in SPD und KPD. Daher befürworteten selbst die katholischen Bischöfe, wenn auch zähneknirschend, die Gründung einer überkonfessionellen christlichen Partei. Auch Konrad Adenauer aus Köln, der früheren »Hauptstadt« des Zentrums, war gleich mit der Parole vom gemeinsamen Kampf zur Verteidigung des christlichen Abendlandes gegen den Bolschewismus zur Hand. Frank Bösch, Autor des Buches *Die Adenauer-CDU*,[1] hat sich ausführlich mit der Gründungsphase der Partei auseinandergesetzt: »Die neue Partei CDU war im Grunde genommen von ihren Personen her ganz wesentlich die alte Zentrumspartei, die in einigen Städten, wie in Berlin beispielsweise, durch Protestanten ergänzt wurde, die vorzugsweise aus dem Widerstand kamen. Von ihrer politischen Programmatik waren die Protestanten in der neuen Partei (die oft aus der DNVP [Deutschnationale Volkspartei] oder DVP [Deutsche Volkspartei] kamen) ganz anders orientiert als die Katholiken. Was sie allerdings zusammenhielt, trotz dieser unterschiedlichen politischen Vorstellungen, war vor allem die gemeinsame Ablehnung des Kommunismus. Und dieser gemeinsame Kampf gegen den Kommunismus, der natürlich besonders mit dem Kalten Krieg zunahm, schweißte trotz aller Spannungen zwischen den beiden Konfessionen die neue Partei auch in den 50er Jahren immer wieder zusammen.«[2]

Besonders in den katholischen Gebieten gelang den neu gegründeten Parteiverbänden der CDU der rasche Aufstieg. »Im Grunde ist es erstaunlich«, meint Bösch, »dass eine neue Partei wie die CDU nach 1945 so schnell einen durchschlagenden Erfolg haben konnte. Möglich war das nur, weil sie auf das katholische Milieu aufbaute, weil sie an die alte Zentrumspartei anknüpfte und weil sie auch die Unterstützung der Kirchen, insbesondere der katholischen Kirche hatte. Die katholische Kirche ermöglichte ihr ein Kommunikationsnetzwerk, sie gab ihr in dieser Anfangsphase Ressourcen wie Räume und Presse. Die katholische Kirche war eine der wenigen Großinstitutionen, die nach 1945 eine Kontinuität hatten und von den Kriegsfolgen nicht so stark betroffen waren.«[3]

Nach dem Gewinn der ersten Bundestagswahlen 1949 lenkten Adenauer und sein Berater Globke die Regierungspolitik. Auch innerhalb der CDU arbeitete der Parteichef, der ständig Angst vor Indiskretionen hatte, mit einem informellen Beraterstab. Das entsprach sicherlich Adenauers autoritärer und verdeckter, oft intriganter Art zu agieren. Daher setzte er seinen engsten politischen Vertrauten, Hans Globke, nicht nur für Regierungsaufgaben ein, sondern betraute ihn auch mit parteiinternen Angelegenheiten. Globke, der selbst keine Parteiämter bekleidete, wurde in der CDU der inoffizielle Adjutant Adenauers. Als Parteimanager mit zentralen Aufgaben hielt er die Fäden in der Hand, qualifiziert nicht durch eine Parteikarriere, sondern als von Adenauer berufener Statthalter. Frank Bösch charakterisiert seine Rolle treffend: »Die CDU der 50er Jahre war eine schlecht organisierte Partei und hatte noch keinen Generalsekretär. Globke, so könnte man sagen, war eine Art heimlicher Generalsekretär, denn er war auch derjenige, der die Partei koordinierte und organisierte. Das bedeutete, dass Landesverbände, wenn sie Probleme hatten, etwa innerparteiliche Konflikte, sich direkt an Globke wandten und nicht etwa an den Bundesgeschäftsführer.«[4]

Globkes Vergangenheit als Kommentator der »Nürnberger Gesetze« führte dabei nicht zu großen Widerständen, schließlich hatte er einen Packen christlicher »Persilscheine« vorzuweisen, und Adenauer höchstpersönlich hielt seine schützende Hand über den »lieben Herrn Globke«. Und der füllte diese Schlüsselposition, wie erwartet, zur Zufriedenheit des Kanzlers und der Partei aus – freundlich, höflich, mit Hintergrundwissen und Verhandlungsgeschick. Wenn es etwa in den Landesverbänden Probleme gab, wurde Globke, der Mann für heikle Fälle, von Adenauer ins Feld geschickt. Und Globke löste seine Aufgaben wie immer mit der von Adenauer so geschätzten Diskretion, betrieb geradezu innerparteiliche Geheimdiplomatie, etwa als 1957 in der Konstanzer CDU ein Konfessionskrieg tobte. In Allianz mit der lokalen katholischen Geistlichkeit verweigerte der katholische Parteiflügel dem evangelischen CDU-Bürgermeister Hermann Schneider die Gefolgschaft. Globke und CDU-Schatzmeister Ernst Bach eilten flugs herbei, um hinter verschlossenen Türen den Streit beizulegen und Kirche und Partei zu versöhnen. Anschließend erstattete der Sonderbeauftragte Globke Bericht: »Ich habe daher unter der Hand durch den Erzbischöflichen Stuhl in Freiburg auf die katholische Geistlichkeit in Konstanz einwirken lassen, dass die katholische Geistlichkeit nicht mehr gegen Schneider auftritt. Der Erzbischöfliche Stuhl hat sich unter der Voraussetzung, dass seine Einflussnahme nicht bekannt wird, hierzu bereit erklärt.«[5]

Anfang 1953 war Globke erneut im Einsatz. Diesmal rauschte er im Mercedes 300 nach Bayern, wo der CSU-Ministerpräsident Hans Ehard mit einer großen Bonner Koalition zwischen CDU/CSU und der SPD liebäugelte. Globke bearbeitete den bayerischen CSU-Vorsitzenden Josef »Ochsensepp« Müller, den er aus Berliner Tagen kannte, und den Ministerpräsidenten Ehard so lange, bis das Gespenst einer großen Koalition vom Tisch war. Globke, später auf seine geheime Mission angesprochen, wiegelte – wie immer – lästige Fragen geradezu scheinheilig ab: »Eigentlich trieben mich Verwandtenbesuche nach München. Ich hatte Erbauseinandersetzungen mit einer dort lebenden Kusine.« Der CSU-Politiker Franz Josef Strauß, so berichtete der *Spiegel,* habe daraufhin wenig später Konrad Adenauer angepflaumt: »Es geht eben nichts über Familiensinn, Herr Bundeskanzler.«[6]

Globke beeinflusste die Politik der Landesverbände, die Wahl der Koalitionspartner und die Regierungsbildung in den CDU-Ländern. Wenn Adenauer ein Problem in der Partei hatte, leitete er dies an Globke weiter, der sich um die Angelegenheit kümmerte, Informationen einholte und vertrauliche Gespräche führte. Natürlich war Globke geradezu prädestiniert, die Verbindungen der Partei zu den Kirchen zu halten, vor allem zur katholischen. Wie im Kanzleramt, so wurde Globke auch in der CDU der erste Ansprechpartner, wenn es Probleme gab. Nur was über seinen Tisch ging und von ihm für wichtig befunden wurde, erhielt Adenauer. Bei diesen diffizilen Aufgaben half ihm wie auf Regierungsebene seine gezielte Personalpolitik. Für Frank Bösch spielte Globke »eine entscheidende Rolle im Personalsystem der CDU. Er hatte eine unglaubliche Personalkenntnis und machte insofern Adenauer immer wieder Vorschläge, welche Politiker besonders geeignet seien und welche nicht. Und Globke war schließlich derjenige, der Abweichungen in der Parteilinie sehr genau und sensibel beobachtete.«[7]

Globke konnte Informationen aus den unterschiedlichsten Quellen nutzen, aus den Unterredungen mit Adenauer, aus dem Kanzleramt und den Ministerien, aus den Geheimdiensten und aus vielen vertraulichen Gesprächen mit Funktionsträgern in der Partei. Anders als im sachlich-distanzierten Verhältnis zu Adenauer suchte Globke mit anderen wichtigen CDU-Politikern auch das persönliche Gespräch, zum Beispiel mit Heinrich Krone, den er schon aus Berlin kannte. »Zu Globkes Parteiarbeit gehörte auch, dass er einen sehr engen Draht zur Fraktion hielt, insbesondere zum Fraktionsvorsitzenden Heinrich Krone. Er war mit ihm privat befreundet und traf sich mit ihm auch regelmäßig, um die Fraktionsarbeit und die Arbeit des Bundeskanzlers auf eine Linie zu bringen.«[8]

Heinrich Krone war wie Globke strenggläubiger Katholik und ehemaliges Zentrumsmitglied. In der Zentrumspartei war er einige Jahre Stellvertretender Generalsekretär und Bundesführer des Windthorstbundes, der Zentrums-Parteijugend, gewesen. Doch die beiden verband noch mehr. Sie wirkten beide eher steif, sie scheuten öffentliche Auftritte und waren keine begnadeten Podiumsredner, sie waren wortkarg und pingelig akkurat. Beide besaßen Macht, aber sie demonstrierten sie nicht öffentlich. Beide kannten ihre Grenzen und waren deshalb keine Konkurrenten für ihren misstrauischen Herrn, den Machtmenschen Adenauer. »Globke und Krone waren die Ingenieure, Techniker und Manager der Regierungsmacht.«[9]

Heinrich Krone war zunächst Parlamentarischer Geschäftsführer und ab 1955 Vorsitzender der CDU-Bundestagsfraktion. Er war sozusagen Adenauers Ohr in der Fraktion, er registrierte Stimmungen, politische Strömungen und oppositionelle Meinungen im eigenen Lager und meldete brav alles weiter, damit Adenauer reagieren und sich auf eventuelle Stimmungs- und Meinungswechsel einstellen konnte.[10] Andererseits sollte Krone mit seinen Vertrauten in der Fraktion auch für unpopuläre Entscheidungen und Vorhaben der Regierung werben und Mehrheiten vorbereiten. Wie Heinrich Krone beschrieb, traf er sich oft mit Globke zu gemeinsamen Spaziergängen. »Seit dem Ende der fünfziger Jahre traf ich mich mit Globke mehrere Male in der Woche morgens bei einer Wanderung über die Höhen von Godesberg und Bonn. Es war die Stunde, da wir uns über das aussprechen und verständigen konnten, was in der Politik, bei der Regierung wie in der Fraktion anstand. Auch im Bereich der Christlich Demokratischen Union gab es immer dringender werdende Fragen, die eine Antwort erforderten.«[11] Manchmal setzten sich die beiden sonst so spröden Herren am Abend auch zu einer gemütlichen Plauderei zusammen. »Es ist überliefert«, erzählt Frank Bösch, »dass Heinrich Krone und Globke sich auch privat trafen, auf ein Glas Whisky. Insofern kann man sagen, dass hier ein durchaus freundschaftliches Netzwerk bestand, auch wenn Globke generell einen eher kühlen, korrekten Abstand in privaten Dingen pflegte.«[12]

Mit Globke und Krone kontrollierte Adenauer weitgehend Partei, Fraktion und Regierungsapparat – sie bildeten eine gutkatholische

Troika, die die Macht am Rhein besaß. Globkes unangefochtene Stellung innerhalb der CDU hatte aber noch einen weiteren, äußerst triftigen Grund: Globke war nicht nur der heimliche Generalsekretär der CDU, er war auch ihr heimlicher Finanzchef.

Da es zunächst noch keine staatliche Parteienfinanzierung gab und die wachsenden Kosten besonders für die Wahlkämpfe durch Mitgliedsbeiträge nicht gedeckt werden konnten, musste zusätzlich Geld für die Parteikasse herangeschafft werden. Das wusste Adenauer schon vor den ersten Bundestagswahlen, als er die Parole ausgab: »Geld ist die Hauptsache! Geld, Geld, Geld!«[13] Spendengelder waren die Lösung; Spenden, zu denen die Industrie bereit war, um den politischen Kurs Adenauers zu stützen und natürlich auch, um direkteren Zugang zur Regierung zu bekommen. Ein weiterer Anreiz für die Spender war die steuerliche Absetzbarkeit ihrer Zuwendungen. Außerdem war die Geheimhaltung der Namen garantiert. Möglich war das nur durch ein System von Geldwaschanlagen, das die CDU ab 1950 installierte und das aus Fördergesellschaften und Spendenzeitschriften wie dem *Wirtschaftsbild* bestand.

Das *Wirtschaftsbild,* 1949 gegründet, war ein nur aus wenigen Seiten bestehendes Blättchen, das zu einem überhöhten Preis verkauft wurde. Die Käufer konnten den Preis als Betriebskosten steuerlich absetzen. Dadurch flossen in den 50er Jahren rund zwei Millionen Mark pro Jahr in die Parteikasse der CDU.[14] Die regionalen Fördergesellschaften und die 1954 vom Kölner Bankier und Adenauer-Freund Robert Pferdmenges mitgegründete zentrale »Staatsbürgerliche Vereinigung«, ein gemeinnütziger Verein, sammelten die steuerbegünstigten Spenden und gaben sie nach einem bestimmten Schlüssel an die bürgerlichen Parteien weiter, wobei die CDU den Hauptanteil kassierte. Bald nahm die Wirtschaft oder genauer: der Bundesverband der Deutschen Industrie (BDI) die Spendensammlung und -verteilung selbst in die Hand. Die Gelder landeten nicht nur in der Parteikasse, sondern auch auf Sonderkonten. Der Vorteil dieser schwarzen Kassen: Die Öffentlichkeit erfuhr nicht, dass die Industrie weitgehend die CDU sponserte, und in der CDU selbst kam dieses nichtöffentliche Verteilungssystem der autoritären Parteiführung Adenauers und seiner Vertrauten entgegen. Adenauer wollte die alleinige Hoheit über die Finanzen, nur so konnte er ohne Kontrolle durch die Partei und mögliche Konkurrenten Geld verteilen. Anfangs waren es noch Pferdmenges und Globke gemeinsam, die für Adenauer die Finanzen verwalteten. Als Pferdmenges wegen seines hohen Alters die Funktion aufgab, war Hans Globke auch der alleinige heimliche Finanzchef der CDU. »Adenauer«, so Frank Bösch, »war ein äußerst misstrauischer Mensch, und er hätte deshalb die Finanzen nie einem Funktionär der Partei anvertraut wie etwa dem Bundesschatzmeister, der eigentlich dafür zuständig war. Insofern vertraute er seinem engsten Berater Hans Globke auch die Finanzen an, und zwar die Finanzen, die über Spenden aus der Industrie an die CDU kamen. Globkes Machtstellung bestand darin, dass er sowohl den Landesverbänden als auch den koalierenden bürgerlichen Parteien jeweils Zugeständnisse machen konnte, wenn sie wegen Geldmitteln anfragten. Das heißt, ein Landesgeschäftsführer, der einen Wahlkampf führen wollte, wandte sich in den 50er Jahren nicht an den Bundesschatzmeister, wenn er Geld brauchte, sondern direkt an Hans Globke.«[15]

Ein einfaches Parteimitglied war nun heimlicher Generalsekretär und heimlicher Schatzmeister der CDU. Eine Doppelfunktion von Adenauers Gnaden, die Globke die totale Macht in der Partei sicherte, eine Macht, die er aber nur für Adenauer ausübte. Bei der Verteilung von Mitteln hatte Adenauer eine durchaus lockere Hand, wusste er doch um die Macht des Mammon, wenn es Ziele durchzusetzen galt. Als etwa die Landwirte im Sommer 1953 Geldforderungen an die CDU stellten, wies Adenauer Globke an, sie auf dem informellen Weg, also aus dem Topf der Spendengelder, zu bezahlen. »Es handelt sich um ein paar Millionen, mehr ist es nicht«, erklärte Adenauer, den Vorgang bagatellisierend, gegenüber dem Bundesvorstand. Und dem empfahl er sogleich auch, bei solch »kleinen Wünschen« direkt über Globke zu gehen.[16] Globke verteilte Spendengelder an Landesverbände, einzelne Politiker und an die Junge Union. Dem verschuldeten hessischen Landesverband der CDU schanzte er 1957 zum Wahlkampf 550 000 DM zu, die unter dem Titel »von Herrn Globke« verbucht wurden. Außerdem besorgte Globke den hessischen Christdemokraten vermittelt über Vorstandssprecher Hermann Josef Abs noch einen Kredit der Deutschen Bank über 400 000 DM. Damit hatte Globke mehr als die Hälfte des Wahlkampfetats der hessischen CDU bereitgestellt.[17]

Allerdings machten die keineswegs selbstlosen Spender manchmal auch ihre Interessen unmittelbar bei Adenauer geltend, wie ein Tagebucheintrag von Heinrich Krone vom 12. September 1960 belegt: »Globke ruft an und sagt mir, wie der Kanzler tobe, weil man in Bonn anders wolle als die Kreise jener Wirtschaft, die auf den Kanzler Einfluss haben. Als Globke mir das schilderte, fiel der für ihn fast unglaubliche Satz: Der im Grundgesetz nicht vorgesehene Schwiegersohn des Kanzlers habe dem Kanzler wieder einen Brief geschrieben.«[18]

Spendengelder wurden aber nicht nur innerhalb der CDU verteilt, sondern auch an Politiker der kleinen Koalitionsparteien, an den Gesamtdeutschen Block/Bund der Heimatvertriebenen und Entrechteten (GB/BHE) und an die Deutsche Partei (DP), die durch Geld gefügig gemacht wurden. »Man könnte indirekt davon sprechen«, meint Bösch, »dass der heimliche Generalsekretär Globke damit auch Politiker kaufte, in Anführungszeichen zumindest. Einzelne Politiker, insbesondere von den kleinen Parteien, erhielten Geld dafür, dass sie loyal zur CDU standen und bei Koalitionswechseln nicht die SPD unterstützten.«[19]

Es waren vor allem die kleinen Parteien am rechten Rand, die Adenauer zunächst als Koalitionspartner brauchte, die er aber letztendlich integrieren und damit ihre Wähler zur CDU herüberziehen wollte. Der Gesamtdeutsche Block/Bund der Heimatvertriebenen und Entrechteten, der nach der Bundestagswahl 1953 mitregierte, wurde zum Beispiel von der »Staatsbürgerlichen Vereinigung« auf Landesebene mit Spendengeldern bedacht, damit er im bürgerlichen Lager auf Linie blieb. Auch dem schleswig-holsteinischen Landesvorsitzenden Hans-Adolf Asbach (ehemaliges NSDAP- und SA-Mitglied) wurden 60 000 DM pro Jahr angeboten.[20]

Durch die Unterstützung mit Spendengeldern konnte die CDU Einfluss auf die Parteien am rechten Rand ausüben und sie weitgehend integrieren. Möglich machte das eine Taktik von »Zuckerbrot und Peitsche«: Man lockte mit finanziellen Angeboten oder drohte, sie zurückzunehmen. Die Finanzierung diente nicht der Förderung rechtsradikaler Politik, sondern geschah allein aus machtpolitischem Kalkül. Allerdings ließen sich die rechten Koalitionspartner trotz aller Zuwendungen nicht völlig kontrollieren. Als Vertriebenenminister der Adenauer-Regierung verzapfte der NS-Belastete Theodor Oberländer noch solche revanchistischen Sprüche: »Es gilt die Aufgabe zu lösen, das Abendland wieder nach dem Osten zu tragen. Es gilt, Menschen zu erziehen, die kolonisatorische Fähigkeiten haben. Man darf nicht von der Rückkehr träumen, sondern man muss die Rückkehr planen.«[21] 1941 hatte Oberländer als »rechtsextremer Ostforscher« (Dieter Pohl) noch die Besatzungspolitik für die Sowjetunion definiert: »In dem geschickten Heranziehen der Masse und in der erbarmungslosen Vernichtung der Partisanen als Volksschädlinge liegt der Erfolg.[22]

Nachdem Adenauer die führenden Leute der kleinen Koalitionspartner abgezogen hatte, lösten sich die Reste der Parteien in rechte Splittergruppen auf. Die große Mehrheit ihrer Wähler war von der CDU aufgesaugt worden. Das ist Adenauer sowohl mit der Deutschen Partei und ihren Ministern Hans-Christoph Seebohm und Hans-Joachim von Merkatz gelungen, die zur CDU übertraten, als auch mit dem GB/BHE und seinem Minister Theodor Oberländer, der ebenfalls Mitglied der CDU wurde. Hans Globke hatte als Ansprechpartner für GB/BHE und DP tatkräftig geholfen, auch diese Strategie Adenauers umzusetzen. »Noch 1961, kurz vor dem Ende der Deutschen Partei, fragte ihr Schatzmeister bei Globke an, ob die monatliche Zuwendung von 10000 auf 20000 DM erhöht werde«.[23]

Weil das Finanzsystem der CDU nicht an Parteiämter gebunden war, etwa an den Bundesschatzmeister und seine Kollegen in den Landesverbänden, konnten Adenauer und Globke mit der alleinigen Verfügungsgewalt über das Spendensäckel die CDU steuern. Die eigentliche Verteilung fand nicht in der Partei, sondern im Kanzleramt statt. Adenauer spielte sein Spiel, da ließ er sich nicht von anderen reinreden. Ohne Globkes allgegenwärtige Unterstützung, man muss wohl auch sagen: Schufterei, hätte Adenauer seine »Alleinherrschaft« aber wohl kaum behaupten können. Andererseits regte sich gegen diesen Führungsstil kein Widerstand, solange das Geld reichlich floss und Adenauer erfolgreich war. Da fragte auch niemand, woher das Geld kam. Viele fanden es wahrscheinlich sogar angenehmer, mit dem zurückhaltenden Herrn Globke informell zu reden, als mit einem bürokratischen Schatzmeister zu feilschen, der zudem wenig zu bieten hatte. Auch Globkes einmalige Schlüsselstellung in der Partei schien niemanden zu stören, da er nicht offen seine Macht herauskehrte, höflich und freundlich war und als Vermittler geschätzt wurde. Dass er als einfaches Parteimitglied in der informellen Parteistruktur praktisch Finanzchef und Generalsekretär in Personalunion war und damit die Partei für Adenauer kontrollierte, entsprach nicht gerade demokratischen Prinzipien, aber der Erfolg schien die Mittel zu rechtfertigen. Adenauer hatte die Partei auf sich zugeschnitten, die schlecht organisierte CDU war damals vor allem ein »Kanzler-Wahlverein«. Ernsthafte Konkurrenten gab es nicht, oder er hatte sie rechtzeitig aus dem Feld geschlagen. Das System Adenauer–Globke funktionierte mit beeindruckendem Erfolg. Das Spendensystem, das sie installierten, sollte sie übrigens lange überdauern und wurde noch von ihren »Enkeln« genutzt. Frank Bösch konstatiert, »dass hier mit Globkes aktiver Unterstützung ein Spendensystem aufgebaut wurde, das später zum Finanzskandal um Helmut Kohl und zum Skandal vor allem um die CDU in Hessen führte.«[24]

Globkes Machtstellung in Kanzleramt, Geheimdiensten und Partei, wie sie in den letzten Kapiteln ausführlich beschrieben wurde, war Gegenstand eines sehr pointierten Memorandums, das in Globkes CIA-Akte archiviert ist. Am 12. April 1956 charakterisierte der Chief, CI/SPD für den Director of Central Intelligence (DCI) zusammenfassend Globkes Bonner Position: »Seine Feinde sagen, dass seine Machtstellung auf keinen Fall ein Nebenprodukt von technischem Perfektionismus ist, sondern zielbewusst und skrupellos von ihm aufgebaut worden ist. Aber selbst seine Feinde rätseln darüber, ob er diese Macht um des größeren persönlichen Ruhms willen anstrebt oder für den Erhalt dieses konservativ-klerikalen internationalistischen Regimes, für das er steht, und von dem er nicht will, dass es mit Adenauers Abtritt ein Ende findet. […] Es stellt sich auch die Frage, ob die Macht und der Einfluss von ›Globke Pascha‹, wie er von den Bonnern genannt wird, wirklich so groß und so allgegenwärtig sind, wie immer getan wird. Zweifellos ist Globke für die Opposition zum Symbol für all das geworden, was ihnen am herrschenden Regime missfällt; seine Person verkörpert alles Böse. Für Journalisten und Politiker ist es leichter zu sagen, ›dafür ist Globke verantwortlich‹, und sie erregen auch mehr Aufsehen damit, als wenn sie nach den tieferliegenden Gründen fragen würden. Er ist die graue Eminenz, der Père Joseph, der ›Mystery Man‹ der Regierung geworden. Die Bonner erzählen sich gegenseitig mit angehaltenem Atem und mit verstohlenen Blicken, ängstlich darauf bedacht, nicht belauscht zu werden, von der letzten Zurschaustellung seiner unnachgiebigen Macht (wie zum Beispiel die Versetzung eines Botschafters, […] die Beförderung eines katholischen Beamten). Von Bonmots oder Witzen von seiner Seite hört man dagegen nie. Ich glaube nicht, dass er jemals welche macht. Ohne Zweifel kontrolliert er alle Schaltzentralen der Regierung – das Presse- und Informationsamt und die Organisation Gehlen unterstehen direkt dem Bundeskanzleramt, das Verteidigungsministerium im inoffiziellen Sinn und selbstverständlich die CDU-Parteiorganisationen. Folglich ist der Druck, den er ausüben kann, auch mit Hilfe des ›Reptilienfonds‹, beträchtlich. Und da er die Opposition als seinen Feind begreift, kann man sicher sein, dass er seine Macht in einer strikt parteiischen Weise einsetzt. Herrn Globke an seinem glatten und leergeräumten Schreibtisch gegenübersitzend, kommt einem sofort in den Sinn: So, das ist das Zentrum der politischen Macht in Deutschland. Und man fragt sich auch: Verfügt dieser Mann über eine überdurchschnittliche politische Intelligenz? – Die Antwort, zu der ich im Laufe unserer Unterhaltungen gelangt bin, lautet: Nein! Er mag ein erstklassiger Bürokrat sein, aber ihm fehlen der Einfallsreichtum, die Flexibilität und das Kombinationsvermögen eines Staatsmannes. Im Grunde ist er genauso unrealistisch, wie er es immer der Opposition unterstellt. Man nehme nur sein Lieblingswort: Deutsche Stabilität! Es taucht in all seinen Formulierungen auf und bezieht sich auf seine einzige inhaltliche Idee, woran sich die deutsche Politik orientieren sollte – nämlich an dem Ziel, die CDU-Herrschaft auf unbestimmte Zeit zu sichern. In der deutschen Außenpolitik ist Stabilität für ihn die Formel für das ›Überleben der christlich-abendländischen Zivilisation‹, konserviert in Alkohol, und im Übrigen soll jedem kleinsten Wink von Dulles gefolgt werden …«[25]

Die Schatten der Vergangenheit

Seit seinem Einzug ins Bundeskanzleramt im Jahr 1949 war Globke Zielscheibe heftiger Kritik. Er war die wohl umstrittenste politische Figur der 50er und beginnenden 60er Jahre. Auch wenn Adenauer seinen Adlatus beharrlich gegen jeden Vorwurf verteidigte und Kritikern mit Vorliebe Globkes »Persilscheine« entgegenhielt, die Diskussionen über seine Vergangenheit im Nationalsozialismus verfolgten Globke sein Leben lang: von den leidenschaftlichen Debatten im Bundestag, von den geschliffenen Attacken des SPD-Abgeordneten Adolf Arndt bis hin zum DDR-Schauprozess in seiner Abwesenheit in Ost-Berlin. Auch noch nach seiner Pensionierung wurde er immer wieder als Zeuge in NS-Prozessen vor Gericht gerufen. Er entwickelte sich schon fast zum »Profi-Entlastungszeugen« für Nazi-Verbrecher. Vorgeladen wurde er unter anderem: »Am 12. Juli 1963 im Wuppertaler Prozess gegen vier Angehörige des Einsatzkommandos C6, das 1941/42 die Ukraine ›judenfrei‹ machen sollte; – am 27. September desselben Jahres in Hannover in einer Verhandlung gegen die ehemaligen SS-Offiziere Fuchs und Bradfisch, die der Beihilfe zum Mord an 85000 Juden aus dem Getto Lodz angeklagt waren; – am 12. März 1964 in einem Kieler Schwurgerichtsprozess gegen den ehemaligen SS-Obersturmführer Hans Graalfs, dem Mord an 1550 Juden vorgeworfen wurde; – am 2. April 1964 in Braunschweig in einer Verhandlung gegen fünf SS-Führer, die sich an 5200 Judenmorden beteiligt hatten; – am 21. Januar dieses Jahres [1965] im Düsseldorfer Treblinka-Prozess (gegen zehn SS-Wachmänner wegen Beihilfe zum Mord an 700000 Juden); – am 19. März [1965] im Kölner Sachsenhausen-Prozess gegen zehn SS-Männer aus dem KZ-Kommandanturstab, denen Mittäterschaft oder Beihilfe bei der Ermordung von mehr als 10000 russischen Kriegsgefangenen vorgehalten wird.«[1] Globke entledigte sich der Aufgabe so, wie es sich die Verteidigung wünschte, er lieferte die gern gehörten Argumente für einen Befehlsnotstand: »Globke«, berichtete der *Spiegel,* »konzedierte der ›Mehrzahl‹ der Treblinka-Mörder, sie hätten ihre Opfer möglicherweise mit innerem Widerstreben erschossen, erschlagen, vergast. Denn damals habe es stets geheißen: Wer sich weigert, an Massenexekutionen teilzunehmen, wird selbst erschossen, ins KZ oder zumindest in eine Strafeinheit versetzt. Erst nach dem Kriege habe er erfahren, dass Befehlsverweigerer häufig nur an die Front versetzt worden seien.«[2]

Hans Globke, dessen hervorragendes Gedächtnis von Zeitgenossen in den höchsten Tönen gelobt wurde, konnte sich als Zeuge kaum noch an etwas erinnern, sobald es um das eigene Verhalten ging. Eine alles Unangenehme auslöschende Amnesie schien Globke im Zeugenstand zu befallen, oder er flüchtete sich bei Nachfragen in verquaste juristische Spitzfindigkeiten, die deutlich als Vertuschungsmanöver erkennbar waren. So behauptete er, nur beim allwöchentlichen Geplauder im Kreise der Berliner Ministerialbeamten, also privat, habe er Kenntnis von den Massakern im Osten bekommen, dienstlich habe er nie etwas davon erfahren. Im Treblinka-Prozess wurde er gefragt, was er denn bei dienstlicher Kenntnisnahme unternommen hätte. Der Beamte Globke antwortete: »Dann hätte ich gesagt, der und der ist zuständig, gehen Sie bitte zu ihm.«[3] Daraufhin brachen die Zuhörer im Gerichtssaal in Lachen aus. Oder Globke wartete mit so scheinheiligen Differenzierungen auf wie dieser: »Außerdem dachte ich stets, dass die Juden erschossen würden; dass sie in Lagern systematisch umgebracht wurden, erfuhr ich erst nach Kriegsende in Nürnberg.«[4] Im Hagener Sobibór-Prozess sagte Hans Globke im Mai 1966 als Zeuge der Verteidigung aus. Der FAZ-Korrespondent Lothar Bewerunge berichtete damals: »Es vergeht kaum ein Monat, da er [Hans Globke] nicht eine Ladung zu diesem oder jenem Judenmordprozess erhält. Dutzende Male ist er als Befehlsnotstandszeuge benannt worden, ohne etwas Entscheidendes aus eigenem Erleben beitragen zu können, im Hagener Sobibór-Prozess war es am Montag nicht anders. […] Der Kommentator der Nürnberger Gesetze gab auch in Hagen die bekannten Erklärungen ab. Er habe die Judengesetzgebung des Hitler-Staates für Unrecht gehalten, aber sie habe ja auch ›in diese Willkür eine gewisse Ordnung hineingebracht‹.«[5] Als Zeuge im Freiburger Judenmord-Prozess gegen zwei ehemalige Gestapo-Beamte erklärte Globke, die »Nürnberger Rassegesetze« hätten das an den Juden begangene Unrecht eingedämmt und nicht erst heraufbeschworen, und man habe mit diesen Gesetzen etliche Erleichterungen möglich gemacht. »Man sei der Meinung gewesen, dass damit die Maßnahmen gegen die Juden abgeschlossen seien. Damals habe man nicht voraussehen können, dass später alle Juden vernichtet werden sollten. Er glaube, so meinte Globke bei starker Unruhe in dem überfüllten Schwurgerichtssaal, dass im Jahre 1935 selbst Hitler noch nicht an die Ausrottung der Juden gedacht habe.«[6]

Im Fuldaer KZ-Prozess Lieberose offenbarte Globke eine weitere tiefe Einsicht: »In einer totalen Diktatur schafft der Wille des Diktators das Recht.«[7] Dabei vergaß er wie selbstverständlich seine eigene Rolle zu erwähnen, als Jurist, der geholfen hatte, Unrecht als Recht zu legitimieren. Und wenn ein Richter nachbohrte, wie der Krefelder Landgerichtsdirektor Rudolf Gottlebe im Düsseldorfer Treblinka-Prozess, dann war Globke nicht nur verprellt, sondern begann sofort wieder sein intrigantes Spiel hinter den Kulissen, versuchte Informationen zu sammeln, mit denen er dem Gegner schaden konnte. Statt sich offen gegen eine als ungerecht empfundene Frage zu wehren, wählte Globke wie immer den verdeckten Weg. In einem Schreiben vom 26. Januar 1965 an einen alten Bekannten aus der Krefelder Zeit, als Globke Vizepräsident des Landesrechnungshofes gewesen war, schilderte er seine Zeugenvernehmung und bat um Hintergrundinformationen: »Nachdem ich ausgesagt hatte, dass in Berlin im Laufe des Krieges in politisch interessierten Kreisen vor allem durch Erzählungen von Fronturlaubern bekannt geworden war, dass im Osten massenweise Juden umgebracht worden seien, stellte mir der Vorsitzende die Frage, was ich denn unternommen hätte, nachdem ich von diesen Vorgängen Kenntnis erhalten hätte. Ich erwiderte ihm, mein für Judenfragen zuständiger Kollege habe den Staatssekretär wiederholt auf diese Vorgänge hingewiesen, ohne dass dieser nach meiner Kenntnis etwas unternommen hätte, da das eigentliche Innenministerium mit den Judenvernichtungen nichts zu tun gehabt hätte; es sei unter diesen Umständen sinnlos gewesen, wenn ich ohne jede Zuständigkeit ebenfalls bei dem Staatssekretär vorstellig geworden wäre. Auf die weitere Frage des Vorsitzenden, ob ich also gar nichts unternommen hätte, erklärte ich, dass ich mich der Widerstandsbewegung zum Sturz des nationalsozialistischen Regimes angeschlossen hätte; deshalb sei ich auch von der Gestapo, allerdings erfolglos, verfolgt worden. Das wollte der Vorsitzende aber nicht als ausreichend ansehen, da es sich dabei nicht um die spezielle Frage der Judentötungen gehandelt habe. Sein Verhalten ließ keinen Zweifel daran übrig, dass er von mir erwartet hätte, dass ich ohne Rücksicht auf die völlig fehlenden Erfolgsaussichten und auf etwaige Folgen für mich und meine Gewährsmänner bei irgendeiner hohen nationalsozialistischen Stelle gegen die Judentötungen protestiert hätte. Diese Einstellung verkennt nach meiner Auffassung die tatsächlichen Verhältnisse und Möglichkeiten in der nationalsozialistischen Zeit so eindeutig, dass ich frage, wo Landgerichtsdirektor Gottlebe diese Zeit verlebt hat. Nach seinem Alter wäre es möglich, dass er bei der Wehrmacht gewesen wäre, aber dann würde es mich wundern, wenn er selbst nicht wenigstens gerüchteweise von den Judentötungen gehört hätte. Meine Frage geht nun dahin, ob in Krefeld etwas über die Tätigkeit Gottlebes während des Krieges bekannt ist. Ich habe seine Einstellung einfach nicht verstehen können.«[8]

Aufschlussreich ist dieser Brief nicht nur, weil er zeigt, wie Globke, wenn er sich angegriffen fühlte, den Gegner auszuspionieren versuchte, um ihm zu schaden. Darüber hinaus ist dieses Schreiben, das mehr einer Rechtfertigung und einem juristischen Gutachten ähnelt, als einer Bitte um Informationen, ein Indiz für Globkes Dünnhäutigkeit, wenn es um seine Haltung im Nationalsozialismus ging. Der kühle Jurist zeigt hier durchaus Emotionen, weil ihn der Richter ganz direkt nach einer persönlichen Protesthandlung gegen die Ermordung der Juden fragt, wie sie gerade für einen Katholiken moralisch geboten gewesen wäre. Und Globke kann dem Richter offensichtlich nicht nachsehen, dass der ihn mit seinen Fragen in Bedrängnis gebracht hat. Die Erkundigung nach der privaten Vergangenheit des Landgerichtsdirektors zeigt eine ziemlich unangenehme

Seite des »lieben Herrn Globke«, die er ansonsten hinter seiner geradezu servilen Höflichkeit verbarg.

Im Dezember 1965 schrieb er einem Freund, dass er in einer Schwurgerichtsverhandlung in Essen gegen den früheren Einsatzgruppenleiter SS-Hauptsturmführer Kurt Matschke u. a. wegen der Tötung von Juden wieder einmal als Zeuge für den Befehlsnotstand der Angeklagten geladen sei: »Die Ladung erfolgt nach meiner Überzeugung aus reinem Sensationsbedürfnis. Die Verhandlungsleiter in den früheren Verhandlungen haben dies regelmäßig auch erkannt; ihre Verhandlungsführung war immer völlig korrekt; ausnehmen muss ich dabei nur den Verhandlungsleiter im Treblinkaprozess, der ausgesprochen illoyal war. Durch diese schlechte Erfahrung gewitzigt, bemühe ich mich seitdem immer, vor der Verhandlung etwas über die Prozessbeteiligten zu erfahren. Würdest Du mir wohl den Gefallen tun und mir mitteilen, welche Richter, Staatsanwälte und Verteidiger in dem Verfahren mitwirken und ob über einen von ihnen, insbesondere in politischer Hinsicht, etwas Besonderes zu sagen ist.«[9]

Der Schock und die Empörung über die Nachfrage durch Landgerichtsdirektor Gottlebe saß offenbar tief. Obwohl Globke als »Widerstandskämpfer gegen Hitler« im Zeugenstand doch nichts zu befürchten hatte, reagierte er, als sei in Wahrheit er selbst der Angeklagte. Zu denken gibt vor allem seine Bemerkung, Gottlebe habe sich im Treblinka-Prozess ihm gegenüber »illoyal« verhalten. Warum war die Nachfrage eines Vorsitzenden Richters gegenüber einem ehemaligen Ministerialbeamten illoyal? Als Jurist wusste Globke genau, dass sich ein Richter bei einer Zeugenvernehmung nicht loyal zu verhalten, sondern die Wahrheit herauszufinden hat. Die Verwendung des Begriffs »illoyal« in diesem Zusammenhang entspricht eher genau dem Korpsgeist in Verwaltung und Justiz, der lange Zeit eine Aufarbeitung der Nazi-Verbrechen verhindert hatte.

Auch das Verhältnis zu den USA war durch Globkes Vergangenheit, die er mit sich herumschleppte, getrübt. Pikant wurde es immer dann, wenn es um eine offizielle Reise in die Vereinigten Staaten ging. Teile der amerikanischen Öffentlichkeit hatten Globkes Aktivitäten im Reichsinnenministerium nicht vergessen, besonders in jüdischen Kreisen gab es Proteste gegen einen USA-Besuch. Widerstände, die man im Kanzleramt durchaus ernst nahm. Am 2. Juni 1955 meldete ein Bonner CIA-Kabel an den amerikanischen Geheimdienstchef,[10] dass der Kanzler entschieden habe, Globke könne zurzeit Bonn nicht verlassen; Gründe wurden nicht genannt. Im folgenden Jahr, am 1. September 1956, lud CIA-Chef Allen Dulles bei Gesprächen auf der Bühlerhöhe bei Baden-Baden Globke zu einem Besuch in die Vereinigten Staaten ein. Adenauer gab seine Erlaubnis, und der US-Botschafter in Bonn, James B. Conant, klärte ab, ob der Besuch von der Administration befürwortet werde. Conant vermerkte entsprechend in einem Telegramm vom 12. September 1956 an den Außenminister: »Globke, als Beauftragter des Kanzlers für nachrichtendienstliche Angelegenheiten, wünscht in Washington mit hohen CIA-Vertretern zu sprechen und diese mit ihm.«[11]

In einem Memorandum vom 17. September 1956 befürwortete das US-Außenministerium den Besuch grundsätzlich, unter anderem mit dem Hinweis, Globke sei »führend« an der Planung des Hitler-Attentats vom 20. Juli 1944 beteiligt gewesen, aber es wurde auch darauf aufmerksam gemacht, dass der geplante Besuchstermin vor den Anfang November anstehenden amerikanischen Präsidentschaftswahlen vielleicht doch nicht so günstig wäre: »Angesichts seiner umstrittenen Vergangenheit als Beamter des Innenministeriums in der Nazizeit und als Kommentator der Nazi-Rassengesetze gibt das Außenministerium zu bedenken, dass seine Reise in die USA (oder das Bekanntwerden seines Besuchs) kurz vor den US-Wahlen bestimmte Debatten anheizen könnte, von denen der hiesige Wahlkampf beeinflusst würde. Das könnte für Globke ebenso unangenehm werden wie für uns.«[12]

Schließlich einigte man sich auf einen Besuch Ende November 1956, Pan American Airlines, Flug 101, Düsseldorf ab: 22.11., New York an: 23.11., 6:30 Uhr.[13] Doch auch dieser Termin platzte, weil Globke im Otto-John-Prozess als Zeuge geladen wurde. Jetzt wurde ein Besuchstermin für Anfang 1957 geplant. Anfang März erwies sich aber nach einem Bericht von Eleonor Dulles, der Leiterin der Berlin-Abteilung im Bureau of German Affairs des Außenministeriums, dass Globke seine Reisepläne auf unbestimmte Zeit verschoben habe.[14] Schon am 13. Februar 1957 hatte die *New York Times* in einer Meldung den bevorstehenden Besuch Globkes in den USA angekündigt. In den folgenden Wochen hagelte es Protestbriefe im Außenministerium. Die Society for the Prevention of World War III hatte am 15. Februar an Außenminister John Foster Dulles geschrieben: »Wir sind nach reiflicher Überlegung zu der Einschätzung gelangt, dass Globkes Besuch in Washington ein Affront gegenüber dem amerikanischen Volk wäre und unser Ansehen in den Augen von Millionen Nazi-Opfern nur beschädigen würde. Deshalb fordern wir die US-Regierung auf, Kanzler Adenauer zu informieren, dass Herr Globke in diesem Land nicht willkommen ist, unabhängig zu welchem Anlass.«[15] Die *New York Times* druckte Auszüge aus diesem Brief und einen Kommentar von Theodore Kagan zu Globke. Am 13. März protestierte die Rabbinical Alliance of America schriftlich bei John Foster Dulles gegen Globkes Besuch: »Die 500 Rabbis und Gemeinden, die von uns vertreten werden, sind sehr beunruhigt darüber, dass Sie einen solchen Antisemiten hier in Amerika als Gast empfangen. Dr. Globke war einer der wichtigsten Berater der Nazis bei der brutalen Vernichtung unserer jüdischen Glaubensbrüder und -schwestern in Europa.«[16]

Da war die Entscheidung schon gefallen. Denn schon am 22. Februar hatte ein CIA-Vertreter mit Globke über die Problematik gesprochen und konnte anschließend erleichtert melden: »Reise ist abgesagt!« Globke habe sich »schrecklich enttäuscht« gezeigt und sich entschuldigt,[17] aber er wolle den Regierungen in Bonn und Washington Peinlichkeiten ersparen und nicht vor amerikanischen Demonstranten Spießruten laufen. Da zur Zeit auch seine Gesundheit angegriffen sei, könne Krankheit als Grund für die Absage angegeben werden. Damit waren Globkes Besuchspläne in den USA vom Tisch.

Immer wieder wurde der Name Globke mit der Judenverfolgung in Zusammenhang gebracht, manchmal auch in abenteuerlichen Spekulationen. Im September 1960 veröffentlichte die SPD-nahe Zeitung *Hamburger Echo* eine Artikelserie unter dem reißerischen Titel

»Wenn Eichmann auspackt« und sorgte damit für einen neuen Eklat. In den Artikeln wurde behauptet, der ehemalige Militärbeamte der deutschen Wehrmacht in Griechenland Max Merten habe 1943 mit Dr. René Burkhardt, dem Beauftragten des Internationalen Roten Kreuzes, ausgehandelt, mindestens 10 000 jüdische Frauen und Kinder aus dem von Deutschen besetzten Thessaloniki auf Schiffen des Roten Kreuzes nach Palästina zu evakuieren. Dadurch sollten sie vor den Todeslagern gerettet werden. Die Zeitung berichtete des weiteren, Merten habe von Adolf Eichmann in einem persönlichen Gespräch die Erlaubnis bekommen, sogar 20 000 jüdische Frauen und Kinder im Nahen Osten in Sicherheit zu bringen. Laut *Hamburger Echo* soll Merten gesagt haben: »›Wir wären die Juden los‹ und auf Eichmanns Frage ›wieviel?‹ [soll Merten] ›na, rund 10 000!‹ geantwortet haben. Darauf Eichmann: ›Nehmen Sie 20 000! Hauptsache, wir sind sie los!‹«[18] Anschließend habe Eichmann Globke angerufen, um sich Rückendeckung für diese Verabredung mit Merten zu holen. Und ausgerechnet Globke soll die geplante Evakuierung aus Thessaloniki nach Palästina abgelehnt haben. Die jüdischen Frauen und Kinder, um die es ging, seien dann nach Auschwitz deportiert und ermordet worden. Merten behauptete, Zeuge des Telefongesprächs mit Globke in Eichmanns Büro gewesen zu sein.

Bis heute gibt es keine Belege für diese Geschichte. Und Max Merten war leider kein verlässlicher Zeuge, seine Aussagen schwankten oft zwischen Dichtung und Wahrheit, auch wenn er um die Anerkennung seiner Geschichte so sehr gekämpft hat, dass seine Gesundheit schließlich darunter gelitten hat. René Burkhardt vom Roten Kreuz jedenfalls konnte sich nicht daran erinnern, dass Merten damals eine Reise von Griechenland nach Berlin unternommen hat. Und auch Adolf Eichmann dementierte in seinem Prozesses in Jerusalem, etwas davon gewusst zu haben. Er hat sogar, als er auf Globke angesprochen wurde, geäußert: »Dr. Globke? Ich kenne diesen Mann nicht. Wer ist das?«[19]

Gleichwohl ist die heftige juristische Auseinandersetzung zwischen Globke und Merten von Interesse. Schon drei Monate vor Erscheinen der Artikelserie im *Hamburger Echo*, im Juni 1960, war Mertens Rechtsanwalt Dr. Diether Posser aus Essen beim hessischen Generalstaatsanwalt Fritz Bauer vorstellig geworden. Bauer, aus einer deutsch-jüdischen Familie stammend, war vor den Nazis ins Ausland geflohen. Nach Deutschland zurückgekehrt, bemühte er sich in den 50er und 60er Jahren mit großer Energie, Verantwortliche für den Massenmord an den Juden, vor allem aus den Konzentrationslagern, vor Gericht zu bringen. Mit dem ersten großen Auschwitz-Prozess in Frankfurt (1963–1965) leitete er die in der Bundesrepublik bis dahin noch ausstehende juristische Aufarbeitung der Nazi-Verbrechen ein.[20] Fritz Bauer ließ sich von Posser Mertens Geschichte erzählen. Und am 3. Juni 1960 reiste Merten persönlich an, um dem Generalstaatsanwalt Bericht zu erstatten. Bauer legte eine Akte unter dem Zeichen I Ar/26/60 Gsta an, eröffnete aber noch kein Ermittlungsverfahren gegen Globke.[21] Globke reagierte auf die Veröffentlichung der Hamburger Artikelserie nicht nur mit einer Gegendarstellung, sondern auch mit einer Strafanzeige bei der Bonner Staatsanwaltschaft wegen Verleumdung und falscher Anschuldigung. Und Adenauer fühlte sich bemüßigt, seinem Berater beizuspringen und ebenfalls Strafanzeige zu erstatten. In diesem Ermittlungsverfahren wurde auch Max Merten, ebenso wie Globke selbst, von der Staatsanwaltschaft in Bonn vernommen. An zwei Nachmittagen hatte Hans Globke den Bonner Staatsanwalt Werner Pfromm, der selbst eine braune Vergangenheit als »Nationalsozialistischer Führungsoffizier« hatte,[22] erklärt, dass er für die Anwendung der deutschen Judengesetzgebung nicht zuständig gewesen sei. Dabei soll Globke dem Staatsanwalt anhand eines Geschäftsverteilungsplans des Reichsinnenministeriums seine »völlig unbedeutende« Rolle dort erläutert haben. Merten will in Bonn gehört haben, dass Globke aussagte: »Ich war wirklich der unbedeutendste Beamte im ganzen Reichsinnenministerium.«[23]

Es gab im Übrigen noch eine zusätzliche Anschuldigung, die Merten gegen Globke vorbrachte. In einem Brief an die Bonner Staatsanwaltschaft wies er darauf hin, er habe den Verdacht, dass der Zweck bei Hans Globkes Reise in die Slowakei 1941 »die Einführung der Nürnberger Gesetze« dort gewesen sei: »Unterstellt, dass Herr Dr. Globke tatsächlich seinen Aufenthalt in der Slowakei zusammen mit Frick und Stuckart zugeben muss, bin ich sicher, dass er nicht müde werden wird, erfolgreich darzulegen, dass er auch bei dieser Gelegenheit als ›unzuständiger‹ Mann mitgenommen wurde, dass er nichts weiter im Reichsinnenministerium zu erledigen hatte als Namensänderungen und dass man einen anderen Beamten des Reichsinnenministeriums (der dann doch der Zuständige hätte sein müssen) nur deshalb nicht mitgenommen hat, weil ein solcher gerade nicht vorhanden war [...]. Ich bin sicher, dass Herr Dr. Globke heute die Erklärung haben wird, er habe sich nur um das Recht der Namensänderung in der Slowakei gekümmert.«[24] Merten sollte mit seiner Vorhersage recht behalten. Die tatsächliche Stellungnahme Globkes glich ihr bis in einzelne Formulierungen hinein.

Nachdem Merten in Bonn von der Staatsanwaltschaft vernommen worden war, eröffnete Fritz Bauer seinerseits in Frankfurt ein Ermittlungsverfahren gegen Hans Globke, für den Staatssekretär eine unangenehme Situation, die ihn einmal mehr negativ ins Gespräch brachte. Das Frankfurter Verfahren gegen Globke wurde allerdings aus Zuständigkeitsgründen an die Staatsanwaltschaft Bonn abgegeben.

Schon vor der Abgabe des Verfahrens hatte Adenauer prophylaktisch ein Schreiben an den hessischen Ministerpräsidenten August Zinn entworfen, einen Brief, der sich mit dem handschriftlichen Vermerk »nicht abgesandt« in Globkes Nachlass findet. Um seinen Schützling Globke auf alle Fälle vor den Ermittlungen eines unnachgiebigen Generalstaatsanwalts Fritz Bauer zu bewahren, hatte Adenauer geschrieben: »Die kommunistische Diffamierungskampagne gegen führende Persönlichkeiten in der Bundesrepublik, die sich zur Zeit vor allem auf Herrn Staatssekretär Dr. Globke konzentriert, ist zu meinem großen Bedauern durch die jüngsten Vorgänge in Frankfurt/M. in ein neues Stadium getreten. Erstmalig ist es Vertretern des Ulbricht-Regimes gelungen, ihre zu den bekannten Angriffen gegen Herrn Staatssekretär Dr. Globke benutzten Materialien offiziell einem hohem Staatsorgan in der Bundesrepublik, Herrn Generalstaatsanwalt Bauer, zu übergeben. Zeitungsnachrichten zufolge haben sie anschließend ihre Befriedigung darüber ausgesprochen, dass gerade Herr Generalstaatsanwalt Bauer, an dessen Objektivität ich persönlich natürlich in keiner Weise zweifle, ins Zwielicht gezogen, sondern auch das bei ihm anhängig gemachte Verfahren [...] politisiert zu werden. Nichts könnte der Wahrheitsfindung weniger dienlich sein als dies. Ich bin darüber in großer Sorge. Ich möchte vermeiden, dass in aller Öffentlichkeit ein politischer Streit ausgetragen wird, der nur dem kommunistischen Gegner nützlich sein kann. Daher wende ich mich heute persönlich an Sie, sehr geehrter Herr Ministerpräsident, mit der Bitte, dieser möglichen Entwicklung durch ihre Mitwirkung Einhalt zu gebieten. Um der ganzen Sache die politische Spitze zu nehmen, die sie durch die ungewöhnlichen Ereignisse in Frankfurt/M. erhalten könnte, halte ich es für zweckmäßig, dass das Verfahren an die Staatsanwaltschaft Bonn abgegeben wird [...].«[25]

Die Argumentationslinie ist klar: Unterlagen aus dem Osten dienen allein politischem Kalkül und entbehren daher jeder realen Grundlage. Deshalb darf nicht ermittelt werden. Also wollte Adenauer durch politische Einflussnahme verhindern, dass Fritz Bauer sich mit seiner bekannten Hartnäckigkeit um den Fall kümmerte. Das war indes nicht mehr nötig, denn die Staatsanwaltschaften hatten sich inzwischen untereinander geeinigt, das Verfahren an Bonn zu übergeben. Der Oberstaatsanwalt beim Landgericht Bonn stellte das Verfahren gegen Globke ein und leitete stattdessen gegen Merten ein Ermittlungsverfahren wegen falscher uneidlicher Aussage und falscher Anschuldigungen ein. Der anschließende Prozess wurde 1970 wegen der Verhandlungsunfähigkeit von Merten eingestellt.

Der öffentliche Aufruhr um die Vorwürfe von Merten und um eine Propagandaschrift aus der DDR mit dem Titel »Globke und die Ausrottung der Juden« veranlassten den CDU-Abgeordneten Rainer Barzel zu einer Ehrenrettung Globkes. Am 17. Juli 1961 hielt Barzel eine pathetische Rede vor dem Ring Christlich-Demokratischer Studenten an der Universität Bonn, eine Ergebenheitsadresse an Hans Globke: »Unter Hitler gab es einen inneren Widerstand. Leider blieb er im Großen politisch erfolglos. Aber es gab ihn, wie der 20. Juli 1944 und die achtunggebietende Reihe der Toten dieser inneren Front unbestreitbar beweisen. An dieser Front kämpfte Hans Globke, Hand in Hand mit den Männern des 20. Juli, gefahrvoll Tag für Tag, lautlos, aber nicht ohne Wirkung. Hans Globke kämpfte aus eigenem Entschluss und in täglicher Gefahr gegen den totalitären Staat mit diesem System entsprechenden Mitteln. Ohne Männer wie ihn, die im Staatsapparat saßen, wäre die innere Front des Widerstandes unmöglich gewesen. Einige emigrierten, andere blieben. Nicht alle konnten emigrieren. Welches Los schwerer, welches mühseliger, welches gefahrvoller war, überlasse ich dem Urteil eines jeden.«[26] Die Schlussfolgerung, die Barzel provozierte, hieß: Emigranten waren Drückeberger, wer blieb, zeigte wahren Widerstandswillen. Ein Beleg mehr für die gerade in der CDU beliebte Diffamierung von politischen Emigranten und ein Zeugnis dafür, wie Globke in bestimmten Kreisen zum strahlenden Helden des Widerstands hochstilisiert wurde.

Auch der SPD-Kandidat Willy Brandt, der bei den Bundestagswahlen 1961 gegen Konrad Adenauer antrat, bekam zu spüren, dass Emigranten aus Nazi-Deutschland in der Bundesrepublik als Verräter behandelt wurden. Bereits Anfang des Jahres hatte Franz Josef Strauß auf Brandts Exil- und Widerstandsjahre angespielt: »Eines wird man Herrn Brandt doch fragen dürfen: Was haben Sie zwölf Jahre lang draußen gemacht? Wir wissen, was wir drinnen gemacht haben.«[27] Konrad Adenauer bezeichnete seinen Gegenkandidaten als »Brandt alias Frahm«, eine Anspielung auf den ursprünglichen Namen Brandts, der auf der Flucht vor den Nazis den neuen Namen Brandt angenommen hatte. Zugleich war es auch ein Hinweis auf Brandts Herkunft als nichteheliches Kind, im spießigen Adenauer-Deutschland immer noch ein Mittel, um dem Ansehen von jemandem zu schaden. Der gutkatholische Adenauer zeigte nicht die geringsten Hemmungen, seine Gegner mit derartigen Diffamierungen niederzumachen.

Das war noch nicht alles. Wie es in einem geheimen Bericht der CIA vom 27. Januar 1961 heißt, habe Hans Globke Ende 1960 dem Kanzlerkandidaten Willy Brandt vorgeschlagen, beider Vergangenheit aus dem Wahlkampf herauszuhalten. Unter Berufung auf ein ungenanntes prominentes SPD-Mitglied berichtete die CIA, Globkes dreister Deal mit Brandt sei beim Treffen der SPD-Bürgermeister in Hamburg (13. bis 15. Januar 1961) zur Sprache gekommen: »Bürgermeister Willy Brandt wurde gefragt, welche persönlichen Angriffe er erwarte und wie man seiner Meinung nach damit umgehen sollte. Er erwiderte, er hätte sich kurz vor Weihnachten auf Initiative von Globke hin mit diesem zu einem Gespräch getroffen. Globke habe ihm gesagt, dass er jederzeit mit einer neuen gegen ihn gerichteten Kampagne rechne, welche die Kommunisten noch weiter anfeuern würden, je näher das Datum des Eichmann-Prozesses rücke. Globke meinte, es liege im nationalen Interesse, zu verhindern, dass diese Angriffe in der Bundesrepublik aufgegriffen würden, besonders während des Wahlkampfes. Alle Diffamierungsversuche würden der Stellung Westdeutschlands letztendlich schaden, unabhängig davon, wer im September an die Macht käme. Globke habe geäußert, dass das Wühlen in der Vergangenheit aufhören müsse, sollte die Bevölkerung jemals ihren Frieden finden. Es sei Globkes Überzeugung gewesen, dass dies für beide Seiten im Wahlkampf gelte. Globke habe gesagt, er werde die CDU dazu bewegen, die persönlichen Angriffe auf Willy Brandt zu unterlassen, wenn Brandt ihm versprechen könne, dass seine Partei die kommunistischen Beschuldigungen nicht ausnutzen werde. Die sattsam bekannten Vorwürfe gegen Brandt wegen seiner Aktivitäten während des Krieges und in der unmittelbaren Nachkriegszeit fielen nach Ansicht Globkes in dieselbe Kategorie wie die gegen seine Person, da sie auch dazu beitragen könnten, das internationale Vertrauen in die Bundesrepublik zu unterminieren. – Brandt sei überzeugt gewesen, dass Globke es ernst meinte, und ihn nicht in eine Falle habe locken wollen. Deshalb habe Brandt gemeint, er müsse dafür sorgen, dass seine Partei solches Material nicht gegen Globke benutze, und grundsätzlich davon absehe, die Nazi-Vergangenheit zum Wahlkampfthema zu machen, vorausgesetzt, dass der Staatssekretär selbst seinen Teil des Übereinkommens einhielte. – Brandts Erklärung wurde zunächst mit einiger Erleichterung akzeptiert, aber in späteren informellen Gesprächen äußerten einige Bürgermeister Zweifel, ob diese Vereinbarung klug gewesen sei, insbesondere weil sie ohne die Beteiligung von Vizeparteichef Herbert Wehner zustande gekommen sei. Es wurde im vertrauten Kreise auch Kritik an Brandt laut, aus persönlichen Gründen so eine Vereinbarung geschlossen zu haben, womit dieser den Weg frei gemacht habe für dieselben alten Vorwürfe, die schon im Wahlkampf 1957 gegen die Partei gerichtet worden waren.«[28]

Sollte diese Darstellung stimmen, so ist kaum anzunehmen, dass Brandt von Globkes Gleichsetzung seiner Tätigkeit als Kommentator der Rassegesetze mit seiner Vergangenheit als Exilant und Widerstandskämpfer erbaut gewesen sein wird. Gleichwohl hätte ihm das Wissen darum, dass viele Deutsche in ihm als Emigrant einen Landesverräter sahen und dass ihm das bei den Bundestagswahlen schaden würde, durchaus dazu bewegen können, auf Globkes Angebot einzugehen. Genützt hätte ihm das nicht viel – wie die oben erwähnten Attacken von Strauß und Adenauer zeigen.

Im Jahr der Bundestagswahl 1961 erschien auch Reinhard-M. Streckers Buch *Dr. Hans Globke. Aktenauszüge – Dokumente,* eine Auswahl von damals in der Bundesrepublik unbekannten historischen Zeugnissen zu Globkes Tätigkeit im Reichsinnenministerium. Strecker war Mitglied des damals noch SPD-nahen Sozialistischen Deutschen Studentenbundes (SDS). Schon einige Jahre vorher hatte er Material über NS-Juristen zusammengetragen, die nach dem Krieg wieder in den Justizdienst übernommen worden waren, weil »die Übernahme schwer belasteter Personen aus dem Dritten Reich [...] tatsächlich doch eine nachträgliche Legalisierung und Gutheißung dessen [bedeutet], was sie getan haben«.[29]

Am 27./28. November 1959 hatte Strecker zusammen mit anderen SDS-Mitgliedern und unterstützt durch Prominente wie den Kirchenpräsidenten Martin Niemöller, den Künstler Otto Pankok und Prof. Wolfgang Abendroth in Karlsruhe die »Aktion ungesühnte Nazijustiz« gegründet und Dokumente über NS-Richter in einer Wanderausstellung präsentiert. Im Bundesarchiv Koblenz liegt über diese Veranstaltung ein siebenseitiger vertraulicher Spitzelbericht vom 3. Dezember 1959 an den Staatssekretär des Bundeskanzleramts vor. Wie sich aus einem nicht abgesandten Schreiben des Staatssekretariats an die Bundesminister des Innern und der Justiz ergibt, stammte der Bericht nicht etwa von einer Polizeibehörde oder vom Staatsschutz, sondern vom »Volksbund für Frieden und Freiheit e.V.«[30] Diese Propagandaorganisation war gegründet worden von erfahrenen Nazi-Agitatoren wie Dr. Erwin Kohl, der eigentlich Eberhard Taubert hieß, einem früheren Goebbels-Mitarbeiter und Drehbuchautor des antisemitischen Hetzfilms »Der ewige Jude«. Die Gründung wurde unterstützt vom US-Geheimdienst CIC, Ziel war die Fortführung des Kampfes gegen den Bolschewismus. Finanziell unterstützt wurde der »Volksbund« durch die Bundesregierung, zwischen 1951 und 1956 mit rund 700 000 DM pro Jahr, von 1957 bis 1967 mit rund 1,1 Millionen DM jährlich. Diese Agitprop-Truppe bespitzelte auch Bürger und Veranstaltungen, die sich kritisch mit dem Nazi-Erbe in der Bundesrepublik beschäftigten. Der Berichterstatter schilderte unter anderem die Vorgeschichte von Streckers Engagement: »Vor drei Jahren begann der cand.-phil. Reinhard M. Strecker, [...] sich mit der beruflichen Vergangenheit von Richtern und Staatsanwälten in der Bundesrepublik zu beschäftigen. Jüdische Kommilitonen hatten ihm berichtet, dass es eine Reihe von Richtern gäbe, die im 3. Reich als Vorsitzende oder Beisitzer an Volks- und Sondergerichtshöfen in den besetzten Ostgebieten tätig gewesen seien und recht willkürliche Todesurteile gegen Polen, Tschechen, Russen, Ukrainer und vor allem Juden gefällt hätten. Strecker stammt, wie er dem Berichterstatter in einem langen Privatgespräch berichtete, aus einer Familie, von der die Hälfte der Mitglieder unter die bekannten Nürnberger Gesetze fiel. Strecker, der an der Freien Universität vergleichende Sprachwissenschaft und Indologie studiert, ist mit einem sehr starken Rechtsgefühl behaftet. Auf eigene Faust unternahm er in Celle den Versuch, Personalakten ihm namhaft gemachter Richter einzusehen. Dieses wurde ihm verweigert. In Berlin wurde ihm dann von Mitgliedern der jüdischen Kultusgemeinde berichtet, dass sich in Prag, Brünn, Posen, Leitmeritz und an anderen Orten Prozessakten der in diesen Gebieten tätig gewesenen Volks- und Sondergerichtshöfe befänden.«[31]

Weil ihm die Bundesrepublik und die Siegermächte Akteneinsicht verwehrten, griff Reinhard Strecker auf die Akten aus dem Osten zurück, ein Verfahren, auf das er auch bei der Recherche nach Globke-Dokumenten angewiesen war, nachdem die Bundesregierung Strecker 1960 auf Anfrage erklärt hatte, es gebe keine NS-Akten über Globke. Natürlich wurde angesichts der Aktenauszüge aus Polen und der Tschechoslowakei sofort der Verdacht laut, die Dokumente seien gefälscht, um Globke zu schaden. Diesen Vorwurf weist Strecker bis heute zurück: »Ich war vom Warschauer Generalstaatsanwalt in der dortigen Hauptkommission zur Ermittlung von Nazi-Verbrechen eingeladen worden, mitzuarbeiten. Ich habe dann ein Passepartout für die polnischen Staatsarchive bekommen und Dokumente nicht aus Ost-Berlin, sondern aus Warschau und Prag besorgt. Das war die Grundlage, wobei ich sehr oft von der gleichen Akte aus verschiedenen Quellen, aus Ost-Berlin, Warschau oder Prag, Dokumente erhielt. [...] Ich hielt es immer für möglich, dass irgendetwas hätte gefälscht werden können, aber es war nichts gefälscht. Es war absolut unnötig. Die Originale stimmten.«[32]

Dass Strecker persönlich kein kommunistischer Agitator war, selbst wenn er auch in der DDR Akten eingesehen hatte, gestand ihm sogar der Spitzel des »Volksbundes für Frieden und Freiheit« zu: »Er will dort erklärt haben, dass er Antikommunist sei und nur rechtlich an der Frage interessiert sei. Diese Behauptung kann Strecker evtl. abgenommen werden, da er – was er nachweisen kann – dreimal namentlich von dem FDJ-Zentralorgan ›Junge Welt‹ angegriffen wurde. Diese Angriffe richteten sich gegen die Betätigung von Strecker in der Sozialhilfe der Evangelischen Studentenschaft zugunsten geflüchteter Jugendlicher aus der SBZ [Sowjetische Besatzungszone].«[33] Daher kommt der Spitzelbericht am Ende auch zu der Einschätzung: »Strecker kann als Idealist angesehen werden.«[34]

Strecker war kein politisches Sprachrohr des »real existierenden Sozialismus« in der DDR, sondern es war ein zutiefst moralisches Anliegen, das ihn antrieb. Hans Globke war für Reinhard Strecker der Inbegriff des belasteten NS-Beamten, der ein hohes und einflussreiches Amt in der Bundesrepublik übernehmen konnte. Im Vorwort zu seinem Buch schreibt er über sein Motiv zu dieser Arbeit: »Die Öffentlichkeit im freien Teil Deutschlands hat ein Recht darauf, zu erfahren, was Dr. Globke im Dritten Reich getan und unterlassen hat. Sie hat ein Recht auf ihr eigenes Urteil. Dr. Globke ist kein Einzelfall.«[35]

Die Dokumentation erschien im Hamburger Verlag Rütten & Loening, der damals zur Bertelsmann-Gruppe gehörte. Schon vorher hatte Globke versucht, das Erscheinen mit einer einstweiligen Verfügung zu verhindern. Wie Strecker heute noch behauptet, sollen Gehlen und sein Bundesnachrichtendienst versucht haben, die Auslieferung des Buches zu stoppen: »Ich wurde auf ein Buch hingewiesen, einen Kommentar zu Gehlens Memoiren. Darin habe sich Gehlen gerühmt – ich habe das nie weiter überprüft, dass ihm 50 000 DM angewiesen worden seien, um das Erscheinen des Buches zu verhindern.«[36]

Das Buch kam zwar auf den Markt, doch Globke erreichte im Prozess einen Vergleich. Danach zog der Verlag aufgrund von zwei kleinen Fehlern das Buch zurück, obwohl es bereits in einer Auflage von 27 000 Exemplaren ausgeliefert war, und verzichtete auf eine Neuauflage. Als weiteres Druckmittel, so Strecker, solle die Bundesregierung gedroht haben, künftig keine Bücher des Verlags mehr für amtliche Stellen anzuschaffen. Das wäre nicht das erste Mal gewesen, dass Globke mit juristischen Mitteln und politischem Druck gegen eine Veröffentlichung von unliebsamen Fakten vorgegangen wäre. Zuvor hatte er bereits Zeitungen und Zeitschriften mit Verfügungen und Gegendarstellungen bombardiert, öffentlich ausgestellte Fotokopien von Originaldokumenten wurden polizeilich beschlagnahmt. Zur Strecker-Dokumentation machte er sich mit seinen Anwälten die Mühe, das »Zerrbild«, das Strecker von ihm gezeichnet habe, auf 67 Schreibmaschinenseiten richtigzustellen, das heißt, er dementierte so ziemlich alles. Übrig blieb allein die nicht zu leugnende Tatsache, dass er im Reichsinnenministerium gearbeitet hatte, und es endete mit der üblichen Litanei seiner »Persilscheine«. Bemerkenswert ist eine Passage, in der es wieder einmal um das Verständnis von Loyalität ging. In Bezug auf einen Artikel im Berliner SPD-nahen *Telegraf* hatte Strecker eine Gegendarstellung Globkes von 1950 zitiert, in der Globke klarstellte, »er habe sich Kempners Entlastung nicht dadurch verdient, dass er Kriegsverbrecher außerordentlich stark belastet und auch Material gegen sie herbeigeschafft habe. Auch habe er keine Mitteilungen über verborgene, zum Teil eingemauerte Aktenlager weitergegeben.«[37] Streckers Kommentar: »Dr. Globke wünschte offenbar nicht, in den Verdacht zu geraten, an der Aufdeckung von Kriegsverbrechen und der Verurteilung von

Massenmördern beteiligt zu sein.«[38] In der Richtigstellung zu dieser Strecker-Aussage stellten Globkes Anwälte fest: »Objektiv hätte es etwa so heißen müssen: ›[...] wünscht nicht, fälschlicherweise als ein Mensch hingestellt zu werden, der nach dem Zusammenbruch seinem früheren Vorgesetzten in den Rücken fiel und sich in die Schar der Denunzianten einreihte‹.«[39] Hier wird die Mitwirkung am Aufdecken von Kriegsverbrechen mit Denunziantentum und mit dem Begriff »in den Rücken fallen« belegt, was sofort Assoziationen an die Dolchstoßlegende weckt. Diese Gegendarstellung zu Streckers Kommentar ist eigentlich gar keine, sondern verdeutlicht noch einmal Globkes seltsames Verständnis von »Loyalität« gegenüber einem verbrecherischen Regime und seinem Beamtenapparat. Außerdem war dieser Text verlogen. Wie vom Nürnberger Ankläger Robert Kempner beschrieben, hatte sich Globke darauf eingelassen, als wichtiger Zeuge seinen früheren Chef, Reichsinnenminister Wilhelm Frick, in Sachen »Euthanasie« zu belasten. Hier hatte er seine Loyalität verraten, um selbst den Kopf aus der Schlinge zu ziehen. Und man fragt sich außerdem, wie sich Globke dann noch als Widerstandskämpfer darstellen konnte, wenn er Zeugenaussagen gegen Verantwortliche für den Massenmord als Denunziantentum geißelte? Widersprüche, die typisch waren für die Verdrängung der NS-Vergangenheit in der Adenauer-Ära.

Der Eichmann-Prozess und die verschwundenen 40 Seiten

1961 begann in Jerusalem der Prozess gegen Adolf Eichmann, der die Deportation von Millionen Juden in die Vernichtungslager organisiert hatte. Bundeskanzler Adenauer verkündete vollmundig: »In diesen Tagen beginnt in Jerusalem der Eichmann-Prozess. Wir wünschen, dass in diesem Prozess die volle Wahrheit ans Licht kommt und dass Gerechtigkeit geübt wird.«[1] Was Adenauer verschwieg, sollte sich erst viel später herausstellen: Die Regierung fürchtete, dass Adenauers Staatssekretär Globke in Jerusalem als Zeuge vorgeladen würde. Wenn Globke als Verfasser eines Kommentars zu den »Nürnberger Rassegesetzen« im Eichmann-Prozess vor Journalisten aus aller Welt auftreten müsste, würde das, so fürchtete man, dem Ansehen der Regierung und der Bundesrepublik nachhaltig schaden. Besonders aus der DDR und der Sowjetunion erwartete man nicht zu Unrecht neue Kampagnen gegen Adenauers Staatssekretär. Außerdem war es schwierig einzuschätzen, wie Eichmann auf Globke reagieren würde. Also musste ein Auftritt Globkes vor dem Gericht in Jerusalem um jeden Preis verhindert werden.

Eine Auslieferung Eichmanns in die Bundesrepublik wurde nicht beantragt, da formal kein Auslieferungsabkommen zwischen der Bundesrepublik und Israel bestand. Immerhin existierte seit dem 24. November 1956 ein Haftbefehl des Amtsgerichts Frankfurt/Main gegen Eichmann. Aber selbst wenn – was völlig unwahrscheinlich war – Israel seine Bereitschaft signalisiert hätte, Eichmanns auszuliefern, wäre damals aus der Bundesrepublik ein entsprechender Antrag kaum gestellt worden. Noch herrschte einmütiges Schweigen über die NS-Verbrechen. Die Mitschuld wurde verdrängt und auf einige verantwortliche »Nazis« abgeschoben. Walter Hallstein, Staatssekretär im Auswärtigen Amt, der die Verhandlungen mit Israel über die Wiedergutmachung geführt hatte, formulierte den

Wechsel vom Volk der Täter zum Volk der Opfer mit bestechender »Logik«: »Die grauenhaften Verbrechen der nationalsozialistischen Gewalthaber, deren wahrer Charakter in nichts deutlicher zu Tage getreten ist als in ihrem bestialischen Antisemitismus, sind, wir können es nicht leugnen, von Deutschen und unter Missbrauch des Namens des deutschen Volkes begangen worden. Gewiss, wir, die Mehrheit des deutschen Volkes und besonders diejenigen, die heute politische Verantwortung in Deutschland tragen, haben diese Taten nicht getan und wir haben sie auch nicht geduldet. Auch wir gehören vielmehr zu ihren Opfern.«[2]

Zu Beginn der 60er Jahre war auch nicht abzusehen, wie die Bevölkerung Westdeutschlands auf einen NS-Verbrecher-Prozess, der die Vergangenheit natürlich wieder hervorzerren musste, reagieren würde. Kurz zuvor, zwischen Dezember 1959 und Februar 1960, hatte eine Welle antisemitischer Provokationen in der Bundesrepublik für Unruhe gesorgt. Etwa drei Viertel der gefassten Täter waren unter 30 Jahre alt. Begonnen hatte es Weihnachten 1959 mit Schmierereien an der Kölner Synagoge. Die beiden jungen Täter waren Mitglieder der rechtsextremen Deutschen Reichspartei, die offiziell als Schutzbehauptung vorbrachte, die beiden Parteimitglieder seien in Wahrheit kommunistische Provokateure.[3] Ein offensichtlicher Unsinn, den die CDU und ihr Kanzler aber nur zu gern aufgriffen. Bei einem seiner Teegespräche am 17. März 1959 eröffnete Adenauer den handverlesenen Journalisten die »wahren« Hintergründe: »Diese antisemitischen Sachen, die hier und da bei uns passieren – unsere jungen Leute kennen ja gar keine Juden mehr; ich glaube, es leben in Deutschland noch 30000 –, was da gemacht wird, wird von Kommunisten gemacht und wird dann in der gesamten Welt verbreitet als ein Beweis dafür, dass die Deutschen noch so wären wie die Nazis.«[4]

Adenauer und Globke hatten sich bereits Anfang der 50er Jahre um ein vertrauensvolles Verhältnis zu den jüdischen Organisationen in Deutschland und zu Israel bemüht. Besonders Globke als hoher Beamter wollte niemandem eine Angriffsfläche bieten, sondern bemühte sich um Sympathien. Wie in der CDU und im Verhältnis zu den kleinen Koalitionspartnern der Regierung wurde auch auf diesem Feld Geld eingesetzt, um politisches Wohlwollen zu erkaufen.

Noch am 8. Juni 1951 hatte der Zentralrat der Juden in Deutschland in der *Berliner Allgemeinen. Zeitung der Juden in Deutschland* eine Erklärung an die Adresse von Globke gerichtet: »1. Es war, ist und bleibt die Auffassung der jüdischen Gemeinschaft, dass jeder Funktionär des Hitler-Reiches, der, gleich welchen Ranges, an der Schaffung, Auslegung und Durchführung der nationalsozialistischen Rassegesetze und den sich aus diesen ergebenden Verfolgungsmaßnahmen aktiv mitwirkte, das Sittengesetz verletzt und die moralischen Grundlagen des menschlichen Zusammenlebens geschändet hat. – 2. Es ist uns unbekannt, dass durch irgendwelche Kommentare zu den Nürnberger Rassegesetzen je jüdische Menschenleben gerettet worden sind.«[5]

Diese strikte Ablehnung Globkes sollte sich nach Abschluss eines Wiedergutmachungsabkommens zwischen der Bundesrepublik und Israel auf wunderbare Weise in ihr Gegenteil verkehren. Bereits 1950 hatten sich über den ehemaligen Nürnberger Ankläger Robert M. W. Kempner Kontakte ergeben, bei denen Hans Globke wieder eine entscheidende Rolle spielte. Kempner berichtete drei Jahrzehnte später: »Im Frühsommer 1950 trat ein hoher Diplomat Israels in den USA an mich mit der Bitte um Erkenntnisse in der folgenden Frage heran: Ist Adenauer ernsthaft gewillt, an den Staat Israel Wiedergutmachungsleistungen für das an den europäischen Juden begangene Unrecht zu leisten? Der Staat Israel wolle keinesfalls in Unterhandlungen mit maßgeblichen Persönlichkeiten der Bundesrepublik eintreten, bevor nicht der gute Wille für solche Leistungen einwandfrei feststehe. Nach meiner Rückkunft in die Bundesrepublik setzte ich mich sofort mit Globke in Verbindung. Ich trug ihm meine Frage vor und sagte: Ich erwarte eine klare Antwort, um meine Freunde in Israel gewissenhaft informieren zu können. Wenige Tage später erhielt ich eine klare Antwort von Globke: Die Bundesrepublik sei zu Wiedergutmachungsleistungen an Israel bereit.«[6]

1951 begannen geheime Gespräche zwischen Adenauer, Vertretern Israels und der Jewish Claims Conference (JCC), einem Zusammenschluss jüdischer Organisationen. Die JCC vertrat die Ansprüche jüdischer Opfer des Nationalsozialismus, die nicht in Israel lebten. Globke war auch beim Zustandekommen dieser Verhandlungen beteiligt gewesen, wie sich Franz Josef Bach erinnerte. »Einen entscheidenden Anteil hatte der Staatssekretär des Bundeskanzleramts an der Regelung der Wiedergutmachungsansprüche des israelischen Staates und der Organisation der Juden in der ganzen Welt. Die ersten Fühlungnahmen der Bundesregierung mit Goldmann[7] und David Ben Gurion[8] wurden mit Hilfe von Globke vorbereitet. Das erste Treffen zwischen Adenauer und Ben Gurion kam nicht zuletzt durch die persönlichen Beziehungen Globkes mit führenden amerikanischen Kreisen zustande. Seinen Stellvertreter im Amt, den Ministerialdirektor Janz, beauftragte er, einen Teil der Wiedergutmachungsverhandlungen zu führen.«[9]

Am 10. September 1952 wurde das Abkommen zwischen der Bundesrepublik Deutschland und dem Staat Israel sowie der Jewish Claims Conference (JCC) unterzeichnet. Danach sollten unter anderem Zahlungen, Güter und Hilfsleistungen im Wert von 3,5 Milliarden DM von der Bundesrepublik erbracht werden. Im Bundestag konnte Adenauer den Vertrag nur mit Hilfe der SPD ratifizieren lassen, da etliche CDU/CSU-Abgeordnete ihre Zustimmung verweigerten. Und eine Meinungsumfrage stellte fest, dass 44 Prozent der Westdeutschen den Vertrag für überflüssig hielten.[10]

Die Mitarbeit am Zustandekommen des Widergutmachungsabkommens sicherte Globke fortan die Fürsprache von Karl Marx und Hendrik van Dam, den Repräsentanten der Juden in Westdeutschland. Globke unterstützte jüdische Projekte und unterdrückte damit die Kritik an seiner Person. Inge Deutschkron erinnert sich an einen entsprechenden Fall, über den sie – wie sie mir versicherte – bislang immer geschwiegen habe: »Ein jüdischer Journalist kam zurück in seine Heimatstadt, nach Köln. Er war in Rumänien eine Zeitlang in kommunistischer Gefangenschaft gewesen. Er hatte eine amerikanische Nachrichtenagentur vertreten, AP, und wollte jetzt als Journalist in Köln arbeiten, was zu dieser Zeit sehr schwierig war. Und da hat er sich an die *Allgemeine Jüdische Wochenzeitung* gewandt, von der man sagte, sie lebte ohnehin nur von Globkes Hilfe. Natürlich, die jüdische Gemeinde war damals so klein, dass es gar keine andere

Möglichkeit gab, als die Zeitung mit finanzieller Unterstützung zu machen. Auf jeden Fall hat er dem damaligen Chefredakteur mitgeteilt, dass er gern in der Zeitung arbeiten wolle. Aber dann hat er gefragt: ›Was würden Sie sagen, wenn ich jede Woche in dieser Zeitung etwas gegen Globke schreibe?‹ Resultat: Er kriegte die Stellung nicht.«[11]

Globke hat sehr geschickt versucht, sich gegen Angriffe von jüdischer und israelischer Seite abzusichern. Er wurde auch immer unangreifbarer, weil in den Jahren nach Abschluss des Wiedergutmachungsabkommens nicht allein Geld und Wirtschaftsgüter nach Israel flossen. Heimlich war auch die Lieferung von Waffen nach Israel vereinbart worden, Waffen, die Israel für den Kampf gegen die arabischen Nachbarn brauchte. Bereits 1956 hatten sich der damalige Staatssekretär im israelischen Verteidigungsministerium, Shimon Peres, und Verteidigungsminister Franz Josef Strauß zu Geheimverhandlungen in Strauß' Privathaus in Rott am Inn getroffen. In den folgenden Jahren wurden unter anderem Flugzeuge, Hubschrauber und Flugabwehrgeschütze über Frankreich nach Israel geliefert.[12] Wie Ex-CIA-Mann Tom Polgar in den Informationen der Association of Former Intelligence Officers (AFIO) berichtete, hätten der deutsche und der israelische Nachrichtendienst (BND und Mossad) ab 1958 auch ihre eigenen bilateralen Beziehungen unterhalten.[13] Globke, der die Kontrolle über den Bundesnachrichtendienst ausübte, dürfte von diesen Beziehungen zumindest unterrichtet gewesen sein.

Am 14. März 1960 kam es zum ersten aufsehenerregenden Gipfeltreffen der beiden Regierungschefs Ben Gurion und Adenauer im New Yorker Hotel »Waldorf-Astoria«. Zur Vorbereitung des Treffens hatte Globke seinen Freund Julius Klein aus Chicago eingeschaltet, der beide Regierungschefs persönlich kannte und diskret den Weg zum Gipfel geebnet hatte.[14] General a. D. Julius Klein, höchstrangiger Veteran jüdischen Glaubens der Nationalgarde in den USA, arbeitete als bezahlter Lobbyist für deutsche Auftraggeber wie den von der Bundesregierung mitfinanzierten »Förderkreis für deutsch-amerikanische Zusammenarbeit«, für Mannesmann, Flick, Daimler-Benz, den *Spiegel* und die Bundesregierung.[15] Wieder einmal ein geschickter Schachzug von Globke, der sich der Vermittlung eines amerikanisch-jüdischen Geschäftsmannes und Exgenerals bediente, um deutsche Interessen durchzusetzen. Beim Treffen zwischen Ben Gurion und Adenauer wurden weitere Rüstungslieferungen und ein Kredit in Höhe von 500 Millionen DM an Israel vereinbart.[16] Die Transaktion des Kredits trug den bezeichnenden Decknamen »Geschäftsfreund«. Am 25. August 1961 teilte der Leiter der israelischen Vertretung, Felix E. Shinnar, Ministerialdirektor Hasso von Etzdorf im Auswärtigen Amt mit, Staatssekretär Globke habe ihm bestätigt, die Voraussetzungen für eine Auszahlung der ersten Kreditrate seien nunmehr gegeben. Aus Gründen der Geheimhaltung »habe man eine reine Banktransaktion, und zwar zwischen der Kreditanstalt für Wiederaufbau und der israelischen Industrie-Kreditbank ins Auge gefasst«.[17] Selbst bei diesen geheimen Geldüberweisungen war es Hans Globke persönlich, der alles kontrollierte. Peter Siebenmorgen, Franz-Josef-Strauß-Biograph, bestätigt die Bedeutung Globkes für Israel: »Interessant ist jedenfalls, dass immer wieder, wenn wellenartig auch in der Bundesrepublik das Thema Globke an die Öffentlichkeit kam, es aus Ost-Berlin, aus Moskau, aus Warschau Beiträge gab, um dieses Thema zu verschärfen. Aber da, wo man sie am ehesten hätte vermuten können, aus Israel jedenfalls nicht ... Israel war schon klar, dass Globke [...] eine der ganz tragenden Figuren im Hintergrund gewesen ist, und zwar sowohl was die Abdeckung der Waffengeschäfte durch das Bundeskanzleramt angeht, die militärtechnische Zusammenarbeit wie auch die nachrichtendienstliche Zusammenarbeit – da war Globke ganz ohne Zweifel eine der tragenden Säulen.«[18]

Ironie der Geschichte: Nur etwa ein Dutzend Jahre nach der fast völligen Vernichtung der europäischen Juden führten ausgerechnet Waffenlieferungen zu einer entscheidenden Verbesserung der Beziehungen zwischen Israel und der Bundesrepublik.

Nur wenige Monate nach dem New Yorker Treffen entstand eine unangenehme Situation für die westdeutsche Regierung, die Adenauer zum Anlass nahm, um auf Ben Gurion einzuwirken und ihn zu einer Absprache zu drängen, die man heute mindestens als ungewöhnlich bezeichnen kann. Am 23. Mai 1960 teilte Israels Ministerpräsident David Ben Gurion in der Knesset mit, dass sich der Nazi-Verbrecher Adolf Eichmann in israelischem Gewahrsam befinde. Wir er aus Argentinien dorthin gekommen war, darüber gab es zunächst von israelischer Seite keine offizielle Stellungnahme.

Adolf Eichmann war 1950 mit Hilfe des deutschen Paters Anton Weber über den Vatikan nach Argentinien geflohen. Während des Zweiten Weltkrieges hatte Weber eine Hilfsstelle für katholische Nichtarier geleitet, jetzt half er Nazi-Verbrechern, mit neuen Papieren aus Europa zu flüchten. Zum Dank für die Unterstützung ließ Eichmann in seinen argentinischen Pass die katholische Religionszugehörigkeit eintragen, obwohl er laut »SS-Stammrollenauszug« evangelisch war:[19] »Ich erinnerte mich in tiefer Dankbarkeit an die Hilfe katholischer Priester bei meiner Flucht aus Europa und entschied, den katholischen Glauben zu honorieren, indem ich Ehrenmitglied wurde.«[20]

Eichmanns falscher Pass, ausgestellt vom Internationalen Roten Kreuz am 1. Juni 1950, wurde 2007 zufällig in einer alten Gerichtsakte in Buenos Aires entdeckt. Das Papier wies ihn als staatenlosen Techniker »Riccardo Klement« aus. Das Dokument liegt jetzt im Holocaust-Museum von Buenos Aires.[21] In Argentinien arbeitete Eichmann für Mercedes-Benz, dessen dortiger Chef Jorge Antonio genau wusste, wen er eingestellt hatte.[22] Schon 1953 war es Simon Wiesenthal, der sich die Suche nach Nazi-Verbrechern zur Lebensaufgabe gemacht hatte, gelungen, den Aufenthaltsort von Eichmann in Erfahrung zu bringen. Er leitete seine Informationen an den World Jewish Congress (WJC) und an den israelischen Geheimdienst Mossad weiter, aber beide zeigten kein Interesse, tätig zu werden. 1957 bekam auch der hessische Generalstaatsanwalt Fritz Bauer einen Tipp aus Buenos Aires, den er an den Mossad weitergab. Weil ein Mossad-Agent bei der Nachprüfung pfuschte, wurde wieder nichts unternommen. Ende 1959 flog Bauer nach Israel und bot nochmals Material zur Identifizierung Eichmanns an. Wie der US-Historiker Timothy Naftali auf einer Pressekonferenz der National Archives in Washington im Juni 2006 bekanntgab, ergibt sich aus heute freigegebenen Geheimdokumenten, dass der Bundesnachrichtendienst schon im März 1958 den Aufenthaltsort Eichmanns, der angeblich sogar schon seit 1952 bekannt gewesen sein soll, an die CIA weitergegeben hat.[23] Die Deutschen hätten, so Naftali, die Information an die Amerikaner mit der dringenden Bitte verbunden, Eichmann nicht festzunehmen, da das den Interessen der Bundesrepublik schaden könnte. »Das neu veröffentlichte CIA-Material deutet darauf hin, dass es auf höchster Ebene der Regierung von Konrad Adenauer Sorgen vor Aussagen über enge Mitarbeiter des Kanzlers gab, falls Eichmann festgenommen würde«,[24] folgerte Naftali und sprach sogar von einer »Eichmann-Krise in der Bonner Regierung«.[25] Die CIA, so hieß es, sei gern auf die Bitte aus Bonn eingegangen, weil Globke »ein wichtiger Mann in Zeiten des Kalten Krieges« war und durch seine Geheimdienstkontakte und NATO-Verbindungen geradezu »eine Zeitbombe für die NATO«[26] gewesen sei, so die *Zeit*. Zu seinem Schutz seien die Informationen nicht an Israel weitergegeben worden.

Da der CIA-Report, auf den sich Naftali bezieht, viele offensichtliche Fehler enthielt – zum Beispiel hieß es darin, Eichmann sei in Israel geboren –, wurden Zweifel an Naftalis Auslegung geäußert. Um die Vorgänge eindeutig klären zu können, so sagt auch Naftali, müsste der Bundesnachrichtendienst endlich seine Archive öffnen. Dies mit Nachdruck zu fordern, so Naftali, sei Sache der Deutschen. Vorläufig wollen die Gehlen-Nachfolger aber ihre alten Geheimnisse hüten, eine Freigabe wurde bisher abgelehnt.

Es gibt gute Gründe, dass BND und CIA Eichmanns Aufenthaltsort gar nicht vor den Israelis verstecken mussten, weil die spätestens 1957 und auch noch 1959 von Generalstaatsanwalt Bauer und seinem in Argentinien lebenden Informanten genau unterrichtet worden waren. Auch die deutsche Botschaft in Buenos Aires wusste über Eichmann Bescheid: »Bei der Passverlängerung gaben die Eichmann-Kinder den jeweils bei der Geburt gültigen SS-Rang ihres Vaters an, ohne dass sich jemand daran gestört hätte«, schrieb Willi Winkler in der *Süddeutschen Zeitung*.[27] Die Situation änderte sich mit der plötzlichen Ankunft Eichmanns in Israel. Über die Umstände seiner Entführung gibt es inzwischen unterschiedliche Versionen. Jahrzehntelang behauptete der Mossad, er habe Eichmann aus Buenos Aires entführt. Inzwischen hat die deutsche Journalistin Gaby Weber aufgrund ihrer Recherchen die These aufgestellt, Eichmann sei aus Argentinien und Brasilien ausgewiesen und in eine israelische Passagiermaschine gesetzt worden.[28] Nachdem Eichmann in Israel war, sah sich Adenauer gezwungen, zu reagieren, und wandte sich an Ben Gurion. Inge Deutschkron hörte schon damals von einem Deal, mit dem Globke aus dem Eichmann-Prozess herausgehalten werden sollte: »Dann hörte man, dass die Regierung Adenauer alles tat und sogar direkt mit Ben Gurion darüber korrespondierte, dass der Name Globke bitte schön in diesem Prozess gegen Eichmann nicht fallen solle. Das ist auch etwas Ekelhaftes, aber die Israelis waren ja in einer schwierigen Situation. Sie brauchten die Deutschen, sie brauchten Adenauer, sie brauchten Waffen, sie brauchten Geld, es ging um die Wiedergutmachung, all das. Man sagt – ich meine, ich habe dafür keine schriftlichen Beweise – dass der Herr Globke in dieser Hinsicht ganz zugänglich war. Es ging ja so weit, dass man in jüdischen Kreisen lachte und sagte: ›Frag doch Globke, der wird schon helfen!‹«[29]

In seiner Dissertation zur deutschen Israel- und Nahostpolitik verweist Markus A. Weingardt auf Adenauers erfolgreiche Bemühungen, Globke aus dem Eichmann-Prozess herauszuhalten: »Schon im Vorfeld des Prozesses bemühte sich die deutsche Seite um eine Verständigung mit den Israelis, alles zu versuchen, dass Globke nicht als Zeuge geladen oder in anderer Weise involviert wird. Da man die deutsche Unterstützung Israels nicht durch nachrangige Prozessthemen gefährden wollte, unternahm Israel denn auch – mit Erfolg – einige Anstrengungen, eine Verwicklung in den Prozess zu vermeiden.«[30]

Finanzielle Wiedergutmachung und Waffenlieferungen machten es möglich, dass Ben Gurion und der israelische Generalstaatsanwalt Gideon Hausner, Ankläger im Eichmann-Prozess, mitspielten. Die israelische Regierung hatte sich dazu entschieden, mit der Bundesregierung zusammenzuarbeiten: »Die israelische Strategie im Eichmann-Prozess schloss auch die Verteidigung Globkes mit ein. Irgendwann im Verlaufe der Vorbereitungen zum Prozess wurde die Entscheidung getroffen, das Verfahren nur auf Eichmann zu konzentrieren: Eichmann sollte als Inbegriff des Nationalsozialismus dargestellt und andere Themen gemieden werden. Mehrere Anhaltspunkte sprechen für Ben Gurions Teilnahme an den diesbezüglichen internen Besprechungen, deren Protokolle immer noch unter Verschluss gehalten werden. Das lakonische Leitmotiv des bevorstehenden Gerichtsverfahrens lautete: ›Eichmann und das jüdische Volk‹. Alle anderen ehemaligen Nationalsozialisten waren somit von vornherein vom Verfahren ausgeschlossen. [...] Beim einzigen bisher gefundenen Dokument in dieser Angelegenheit handelt es sich offenbar um die Aufzeichnung eines diskreten Gesprächs zwischen Shinnar und einer oder mehrerer ungenannter Personen über G. (wahrscheinlich Globke), E. (Eichmann), Servatius, die Israelis und einen Geheimdienst, wobei aus dem Zusammenhang zu schließen ist, dass es sich dabei um den Bundesnachrichtendienst handelte. Globke war nicht anwesend, seine Teilnahme war aber offenbar erwartet worden. Die Gesprächsteilnehmer berieten darüber, wie die Hereinziehung von G. in den E.-Prozess verhindert werden könne. Dieses Ziel verfolgten auch der evangelische Theologe Heinrich Grüber, der in seiner Zeugenaussage im Eichmann-Prozess Globke positiv erwähnte, und der Generalstaatsanwalt, von dem Preuschen zu berichten wusste, dass er Globke gegenüber absolut loyal sei.«[31]

Der Generalstaatsanwalt, den Gerhard Freiherr von Preuschen, Prozessbeobachter der Bundesregierung, nannte, war Gideon Hausner. Von Bedeutung scheint die Erwähnung von Heinrich Grüber, dem einzigen nichtjüdischen Zeugen im Eichmann-Prozess. Probst Grüber hatte auf evangelischer Seite das gemacht, was Preysing für die katholischen Nichtarier geleistet hatte, er hatte sich im Nationalsozialismus um Protestanten jüdischer Herkunft gekümmert. Grüber war zudem jahrelang im KZ gewesen, wo er schwer misshandelt worden war, ein integrer Mann, der aber – wie oben zitiert – offenbar das Spiel zugunsten von Globke mitspielte. Im Eichmann-Prozess hat Probst Grüber ausgesagt, er und seine Kollegen, zum Beispiel auch Bischof Preysing, hätten nach seiner Kenntnis immer nur mit Bernhard Lösener, dem »Judenreferenten« im Reichsinnenministerium, zu tun gehabt. Dass man mit Globke reden konnte, davon habe er nichts gewusst und darüber von Preysing auch nichts erfahren. Diese Aussage im Jahr 1961 mutet merkwürdig an, weil zu diesem Zeitpunkt Globkes Rolle als Informant der katholischen Kirche längst bekannt und erwiesen war. Unter der Voraussetzung, dass Grüber – wie oben erwähnt – zum Schutz Globkes redete, kann man diese Aussage, die im Widerspruch zu Globkes Rolle als Informant der katholischen Kirche steht, auch anders interpretieren. Bernhard Lösener war seit Jahren tot und Globke sollte aus allem herausgehalten werden. Wenn Grüber Lösener als alleinigen Ansprechpartner nannte, war damit Globke kein Thema mehr im Eichmann-Prozess. Diese Schlussfolgerung ist allerdings spekulativ.

Der Name Globke wurde im Prozess nur noch am Rande erwähnt. Und Eichmann selbst schien zunächst auch nicht erpicht darauf, sich eventuell neuen Vorwürfen auszusetzen.

Die Abmachung zwischen Adenauer und Ben Gurion hatte nicht nur Folgen für den Eichmann-Prozess. Sie wirkte sich sogar auf das bereits erwähnte Ermittlungsverfahren aus, das die Staatsanwaltschaft im fernen Bonn gegen Globke führte, in dem es um Mertens Vorwurf ging, Globke habe die Rettung von Juden aus Thessaloniki verhindert: »Zur Entlastung von Globke und damit zur Einstellung des Verfahrens trugen Aussagen des Ministerpräsidenten Ben Gurion sowie des israelischen Generalstaatsanwalts Hausner bei.«[32]

Die Bonner Regierung tat, was in ihren Kräften stand, um Globke zu schützen. Timothy Naftali berichtete aufgrund eines CIA-Reports, dass CIA-Chef Allen Dulles die Zeitschrift *Life* im September 1960 dazu gebracht habe, aus den Eichmann-Memoiren vor der Veröffentlichung eine Passage über Globke herauszustreichen. Eichmanns Erinnerungen hatte der frühere niederländische SS-Untersturmführer Willem Sassen auf Tonband mitgeschnitten und zur teilweisen Veröffentlichung unter anderem an *Life* verkauft. »Am 20. September 1960 berichtete CIA-Direktor Allen Dulles an den BND-Chef Reinhard Gehlen: *Life* glaubt, im Besitz des gesamten Material, das 600 Seiten umfasse, darunter 40 Seiten in Eichmanns Handschrift, zu sein. Der Vertrag von *Life* erlaubt den Weiterverkauf nach ihrem Belieben, außer an Israel. *Life* hat Israel nicht darüber unterrichtet und hat offenbar auch nicht die Absicht, dies zu tun. Das ganze

Material ist gelesen worden. Eine obskure Erwähnung Globkes wurde von *Life* auf unser Ersuchen hin weggelassen.«[33]

Gehlen versuchte noch auf eine andere Weise, zugunsten Globkes zu intervenieren, allerdings mit einer derart hanebüchenen These, dass nicht einmal Allen Dulles zu überzeugen war, wie Timothy Naftali ausführte: »Aus Furcht davor, was Eichmann in seinem Prozess über Globke sagen könnte, kam Gehlen im April 1961 in die Vereinigten Staaten, um Allen Dulles persönlich mitzuteilen, er habe heikles Beweismaterial von Eichmanns Verteidiger-Team erhalten. Der Nazi-Kriegsverbrecher sei in israelischer Haft zum Kommunismus ›konvertiert‹. Die Westdeutschen hofften, dass die Vereinigten Staaten diese Information benutzen würden, um in einer weltweiten Kampagne Eichmann als Werkzeug der Sowjet-Propaganda zu denunzieren. CIA-Analytiker wiesen die Behauptung als unglaubwürdig zurück.«[34] CIA-Chef Allen Dulles selbst hielt in einem geheimen Memorandum vom April 1961 fest, dass es nicht klug sei, solch eine Behauptung aufzustellen.[35]

Mit Prozessbeginn wurde auch Walter Strauß tätig; er war Gründungsmitglied der Berliner CDU, beamteter Staatssekretär im Bundesministerium der Justiz, jüdischer Herkunft, aber evangelischer Konfession. Strauß hatte 1950 das von ihm angeregte Manuskript des ehemaligen »Judenreferenten« Bernhard Lösener erhalten. Wie bereits im Zusammenhang mit Globkes Entlastungsversuchen beschrieben, hatte Lösener behauptet, Globke sei im »Dritten Reich« niemals mit Judenfragen befasst gewesen. Das war natürlich Unsinn, und Globke selbst hatte das auch nie behauptet. Jetzt, elf Jahre später, lancierte Strauß die Veröffentlichung des Textes, ergänzt durch eine von ihm verfasste Einführung, in den *Vierteljahrshefte für Zeitgeschichte,*[36] eine Publikation des Instituts für Zeitgeschichte, das von Bund und Ländern getragen wird. Als der Aufsatz erschien, war Lösener bereits neun Jahre tot. Jetzt sollte er posthum seinen Kollegen aus dem Reichsinnenministerium entlasten.

Im Auswärtigen Amt hatte man sich ebenfalls auf den Jerusalemer Prozessbeginn am 11. April 1961 vorbereitet. In einem Schreiben an den Bundeskanzler wurde am 30. März 1961 ein Maßnahmenkatalog zum Verfahren gegen Eichmann protokolliert. Darin heißt es unter anderem: »b) Am 30. März d. J. findet im Auswärtigen Amt die konstituierende Sitzung des Ausschusses statt, der den Eichmann-Prozess laufend beobachten und etwa in der Bundesrepublik zu treffende Maßnahmen anregen soll. – c) Rechtsanwalt von Preuschen der trotz anfänglicher Bedenken (Mitgliedschaft im NS-Rechtswahrerbund) von der israelischen Regierung jetzt als Vertreter der Bundesregierung beim Prozess zugelassen ist, wird, ebenso wie der Beobachter des Presseamts, Dr. Stercken, durch eine Fernschreibstandleitung mit dem Auswärtigen Amt und mit dem Presseamt in Verbindung stehen.«[37]

Die Fernschreiben der Prozessbeobachter sind im Bundesarchiv Koblenz archiviert. Sie berichteten nicht nur über den Prozessverlauf, sondern auch über die Reaktionen der israelischen Presse. Besonders die kritische Berichterstattung der Bonn-Korrespondentin Inge Deutschkron fiel den Beobachtern unangenehm auf: »Die israelisch-deutsche Journalistin Inge Deutschkron bereitete dem Auswärtigen Amt viel Ungemach mit ihren unbequemen Fragen und Artikeln über Globke.«[38] So hatte Inge Deutschkron in einem ihrer Artikel gefragt: »Besteht tatsächlich ein Übereinkommen zwischen dem Bundeskanzleramt und Dr. Servatius, das dahin geht, dass auf alle Fälle Globke geschont werden muss?«[39] Verärgert schlug der Beobachter des Presseamts, Dr. Hans Stercken, im Fernschreiben vom 27. April 1961 vor: »Ich stelle anheim, Inge Deutschkron in Bonn in geeigneter Weise mit den Argumenten der Regierung bekannt zu machen.«[40] Als ich Inge Deutschkron mit dieser, ihr bis dahin unbekannten Meldung 2008 konfrontierte, war sie empört: »Das ist unglaublich, dass man versucht hat, mich umzudrehen. Aber ich habe davon gar nichts mehr gespürt, denn die wussten ganz genau, dass sie mich nicht mehr umdrehen können. Wissen Sie, ein Mensch wie ich, der das hinter sich hat: Ich habe zweieinhalb Jahre versteckt gelebt, meine gesamte Familie ist ausgerottet. Nur einer hat überlebt, der im KZ war und an dem man medizinische Versuche gemacht hat. Also die gesamte Familie ist weg. Ich wollte nur, dass alles neu und sauber und demokratisch vor sich geht. Und dann erlebt man so was.«[41]

Die Bundesregierung war nervös, man wusste nicht, wie Adolf Eichmann und sein Kölner Verteidiger Robert Servatius vor Gericht agieren würden, schließlich ging es um Eichmanns Kopf. Würde er zum Beispiel versuchen, Max Merten vorzuladen? Im Fernschreiben Nr. 29 vom 14. April 1961 referierte Stercken aus Jerusalem ein Interview des Journalisten Wolfmann mit Servatius: »Frage an Dr. Servatius: Es wird viel davon gesprochen, dass Eichmann zu seiner Verteidigung ›auspacken‹ könnte. [...] – Dr. Servatius: Es wird nichts dergleichen geschehen. Was Eichmann zu sagen hatte, hat er diesbezüglich auch bereits in der Voruntersuchung gesagt. [...] Eichmann ist also gar nicht in der Lage [...] ›auszupacken‹. – Wolfmann fragt dann, ob Dr. Merten nicht wichtiger Entlastungszeuge für Eichmann wäre, da dieser doch Dr. Globke belasten könne. – Dr. Servatius: Leider nicht, denn Eichmann hatte mir selbst gesagt, dass diese ganze Geschichte ein Märchen ist. Denn erstens hat Eichmann damals in Berlin nicht über das Schicksal zu bestimmen. Zweitens kann er sich überhaupt nicht an den Kriegsverwaltungsrat Dr. Merten erinnern. Drittens sagte mir Eichmann, dass er überhaupt nichts mit Dr. Globke zu tun gehabt habe, da dieser nicht sein Vorgesetzter gewesen sei und deshalb weder etwas befehlen noch etwas verhindern konnte. Und viertens erklärte mir Eichmann, sei ein solches Telefongespräch mit Globke undenkbar, da er, Eichmann, nur mit seinen unmittelbaren Vorgesetzten hätte telefonieren können.«[42]

Die Merten-Geschichte von der verhinderten Rettung der Juden in Thessaloniki war vom Tisch, aber nicht die Verantwortung Globkes als Ministerialbeamter des Reichsinnenministeriums und Kommentator der »Nürnberger Rassegesetze«. Merkwürdigerweise verzichtete Servatius, der bereits im Nürnberger Prozess Nazi-Größen verteidigt hatte, darauf, Globke als Zeugen nach Israel zu laden, obwohl sich Eichmann im Prozess explizit auf die Verantwortlichkeit des Reichsinnenministeriums berief. Am 12. Mai 1961 meldete ein Prozessbeobachter aus Jerusalem nach Bonn, zum ersten Mal sei der Name Globke im Prozess gefallen. Es sei um eine Niederschrift anlässlich einer Sitzung vom 15. Januar 1941 gegangen, die sich mit der Ordnung der Staatsangehörigkeitsverhältnisse im Großdeutschen Reich befasste: »In der Anwesenheitsliste findet sich unter dem Namen des Ministerialdirigenten Hering der Name Dr. Globke, Ministerialrat. Der Niederschrift ist der Entwurf einer Verordnung über das Vermögen von Juden im Ausland, die die deutsche Staatsangehörigkeit verlieren, beigefügt.«[43]

Es handelte sich um eine Sitzung über die 11. Durchführungsverordnung zum Reichsbürgergesetz, also über die Schlüsselverordnung zur Deportation und Ermordung der Juden. Wie bereits oben ausführlich geschildert, hatte Globke als Assistent von Ministerialdirigent Hering an dem Treffen teilgenommen. Globke selbst hat später erklärt, er sei nur als Spion der Kirche dort gewesen, er sei nicht zuständig gewesen und habe sich nicht geäußert. Obwohl hier die Verantwortlichkeit des Reichsinnenministeriums hätte zur Sprache kommen müssen, wiegelte der israelische Staatsanwalt die Nachfrage des Richters im Eichmann-Prozess mit der lapidaren Bemerkung ab, Globke sei als Vertreter des Reichsinnenministeriums anwesend gewesen, aber nicht als zuständiger Referent. Am 22. Juni 1961 befasste sich die Verteidigung noch einmal mit der Sitzung zur 11. Durchführungsverordnung. Auf Nachfrage von Servatius beschrieb Eichmann Entstehung und Wirkung der Verordnung, nachzulesen im verschlüsselten Fernschreiben des Berichterstatters Kroneck nach Bonn: »Der auf der fraglichen Sitzung beratene Entwurf der 11. Verordnung zum Reichsbürgergesetz sei vollständig auf die Arbeit des Reichsinnenministerium zurückzuführen. Alle Maßnahmen in diesem Zusammenhang seien in der Abteilung röm. Eins des Innenministeriums [die Abteilung, in der Globke tätig war] ›ausgeknobelt‹ worden. Sie hätten im Übrigen auch die Basis für das Vorgehen gegen die Juden in Frankreich dargestellt, da sie dort als Modell dienten. Er wisse heute noch ganz genau, dass die deutschen auf die französischen Behörden Einfluss genommen hätten, analog zum Reichsbürgergesetz die französischen Juden auszubürgern, um sie dann leichter und ohne rechtliche Schwierigkeiten deportieren zu können. Betrachte man heute diese Vorgänge, so könne man jetzt aber nicht diejenigen verantwortlich machen, die sich nach den vorhandenen Bestimmungen gerichtet hätten. Man müsse sich vielmehr an die halten, die die gesetzliche Basis für die Judenmaßnahmen geschaffen hätten. Der Angeklagte fuhr fort, dass man im gleichen Lichte einen Brief Heydrichs vom 27. November 1941 über Judenmaßnahmen im Zusammenhang mit deren Verschickung in das

Generalgouvernement sehen müsse, der auch nur auf Grund der bereits existierenden gesetzlichen Bestimmungen weitere Richtlinien zur Durchführung der 11. Verordnung des Reichsbürgergesetzes gegeben habe. Der Verteidiger erläuterte hierzu, dass es ein juristischer Trick gewesen sei, den Juden nach gewaltsamer Verbringung in das Ausland, wozu auch das Generalgouvernement gerechnet wurde, ihr Vermögen zu entziehen, da sie ja nunmehr nicht mehr im Inland wohnten. Die gesamte vorstehend wiedergegebene Darstellung durch den Angeklagten und den Verteidiger musste den Eindruck erwecken, dass der Ursprung für diese Judenmaßnahmen zum größten Teil bei der Abteilung röm. Eins des Reichsinnenministeriums und zwar bei Ministerialdirigent Hering und Ministerialrat Globke lag.«[44]

Der Spezialist für Staatsangehörigkeitsfragen war zweifellos Dr. Hans Maria Globke, aber der wurde eben in Jerusalem nicht vorgeladen, obwohl in diesem Zusammenhang tatsächlich seine Verantwortlichkeit zu prüfen gewesen wäre. Und trotz seiner früheren Äußerungen, er kenne Globke nicht, schien Eichmann doch recht gut über das Innenministerium, seine Strukturen und Zuständigkeiten Bescheid zu wissen. Er selbst stellte sich als Befehlsempfänger, als »Fahrplan-Fachmann« dar, wie das US-amerikanische Magazin *Time* unter dem Titel »Der Bürokrat« schrieb. In Fragen der Staatsangehörigkeit und des Eigentums habe er, wie *Time* berichtete, die Verantwortlichkeiten folgendermaßen benannt: »Es war das Ergebnis ›der Initiative von Herings und Globkes Abteilung im Innenministerium‹. Mit der gezielten Erwähnung von Dr. Hans Globke, jetzt Westdeutschlands Staatssekretär und einer von Adenauers engsten Beratern, versuchte er ganz offensichtlich, seinen Einwand zu stärken, dass er, der kleine Mann, schikaniert werde, während die wirklich großen Nazis unbehelligt blieben.«[45]

Eichmann benutzte hier die gleiche Argumentation wie Globke, der sich auch immer als unbedeutender Mann im Ministerium dargestellt hatte. Die Verantwortlichen waren immer die anderen. Dennoch ist bemerkenswert, dass die Äußerungen Eichmanns zur Entstehung der 11. Durchführungsverordnung im Prozess nicht ernsthaft erörtert wurden. Globkes Vergangenheit war zwar zur Sprache gekommen, doch ihn selbst hielt man – verabredungsgemäß – aus dem

Verfahren heraus. Am 15. Dezember 1961 wurde Adolf Eichmann in Jerusalem zum Tod durch den Strang verurteilt. Der Prozess ging aber weiter – in die zweite Instanz. Am 28. Februar 1962 meldete ein geheimes, erst 2005 freigegebenes CIA-Fernschreiben von München an den damaligen CIA-Direktor John Alex McCone: »Bei seinem letzten Besuch bei Eichmann übergab Servatius ihm ein Buch mit dem Titel ›Akten Globke‹. Eichmann sprach ausführlich mit Servatius über Globkes Rolle im Zweiten Weltkrieg und über einen Teil von Eichmanns Kommentaren in dessen 40 handgeschriebenen Seiten. [...] Eichmann schrieb auch spezielle Kommentare über das Buch ›Akten Globke‹, deren Freigabe Servatius nur mit Mühen bei den Israelis erwirken konnte.«[46]

Ganz offensichtlich war hier die Rede von Reinhard Streckers Buch *Dr. Hans Globke*, zu dem Eichmann 40 Seiten Anmerkungen verfasst hatte. Nachdem das CIA-Fernschreiben freigegeben und bekannt geworden war, begann das große Rätselraten: Mehr als vier Jahrzehnte später wusste auch Reinhard Strecker nur: »Diese von ihm in der Jerusalemer Zelle verfassten Blätter sind nie aufgetaucht.« Existierten diese 40 Seiten noch, und konnte man sie einsehen? Und was hatte Eichmann über Globke geschrieben? Nachdem ich relativ einfach den Hinweis auf Globkes CIA-Akte im Internet gefunden hatte, suchte ich im Netz nach den verschwundenen Seiten. Die Recherche zog sich in die Länge, aber ich wollte nicht aufgeben. Ich gab Suchwörter in immer neuen Kombinationen ein, und irgendwann stieß ich in den Beständen des Bundesarchivs Koblenz in den Akten zum Eichmann-Prozess auf den lapidaren Vermerk: »Stellungnahme zu dem Buch ›Dr. Hans Globke, Aktenauszüge, Dokumente‹, hrsg. von R.-M. Strecker, Hamburg 1961, sowie zur Person Globkes. 16. Jan. 1962.« Ein Anruf im Bundesarchiv brachte die Bestätigung: Es waren Eichmanns Notizen zu Streckers Globke-Buch, 40 handschriftliche Seiten und eine maschinenschriftliche Abschrift. Anmerkungen zu den bei Strecker abgedruckten Dokumenten, von denen Eichmann sich eine Unterstützung seiner Verteidigungsstrategie in der Berufungsverhandlung versprach. Eichmann versuchte im wahrsten Sinne des Wortes, seinen Kopf aus der Schlinge zu ziehen, indem er sich, gestützt auf Reinhard Streckers Dokumente, als reinen Befehlsempfänger präsentierte, der habe ausführen müssen, was man von ihm verlangte. Der Auschwitz-Kommandant Rudolf Höß hatte von Eichmann einen ganz anderen Eindruck gewonnen und ihn als forschen Charakter beschrieben: »Er brütete ununterbrochen neue Pläne aus und war ständig auf der Suche nach Erneuerungen und Verbesserungen. Er konnte niemals rasten. Er war von der Judenfrage und den Befehlen, die für deren ›Endlösung‹ gegeben waren, besessen.«[47] Gegenüber dem früheren SS-Mann Willem Sassen, der 1956 in Argentinien ihre Gespräche auf Tonband mitschnitt, hatte sich Eichmann gebrüstet: »Ich krieche in keinster Weise zu Kreuze. Das kann ich nicht, weil sich mir das Innerste sträubt, zu sagen, wir hätten etwas falsch gemacht. Ich muss ihnen ganz ehrlich sagen: Hätten wir von den 10,3 Millionen Juden, die Korherr [gemeint ist Richard Korherr, Inspekteur für Statistik beim »Reichsführer SS«] ausgewiesen hat, 10,3 Millionen Juden getötet, dann wäre ich befriedigt und würde sagen: ›Gut, wir haben einen Feind vernichtet.‹«[48]

Adolf Eichmann hatte vorsätzlich und mit aller Energie zur industriellen Ermordung von Millionen Juden beigetragen. Wenn man Eichmanns Notizen zu Streckers Buch bewerten will, so muss man sich immer vor Augen halten, dass er sich in Jerusalem unbedingt entlasten wollte. Die Aufzeichnungen sind also mit Vorsicht zu genießen, und doch sollte man sie mindestens zur Kenntnis nehmen. Einleitend resümierte Eichmann: »Dieses Buch zeigt dokumentarisch, wie seitens des M.d.I. [Reichsministerium des Innern] alles genauest vorbereitet wurde und wie die gesetzliche Basis geschaffen wurde, an die auch die Polizei gekettet war.«[49] – »Sehen Sie sich die Geschäftsverteilungspläne an und vergleichen Sie einmal *den* des RSHA [Reichssicherheitshauptamtes] – IV B 4 und *den* des M.d.I. – Dr. Globke. […] Der Globke mag meinetwegen sein oder werden, was immer ihm das Schicksal an Positionen bietet, aber auch das Buch Globke zeigt mir, dass ich recht habe, wenn ich nicht verstehen kann: *»Hier Staatssekretär einer Regierung; da, zum Tode verurteilt!«*[50] – »Und *auch Dr. Globke* muss jetzt als Zeuge gehört werden. Denn in dem Buch sind ja immerhin einige Dokumente, von denen die Verteidigung ausgehen kann. Auch wird Dr. Globke aufgrund seiner ehemaligen Stellung als Referent und Generalreferent usf., dem ein ganzer Rattenschwanz von Beamten unterstand, in der Lage sein, als Zeuge *darüber eine verbindliche Erklärung abzugeben, ob andere Dienststellen des Reiches damals, gemäß den vom M. d. I. aufgestellten Gesetzen, Durchführungsverordnungen, Verordnungen, Erlassen pp. haben handeln müssen oder nicht* und *ob ein Referent im Geheimen Staatspolizeiamt, wenn er von seinem Amtschef Weisung erhielt, so handeln musste oder nicht.*«[51]

Zu den Reisen, die Hans Globke in die von den Deutschen besetzten Gebiete unternommen hatte und zu seinen Gesprächen dort schrieb Eichmann: »In Straßburg wurde über JUDENFRAGEN gesprochen, Bürkel [in Metz] war einer der beiden Gauleiter, die die 6000 Juden aus Baden/Saarpfalz evakuieren ließen, nachdem sie von Hitler die Genehmigung dafür erwirkten.«[52]

Eichmann notierte zu den bei Strecker abgedruckten Geschäftsverteilungsplänen des Reichsinnenministeriums, in denen die Aufgabenbereiche Globkes vermerkt waren: »Dr. Globke hatte wirklich eine große Amtsfülle und daher auch Einblick. (Nicht ich stelle dies fest, sondern der Geschäftsverteilungsplan des M. d. I.)«[53] Als Globkes Vorgesetzter Wilhelm Stuckart nach dem Krieg vor Gericht stand, hatte sein Verteidiger erklärt, »Judenangelegenheiten« seien 1943 an das Reichssicherheitshauptamt abgetreten worden. Eichmann kommentierte das in den Jerusalemer Notizen mit der Bemerkung: »Im Jahre 1943 gab es keine legislative Tätigkeit mehr, da seitens des Innenministeriums ohnehin alles bis in das Kleinste ausgearbeitet und erledigt war und seitens der gesamten Staatsführung die Deportation befohlen war. Wer deportiert wurde, dies bestimmten die Staatsführung und die Befehlsgeber gemäß der Feststellung des Reichsinnenministeriums, wer als Jude zu gelten habe. Siehe den Kommentar zu den Nürnberger Gesetzen.«[54] – »Die Deportationsdienststelle, die für den von oben befohlenen Deportationsort zuständig war, brauchte in den ›Kommentaren‹ ja nur Einblick zu nehmen, um zu wissen, ob die Person zu dem vom MdI festgestellten Personenkreis gehört oder nicht.«[55]

Eichmann hatte zweifellos recht, wenn er implizit darauf hinwies, dass Gesetze, Durchführungsverordnungen und auch Rechtskommentare zur Interpretationshilfe Vorgaben für die Exekutivorgane waren. Und Globke hatte an genau solchen Vorgaben mitgewirkt. Er hat sein Verhalten immer damit erklärt, er habe nur mitgemacht, um Schlimmeres zu verhüten. Dieses entschuldigende Motiv hat er sogar noch seinem vorgesetzten Staatssekretär Wilhelm Stuckart in gewissem Maß bescheinigt. Im Prozess gegen ihn hatte Globke ausgesagt: »Ich habe Stuckart bei der Bearbeitung aller Fragen, aber auch der Judenfragen, immer als einen gemäßigten Mann kennengelernt.«[56] Eichmann, dem Stuckarts ungewöhnlicher Elan bei der »Wannsee-Konferenz« aufgefallen war, merkte dagegen an: »Dazu kann ich nur auf die Vorschläge Stuckarts anlässlich der Wannsee-Konferenz verweisen und auf den Kommentar Stuckart-Globke.«[57] Eichmanns Aussagen über Stuckart dürften der Wirklichkeit sehr nahe kommen. Mit Argwohn und Misstrauen hatte Eichmann als »Praktiker« bei der »Wannsee-Konferenz« die große Gruppe der »Juristen«, die meist noch legalistisch argumentierten, beobachtet. Stuckarts ungewohnt forscher Auftritt, mit dem er sich offenbar den »Praktikern« empfehlen wollte, musste Eichmann überrascht haben. Globkes verharmlosende Aussage über Stuckart verdankte sich dagegen wohl eher seinem Loyalitätsdenken als der Realität. Solch eine Einlassung vor Gericht stärkte jedenfalls nicht seine Glaubwürdigkeit.

In seinen handschriftlichen Notizen beschäftigte sich Eichmann auch mit der Slowakei-Reise des Trios Frick, Stuckart, Globke, die er als verantwortlich für Fragen der Staatsangehörigkeit, für Judenfragen, Rassefragen und die Blutschutzgesetze kennzeichnete. Außerdem notierte Eichmann: »Und dazu vergleiche man die Erklärung Ludins, des Deutschen Gesandten in Pressburg, dass *er* die Deportation der Juden veranlasst hat.«[58] Aus der Tatsache, dass im Vasallenstaat Slowakei der deutsche Gesandte die Judendeportation selbst in Gang gesetzt hatte, schloss Eichmann, die Besucher des Reichsinnenministeriums müssten sich in ihren Gesprächen auch um »Judenfragen« gekümmert haben. Das ist allerdings nur eine Vermutung. Beweise gibt es dafür nicht.

Wichtig war Adolf Eichmann, zu betonen, wie bedeutend Globkes Funktion im Reichsinnenministerium war – natürlich im Vergleich zu seiner eigenen: »[...] ich war kein Referent, der wie Dr. Globke entscheidungsfähig war. Diese Befugnisse hatte in meinem Fall der Amtschef. Es gibt eben *solche* Referenten und *solche;* mit anderen Worten: der Referent Dr. Globke im MdI war Generalreferent und hat meiner Empfindung nach einen Amtsbereich gehabt, der einem Amtschef des RSHA entspricht.«[59]

Wie gesagt, man muss diese Wertungen Eichmanns mit aller Vorsicht behandeln. Sie bestätigen aber zumindest, dass Globke im Ministerium kein kleines Licht war und dass er über einen großen Einflussbereich verfügte. Eichmanns Verweise auf den Geschäftsverteilungsplan, auf Globkes Bedeutung für die Judenverfolgung als zuständiger Referent für Staatsangehörigkeitsfragen, auf seine Auslandsreisen mit seinen Vorgesetzten stützen bei aller Vorsicht die Feststellung, dass Globke zu den wichtigen Persönlichkeiten des Reichsinnenministeriums gehörte und dass er bei den Reisen mit seinen Chefs nicht einfach als »Reiseleiter« dabei war, sondern in seiner Funktion als Referent für Staatsangehörigkeitsfragen. Nach der Lektüre von Streckers Buch schlug Eichmann seinem Verteidiger Servatius vor, Hans Globke in der zweiten Instanz als Zeuge zu hören, und zwar möglichst schnell: »Der Mann ist immerhin schon 64 Jahre alt.«[60]

Unter dem Betreff »Beabsichtigte Namhaftmachung Staatssekretärs Globke als Zeuge in der Berufungsverhandlung gegen A. Eichmann« beruhigte BND-Chef Reinhard Gehlen seinen Gönner im Kanzleramt, Hans Globke, mit einem geheimen Schreiben vom 16. März 1962: »Nach meiner Ansicht kommt es darauf an, dass die israelische Verhandlungsleitung in der bisherigen Weise verfährt und eine Ausweitung zu verhindern trachtet. Entsprechende Maßnahmen sind eingeleitet.«[61] Der Prozessbeobachter des Norddeutschen Rundfunks, der Journalist Klaus Bölling, berichtete eine Woche später aus Jerusalem: »Servatius holte heute in Jerusalem nach, was er in der Hauptverhandlung absichtsvoll, so darf man vermuten, unterlassen hat, damals sehr zur Erleichterung der amtlichen Bonner Prozessbeobachter. Noch einmal kehrte er jetzt zu seiner alten These zurück, dass sein Mandant nur kleine exekutive Befugnisse gehabt habe und dass er selbst diese geringsten Kompetenzen nicht hätte nutzen können, wenn nicht von anderen die Gesetze gegen die Juden gemacht worden wären, eine These übrigens, die ja wirklich nicht ganz falsch ist. Und nun hat Servatius zum ersten Mal, doch für das Prozessgeschehen, wie mir scheint, viel zu spät, den Staatssekretär im Bundeskanzleramt, den Vertrauten Konrad Adenauers, in das Verfahren hineinzuziehen versucht. [...] Er rief Globke als sachkundigen Zeugen für seine zur Entlastung Eichmanns bestimmte Behauptung an, dass die Nürnberger Gesetze und das Reichsbürgergesetz für den Angeklagten verbindlich waren und dass er sich der Ausführung dieser Gesetze nicht entziehen konnte, und nach einem sicher nicht als Kunstpause gedachten Atemholen stellte der Anwalt den Antrag, den Bonner Staatssekretär in Jerusalem als Sachverständigen zu dieser Frage zu verhören. Da kam starke Bewegung in den Gerichtssaal. – Bis heute hat sich in Israel hartnäckig das Gerücht gehalten, die Anklagebehörde habe Hans Globke seinerzeit nur deshalb nicht erwähnt, weil Ministerpräsident Ben Gurion dem ihm angeblich seelenverwandten Bundeskanzler so etwas wie eine Zusicherung in diesem Punkt gegeben habe. Auch Servatius hatte das Thema Globke seinerzeit als Tabu behandelt. [...] Keine Frage, dass das oberste Gericht den Antrag auf Vernehmung von Globke ablehnen wird, und zwar nicht wegen des ominösen Stillhalteabkommens, sondern weil nach israelischem Gesetz jetzt nur noch Zeugen geladen werden dürfen, die die Verteidigung nicht schon in der Hauptverhandlung hätte benennen können.«[62]

Warum Servatius Globke nicht in der Hauptverhandlung als Zeugen geladen hatte, ist nicht geklärt. Man kann darüber nur spekulieren. Wie von Klaus Bölling vorhergesagt, wurde eine Vernehmung Globkes in der zweiten Instanz aus prozessrechtlichen Gründen abgelehnt. Am 29. Mai 1962 wurde das Todesurteil gegen Adolf Eichmann bestätigt und am 1. Juni vollstreckt. Das Kapitel Eichmann war abgeschlossen, ohne dass es zur Affäre Globke geworden war – Erleichterung in Bonn. Voller Zufriedenheit ließ Adenauer Ben Gurion wissen, dass er »tief beeindruckt war über die Art, wie Israel den Eichmann-Prozess abgewickelt hat«.[63] Diese Art der Abwicklung hatte auch ihren Preis: »Die israelische Seite hielt sich an die Abmachung, Globke aus dem Prozess herauszuhalten, und wurde dafür von der deutschen Seite mit großzügigen Waffenlieferungen belohnt«, konstatiert Yeshayahu Jelinek.[64] Noch vor der endgültigen, aber erwarteten Bestätigung des Todesurteils notierte Karl Carstens, Staatssekretär im Auswärtigen Amt, am 23. Februar 1962 einen handschriftlichen Vermerk über ein Gespräch mit Verteidigungsminister Franz Josef Strauß: »Strauß: ›Transportflugzeuge aus US- und französischen und deutschen Beständen sollen über Frankreich an Israel geliefert werden (ca. 15 1/2 Millionen DM jährlich).‹ – Carstens: ›Ich aa) bedenklich, bb) unmöglich‹. – Strauß: ›Die Israelis haben extreme Hetze gegen uns verhindert (Globke).‹«[65]

Nicht einmal ein halbes Jahr später traf sich im Privathaus von Franz Josef Strauß am Nachmittag des 11. Juli 1962 eine deutsch-israelische Herrenrunde, an der – neben dem Verteidigungsminister selbst – der Staatssekretär im AA Karl Carstens, General Becker, der stellvertretende israelische Verteidigungsminister Peres und ein Oberst Arbel teilnahmen. Carstens machte wieder seine handschriftlichen Gesprächsprotokolle: »Alles soll streng geheim bleiben, wenn wir es wünschen. Bisher war Geheimhaltung hervorragend. Peres war 6 bis 9 mal in Bonn. Niemand hat etwas erfahren.«[66] Nach der Erwähnung, dass Adenauer Ben Gurion beim Treffen im Hotel »Waldorf-Astoria« im Jahr 1960 ein »general commitment« (eine generelle Verpflichtung) im Hinblick auf künftige Waffenlieferungen gegeben habe, wiederholte Carstens die »Wunschliste« Israels: 6 Schnellboote, 3 U-Boote, 36 Haubitzen (US-Lieferung), 24 Hubschrauber (US-Muster, zivil), 12 Noratlas (frz. Transportflugzeuge), 15 Panzer (deutsches Modell), 54 Flakgeschütze (schwedisch), 10 Cobra [gemeint ist vermutlich der damals noch in der Entwicklung begriffene Kampfhubschrauber der US-Firma Bell] – Gesamtwert: 240 Millionen DM.[67]

Öffentlich bekannt wurden die Waffenlieferungen der Bundesrepublik an Israel erst 1964, als der ägyptische Geheimdienst davon erfahren hatte. Die Folge war eine radikale Verschlechterung der deutsch-ägyptischen Beziehungen, die im Mai 1965 im Abbruch der diplomatischen Beziehungen gipfelte. Zu diesem Zeitpunkt waren Globke und Adenauer bereits außer Dienst, und die Vertreter jüdischer Organisationen erinnerten sich voller Wehmut an die goldenen Zeiten, als man bei Globke ein offenes Ohr gefunden und er in die Schatulle gegriffen hatte. Unter der Überschrift »Sehnsucht nach Globke« berichtete der *Spiegel* über eine Reise von Kurt Grossmann, dem Emissär des Präsidenten des Jüdischen Weltkongresses, Nahum Goldmann, durch Deutschland. Grossmann sollte weitere Entschädigungsgelder lockermachen, was ihm aber nicht gelang. Enttäuscht beklagte er sich: »Als noch Adenauer und vor allem Globke, der auch moralisch sehr aufgeschlossen war, im Palais Schaumburg residierten, stand man uns dort viel leichter zur Verfügung als jetzt.«[68] Egon Bahr, der 1969 mit dem neuen Kanzler Willy Brandt als Staatssekretär ins Kanzleramt einzog, erinnerte sich in seinen Memoiren an den ersten Besuch des israelischen Botschafters Asher Ben Nathan. Er trug im Beisein von Ulrich Sahm, der die außenpolitische Abteilung leitete, neue Forderungen seines Landes vor. Bahr, dessen Mutter Jüdin war, erwiderte mit Hinweis auf Globke und Exbundeskanzler Kiesinger (1933–1945 NSDAP-Mitglied) provokant: »Mit der dunklen Seite der deutschen Vergangenheit sei auf das Kanzleramt Druck nicht mehr auszuüben. Sahm wurde ganz blass, als ich mich vergaloppierte: ›Hier sitzt niemand mehr, der mit der Vergangenheit erpressbar ist.‹«[69]

Der Eichmann-Prozess, die Klage von Merten, die dauernden Angriffe – all das hatte den kränkelnden Staatssekretär Hans Globke erschöpft. Auch wenn er sich während des Eichmann-Prozesses still verhielt, war er der ständigen Vorwürfe müde geworden. Globke litt an Kreislaufschwäche und Magenbeschwerden. Mehrmals suchte er bei Adenauer um seinen Rücktritt nach. Ein CIA-Bericht vom 2. Februar 1961 bestätigte Globkes Absicht, aus dem Amt auszuscheiden. Doch wie konnte Adenauer seinen wichtigsten und engsten Berater einfach ziehen lassen? In den letzten Jahren seiner Regierungszeit war der mittlerweile greise Kanzler mehr denn je auf Globkes Unterstützung angewiesen. Mit der Begründung, man dürfe dem Druck aus dem Osten nicht nachgeben, lehnte der Kanzler die Rücktrittswünsche seines treuen Dieners ab.

In der Schweiz unerwünscht

In den letzten Jahren der Adenauer-Regierung musste Globke auch immer mehr Aufgaben bei der Konzeption und Vermittlung der bundesdeutschen Außenpolitik übernehmen. »Bei seiner Suche, Teillösungen in der Deutschland-Frage zu finden, die wenigstens den Status quo für Gesamtdeutschland auf lange Zeit vertraglich absichern sollten, spannte Adenauer in immer größerem Umfang seinen Staatssekretär ein. Globke wurde in diesen letzten Jahren der Kanzlerschaft Adenauers, mehr als es die Außenminister unter Adenauer je gewesen waren, zum außenpolitischen Gesprächs- und Diskussionspartner seines Chefs. Er brachte die in vielen Diskussionen erarbeiteten Konzepte zu Papier und versuchte, die Intentionen seines Chefs in vertraglicher Form niederzuschreiben.«[1]

Besonders bekannt geworden ist der sogenannte Globke-Plan. Im Kreis seiner engsten Mitarbeiter unter Ausschluss des Außenministeriums hatte Adenauer 1959 neue Initiativen zur Deutschland-Frage diskutiert. Die Ergebnisse wurden in einem von Globke verfassten Papier formuliert, das eine Volksabstimmung in der Bundesrepublik und der DDR über eine künftige Wiedervereinigung in einem Zeitraum von fünf Jahren vorschlug. Sollten die Wähler in einem der beiden Staaten gegen eine Wiedervereinigung stimmen, sollten West- und Ostdeutschland als souveräne Staaten fortexistieren. Die Berliner Bevölkerung hätte dann darüber abzustimmen, ob Berlin den Status einer freien Stadt bekomme oder der Bundesrepublik bzw. der DDR zugeschlagen werden solle. In der Zeit zwischen Vertragsschluss und Abstimmung sollten Menschenrechte und Freizügigkeit für das gesamte deutsche Gebiet gelten. Immerhin wurde in diesem Vorhaben auf einige Grundregeln von Adenauers Deutschland-Politik verzichtet:[2] auf die Nichtanerkennung der DDR, den daraus resultierenden Alleinvertretungsanspruch der Bundesrepublik und auf die Hallstein-Doktrin, die den Abbruch bzw. die Nichtaufnahme diplomatischer Beziehungen zu solchen Staaten vorsah, die ihrerseits mit der DDR diplomatische Beziehungen unterhielten – mit einer Ausnahme: der Sowjetunion.

Dieses politische Gedankenspiel war politisch jedoch nicht von großer Bedeutung. »Der Plan des Staatssekretärs im Bundeskanzleramt wurde auch nicht veröffentlicht, und es ist nicht einmal sicher, ob Adenauer mit der Ausarbeitung, die ihm als Unterlage für ein Gespräch mit Dulles diente, in allen Punkten übereinstimmte. Die Sowjetunion hätte«, meint der Historiker Heinrich August Winkler, »wenn es je zu Verhandlungen über den Globke-Plan gekommen wäre, darin vermutlich sehr viel mehr Nachteile als Vorzüge erkannt.«[3]

Am 15. Oktober 1963 trat Konrad Adenauer zurück, »der Alte« machte seinem ungeliebten Nachfolger Ludwig Erhard Platz. Adenauers treuester Diener Hans Maria Globke verließ mit ihm zusammen das Bonner Palais Schaumburg. Zwei Männer, die gemeinsam die politischen Weichen der jungen Bundesrepublik gestellt hatten, die sich aber nie so nahe waren, dass sie sich duzten. Die »Ära Adenauer–Globke« war nun Geschichte. Zwar blieb Globke auch im Ruhestand noch Adenauers Berater, doch so stark und unangreifbar ihre Machtstellung auch gewesen war, so schnell schwand ihr Einfluss, nachdem sie sich von der politischen Bühne verabschiedet hatten.

Auch als Pensionär konnte Globke seiner Vergangenheit nicht entfliehen, sosehr er sich endlich Ruhe wünschte. Als reisender Zeuge in Sachen Befehlsnotstand wurde er immer wieder in den Zeugenstand gerufen.

Aber nicht nur die NS-Vergangenheit, auch ein Politskandal der Bundesrepublik brachte Globke wieder als Zeugen vor Gericht. Es ging um den Schützenpanzer HS 30, den die Bundeswehr in der zweiten Hälfte der 50er Jahre bei dem spanisch-schweizerischen Konzern Hispano Suiza in Auftrag gegeben hatte. Die Firma hatte noch nie einen Schützenpanzer gebaut, als Vorlage diente kein getesteter Prototyp, sondern ein simples Modell aus Holz und Pappe.

Von den über 10 000 bestellten Fahrzeugen wurden nur knapp 2200 geliefert und die waren fast ständig in der Werkstatt. Schrottmühlen, die ein Fürst Poniatowski, der ein kleines Konstruktionsbüro besaß, aber kein Ingenieursstudium vorweisen konnte, entworfen hatte. In den 60er Jahren berichtete die Presse, was viele vermutet hatten: Beim Kauf des HS 30 sollten reichlich Schmiergelder geflossen sein, und auch die CDU habe ihren Wahlkampfetat für die Bundestagswahlen 1961 damit kräftig aufgestockt. Globke-Freund und Exwiderstandskämpfer Otto Lenz hatte offenbar mitgemischt. Als Rechtsanwalt hatte Lenz die deutsche Tochterfirma von Hispano Suiza vertreten, und als Mitglied des Verteidigungsausschusses war Lenz an der Entscheidung für den Kauf des HS 30 beteiligt gewesen. Auch er soll laut *Spiegel* einige Millionen eingesteckt haben. Ein parlamentarischer Untersuchungsausschuss konnte ihn selbst aber nicht mehr vorladen. Er war längst tot. Kurz nach der Entscheidung im Verteidigungsausschuss war Lenz 1957 unter merkwürdigen Umständen in einem Armenhospital in Neapel gestorben, nachdem er sich zuvor anonym in einer Pension in Ischia eingemietet hatte. Seine einstige Freundin Maria van Horn überraschte den Ausschuss mit der Mitteilung, sie habe Lenz »Ende 1956 in Bonn mit zwei Schecks über zusammen fast 40 Millionen Mark wedeln sehen: Dieser Scheck ist für den Wahlfonds, der andere für mich.«[4] Staatssekretär a.D. Dr. Hans Maria Globke wurde vom Untersuchungsausschuss dazu befragt, ob die CDU Millionensummen an Bestechungsgeldern erhalten habe. Wie nicht anders zu erwarten, litt der heimliche Bundesschatzmeister der CDU im Zeugenstand wieder einmal an »partieller Gedächtnisschwäche«.[5] »Gereizt schob er das Mikrophon beiseite, das vor ihm auf dem Tisch stand, und sagte: ›Ich kann mich nicht erinnern.‹«[6] Für Globke war die Affäre schlicht »ein Konkurrenzkampf von Privatleuten auf dem Rücken deutscher Parteien«.[7] 1968 traf sich ein Mann, Deckname »König«, mit dem damaligen Londoner *Spiegel*-Korrespondenten und zeigte ihm die Fotokopie eines Schreibens des schweizerischen Bankvereins in Zürich mit Datum vom 16. November 1957. »Es war darin von zwei Schecks die Rede: der eine auf 36 Millionen, der andere auf 3,25 Millionen Schweizer Franken beziffert, der eine von ›Globke‹, der andere von ›Dr. Otto

Lenz‹ indossiert. Beide waren ›ausgestellt am 15.1.1957‹, und beide wurden ›vergütet durch das Bankhaus Sal. Oppenheim jun. & Cie. Köln‹.«[8] Das Bankhaus Oppenheim hatte Adenauers Freund und Hausbankier Robert Pferdmenges durch den Nationalsozialismus gebracht. Banknamen, Summen und Daten deckten sich mit den Aussagen von Zeugen, doch die Bankhäuser in Zürich und Köln bestritten, diese Schecks zu kennen. Es kam wie es kommen musste: Nach zweieinhalb Jahren Ermittlungsarbeit, bei der Dokumente abhandenkamen, Zeugen Gedächtnisschwäche zeigten oder selbst verschwanden, stellte der Untersuchungsausschuss fest, dass nichts geklärt werden konnte. Der *Spiegel* berichtete, bereits vorher, im kleinen Kreis der Ausschussmitglieder, habe der Vorsitzende, Bundesminister a.D. Hans-Joachim von Merkatz (CDU), seine Kollegen daran erinnert, »wie sich die Parteien ihr Geld auf bittere Weise für die Wahlkämpfe beschaffen müssen. […] Wer etwa die Gelder für die Wahlen gegeben hat, solche Fragen zu erörtern, wäre die Zerstörung der Grundlagen, auf denen wir alle miteinander stehen.«[9] Und Globke hatte einmal mehr bewiesen, dass er geradezu hemmungslos schweigen konnte.

Einen Wunsch wollte sich der Pensionär Globke noch erfüllen: Seinen Lebensabend gedachte er fernab von Bonn in der Schweiz zu verbringen. Seine Frau Augusta hatte 1957 hoch über dem Genfer See in der Schweizer Gemeinde Chardonne (Kanton Waadt) ein Grundstück gekauft und darauf ein Haus errichten lassen.[10] In den Akten der Schweizer Bundesanwaltschaft wurde der Grundstückskauf vermerkt, und ebenso Globkes Absicht, früher oder später nach Chardonne zu ziehen: »Darüber sind scheinbar in Chardonne missbilligende Stimmen laut geworden.«[11] Im Juli und August 1963 wurde Globke angeblich in Begleitung eines ehemaligen SS-Generals gesehen, der in Ronco ein Haus habe.[12] Als die Globkes im Herbst 1963 ihr Schweizer Domizil endgültig beziehen wollten, verweigerte das Regionalparlament dem Kommentator der »Nürnberger Rassegesetze« die Aufenthaltsgenehmigung. Im Gespräch zur Vorbereitung der Dreharbeiten für unseren Film über Hans Globke erzählte uns Reinhard Strecker, Autor der eingestampften Globke-Dokumentation, er habe damals die Kantonspolitiker auf Globkes Rolle im Reichsinnenministerium aufmerksam gemacht. Vom September 1964 ist ein Gespräch des Schweizer Bundespräsidenten Ludwig von Moos mit dem deutschen Botschafter verbürgt, »wobei man zur Ansicht gelangte, dass es für G. von Vorteil sei, sein Grundstück in Chardonne zu verkaufen, weil dann von Maßnahmen abzusehen, möglich wäre«.[13] Im selben Jahr, als die Schweizer Bundesregierung über Maßnahmen gegen Zuflucht suchende »ehemalige Naziverbrecher« diskutierte und sich dabei auch mit Hans Globke beschäftigte, verzichtete der Pensionär in einer Erklärung freiwillig auf jede weitere Einreise in die Schweiz. Die Akten der Schweizer Bundesanwaltschaft verzeichneten am 1. September 1965 den Verkauf des Hauses, die Verkaufsverhandlungen habe Globkes Frau geführt.[14] Nach dem Ende seiner Karriere hatten den Ruheständler die Schatten seiner Vergangenheit doch noch eingeholt. Globkes Übersiedlung in die Schweiz war verhindert worden, auf den malerischen Blick über den Genfer See musste er verzichten. Er blieb in Bonn, wo er nach langer Krankheit am 13. Februar 1973 starb.

Der Mann hinter Adenauer – totgeschwiegen

Hans Maria Globke – eine deutsche Karriere. Ein stets pflichtgetreuer Beamter, ein loyaler Diener des Staates, seiner wechselnden Herren und politischen Systeme. Oder wie der aus Ungarn stammende Ex-CIA-Mann Tom Polgar anmerkte: »Sie müssen auch den speziellen Geist des preußischen Beamtentums bedenken. Die Preußen nahmen das Wort Staatsdienst tatsächlich ernst. Sie wechselten nicht mit den Regierungen, sondern blieben.«[1] »In fide firmitas«, »In Treue fest« – der Wahlspruch von Globkes katholischer Studentenverbindung war auch das Motto seines Lebens. Er blieb dem Staat treu, auch als er ein Unrechtsstaat wurde. Und er half kräftig mit, Unrecht als Recht erscheinen zu lassen. Globke arbeitete mit an der formalrechtlich stimmigen Ausgestaltung des Systems, obwohl es inhaltlich um Willkür, Verfolgung und in letzter Konsequenz um Mord ging. Dass er dabei ein Helfer war, ein »Schreibtischtäter«, der nicht nur mitmachte, weil er dazu gezwungen wurde, hat er nie mit nur einem Wort bedauert. Er hat einen perfiden Kommentar zu den »Nürnberger Rassegesetzen« verfasst, hat sich freiwillig in juristischen Zeitschriften geäußert, hat die Entscheidung begrüßt, als das Reichsgericht seiner weiten Auslegung von »Rassenschande« zustimmte, war unter den Nazis Spezialist für Staatsangehörigkeitsfragen.

Wurde er später mit seiner Geschichte konfrontiert, beschrieb er in seitenlangen, detaillierten Gegendarstellungen seine fehlende Zuständigkeit, seine Abwesenheit oder seinen inneren Vorbehalt. Oder er konnte sich einfach an nichts mehr erinnern. Hätte Globke seine Rolle im NS-Staat bedauert, er wäre nie so stark angefeindet worden. Aber dann wäre wahrscheinlich sein inneres, in sich abgeschlossenes Rechtfertigungssystem zusammengebrochen. Globke sah sich selbst als heimlichen Widerstandskämpfer im Auftrag von

Zentrum und Kirche, als unbefleckten Katholiken, der nur mitgemacht hatte, um Schlimmeres zu verhüten. Er hat Informationen an die katholische Kirche weitergegeben, und er kannte Leute des Widerstands. Aber reicht dies aus, um ihn tatsächlich als Widerstandskämpfer für seine Rolle im Innenministerium zu entschuldigen? Antonia Leugers verneint dies: »Von der Weimarer Zeit bis in die bundesrepublikanische Zeit vertritt er den bestimmten Typus eines in der Studentenverbindung, in der Kirche und politisch fest eingebundenen Katholiken. Er ist rundum Katholik, so ein Rundum-Paket ›der katholische Mann‹. In der Weimarer Republik hat er den Aufstieg in politische Positionen geschafft, in die Berufsbeamtenschaft. Er geht aber durch alle Systeme, er ist also ein für jedes System tauglicher Mensch. [...] Er hat sich nicht zurückgezogen, er trägt mit Verantwortung für das, was das Unrechtsregime über Europa zieht. Und trotzdem dabei das Gefühl zu haben, ich habe überhaupt nichts damit zu tun, ich war der schärfste Gegner des Nationalsozialismus. Er ist immer der schärfste Gegner. Das kann man nur, wenn man ein nihilistischer Technokrat ist.«[2]

Hans Maria Globke, ein pragmatischer Spezialist, der sich nie zu sehr mit den Systemen, denen er diente, identifizierte. Anpassungsfähigkeit gepaart mit Expertentum – das half ihm, in jeder Lage seine Person zu retten. So beschrieben Alexander und Margarete Mitscherlich seine Rolle in ihrem 1967 erschienenen Buch *Die Unfähigkeit zu trauern:* »Durch Globke und seinesgleichen wäre die nationalsozialistische Herrschaft nie zu Fall gekommen. Es wäre für Globke also bei der Identifikationslinie mit den Rassegesetzen seiner damaligen Vorgesetzten geblieben. Globke wäre als einer der Repräsentanten dieser nationalsozialistischen Politik gestorben, wie er als Beauftragter der katholischen Zentrumspartei weiter gedient hätte, wäre die Weimarer Republik nicht kollabiert. Unmittelbar nach dem Ende des Tausendjährigen Reiches passte er sich abermals den Gegebenheiten an; und diese Mimikry wird auch, dank seiner Verwaltungserfahrung, ohne Zögern von den politischen Nachfolgern akzeptiert. War es einmal eine sehr ins Detail gehende Kommentierung der nazistischen Absichten, ihre jüdischen Mitbürger zu erniedrigen, so ist es später eine ebenso mühelose Rückbesinnung an christlichen Komment, die von Globke vollzogen und von Adenauer honoriert wird.«[3]

In Globke verkörpert sich auch der tiefsitzende Antikommunismus des Katholizismus, der sich trotz aller anderen Widersprüche gut mit der NS-Ideologie vertragen hatte. Im Antikommunismus trafen sich Vatikan und fast alle deutschen Geistlichen, katholische Politiker, nationalistische Kreise, konservative Militärs und Nazis. Der gemeinsame Feind waren Juden, Intellektuelle, Bolschewisten – die verhasste Dreifaltigkeit. Von den Nazis hatte man sich die Vernichtung des »Bolschewismus«, des personifizierten »Satans« versprochen, im Kalten Krieg setzte sich der Kampf an der Seite der Westalliierten nahtlos fort. Dadurch hielt sich die Auseinandersetzung mit der eigenen Vergangenheit in Grenzen, die Bekämpfung von Kommunisten blieb eine gerechte Sache, beim Judenmord hatte man ja nicht eigene Hand angelegt, das hatten einige wenige gemacht, obskure »Nazis«. Aus dem Volk der Täter wurde ein Volk der Opfer. Das machte eine Weiterverwendung großer Teile der ehemaligen Nazi-Eliten im politischen Apparat der Bundesrepublik möglich. Adenauer hat dies mit seiner pragmatischen Politikauffassung konsequent umgesetzt. Hans Maria Globke als rechte Hand neben sich zu platzieren, das war, wie Egon Bahr gesagt hat, »das Signal«, mit dem Adenauer die gesellschaftliche Integration auch ehemaligen Nationalsozialisten anbot. Als wichtigste ideologische Kraft der repressiven Adenauer-Ära nutzte man den Antikommunismus auch dazu, die Angriffe gegen Globke, die überwiegend aus dem Ostblock kamen, als Propaganda abzuwehren. Dadurch wurde aber eine kritische Auseinandersetzung mit Globke in der Bundesrepublik bereits in ihren ersten Ansätzen denunziert und verhindert. Bis heute ist Globke umstritten: Für die einen ist er ein katholischer Widerstandskämpfer, für die anderen »der beweglichste der Überläufer und schlaueste der Kollaborateure«, wie die amerikanische Schriftstellerin Kay Boyle, die den Nationalsozialismus in Österreich erlebt hatte, in der *New York Times* schrieb.[4] Für den Adenauer-Biographen Hans-Peter Schwarz ist Globke nicht nur »eine tragische Figur« gewesen, sondern er sieht in ihm gar »ein Opfer des Dritten Reiches«,[5] weil er später in der Bundesrepublik ständigen

Anfeindungen ausgesetzt war. Wenn Globke schon mitgemacht hat, dann muss sein Handeln mindestens zur tragischen Verstrickung umgedeutet werden. Täter werden – wie in der Nachkriegszeit erfolgreich propagiert – zu Opfern des Unrechtsregimes, obwohl sie es selbst durch ihre Zusammenarbeit mitgetragen haben.

Während Konrad Adenauer nach seinem Tod in der Erinnerung der Deutschen zum legendären Staatsmann verklärt wurde, verblasste die Erinnerung an seinen engsten Berater, einen Regierungsbeamten mit einer Machtfülle, wie sie keiner seiner Nachfolger mehr erreichen würde. Zusätzlich war er ja noch der Partei-Adjutant Adenauers in der CDU gewesen. Globke, der heimliche Generalsekretär und Schatzmeister, lenkte für Adenauer die damalige Regierungspartei. Nur seine Vergangenheit hatte ihm Grenzen gesetzt, er blieb der loyale Diener seines Herrn, eben der Mann hinter Adenauer, die Graue Eminenz. Und so verschwand er, nachdem er mit Adenauer von der politischen Bühne abgetreten war, im Nebel des Vergessens. Adenauer, Globke und ihre Zeit hatten sich überlebt. Globke, der zeitlebens wegen seiner Vergangenheit umstritten war, der das schlechte Gewissen der Bundesrepublik verkörperte, war den Deutschen wohl auch lästig geworden. Die notwendige Modernisierung der Gesellschaft kündigte sich an, der Muff der »Adenauer-Ära« wurde abgeschüttelt. Heute ist Globke kaum noch bekannt – trotz seiner in der Geschichte der Bundesrepublik wohl einmaligen Machtposition. Viele Akten sind noch nicht geöffnet. Eine kritische wissenschaftliche Analyse der Rolle Hans Maria Globkes steht noch aus, dazu wollen unser Film und dieses Buch Anstoß geben.

Anmerkungen

Vorwort (S. 7 - 9)

1 Bei den Recherchen zu unserem Film wurde uns beispielsweise die Herausgabe mehrerer Ordner mit Dokumenten verweigert.

Die Kinderjahre der Bonner Republik (S. 10 - 21)

1 Zit. nach: Reiner Pommerin: Von Berlin nach Bonn, Köln/Wien 1989, S. 45.
2 Ebenda.
3 Ebenda.
4 Zit. nach: Klaus Dreher: Ein Kampf um Bonn, München 1979, S. 39.
5 Thomas Ramge: Die großen Politskandale. Eine andere Geschichte der Bundesrepublik, Frankfurt a.M. 2003, S. 13–16; Pommerin, Von Berlin nach Bonn, S. 135–137.
6 Dr. Joachim von Eibe war zwischen 1946 und 1969 Mitarbeiter in der Rechtsabteilung der Militärregierung, der Hohen Kommission und der amerikanischen Botschaft. Der zitierte Text beruht auf Interviews, die Botschafter Kornblum und Botschaftsmitglieder mit ihm führten: A Vision Fulfilled. 50 Jahre Amerikaner am Rhein. United States Embassy Bonn, 1949–1999, hg. von Christine Elder und Elizabeth G. Sammis im Auftrag der United States Embassy Bonn, Department of State, 1999.
7 Vgl. dazu Pommerin, Von Berlin nach Bonn, S. 189f.
8 Vgl. Ramge: Politskandale, S. 20f.
9 Klug sein und mundhalten, in: Der Spiegel, Nr. 39 v. 27.9.1950, S. 5–7.
10 Vgl. dazu ausführlich Ramge: Politskandale.
11 John le Carré: Eine kleine Stadt in Deutschland, Berlin 2005, S. 19.
12 Vgl. Klaus Dreher: Ein Kampf um Bonn, S. 215.
13 Wolfgang Koeppen: Das Treibhaus, in: ders.: Drei Romane, Frankfurt a.M. 1986, S. 268.
14 Annemarie Renger: Berlin–Bonn und zurück, in: Hermann Schäfer (Hg.): Abschied von Bonn, München 1999, S. 186.
15 Zit. nach: Jürgen Bevers/Bernhard Pfletschinger: Der Mann hinter Adenauer. Dr. Hans Maria Globke, TV-Dokumentation, ARTE, Sdg. v. 8.10.2008.
16 Zit. nach: Stichtag, 13. März 1951 – Beschluss zur Errichtung des Auswärtigen Amts, WDR, Westzeit v. 13.03.2006.

17 Zit. nach: Bonn – mal etwas anders, TV-Dokumentation, WDR, Sdg. v. 5.2.1963.
18 Zit. nach: Bevers/Pfletschinger: Der Mann hinter Adenauer.
19 Erklärung von Globkes Anwälten zum Strecker-Buch, Konrad-Adenauer-Stiftung, St. Augustin (KAS), Globke-Nachlass, Bestand lfd. Nr. I-070-101/3, S. 67.
20 Zit. nach: Der Spiegel, Nr. 14 v. 4.4.1956, S. 17.
21 Ebenda, S. 22.
22 Vgl. Globkes gesammelte Taschenkalender, KAS, Globke-Nachlass, Bestand lfd. Nr. I-070-135.
23 Der Spiegel v. 16.11.1955.
24 Brief Globke vom 28.11.1969, KAS, Globke-Nachlass Globke, Bestand lfd. Nr. I-070-071/3.
25 Der Spiegel, Nr. 14 v. 4.4.1956, S. 15.
26 DDR-Justiz und NS-Verbrechen, Bd. III, lfd. Nr. 1068, OG der DDR vom 23.7.1963, 1 Zst (I) 1/63, Urteil gegen Globke, Amsterdam University Press 2003, S. 75.
27 Zit. nach: Stephan Reinhardt: Hans Maria Globke, Hitlers Ministerialrat und Adenauers Staatssekretär. Ein deutscher Fall, WDR Hörfunk, Sdg. v. 18.3.1993.
28 Dass diese Form plumper Diffamierung auch heute noch ernsthaft öffentlich vertreten wird, mussten wir als Reaktion auf unsere TV-Dokumentation erleben. Während zum Beispiel die *Süddeutsche Zeitung* (7.10.2008) und die *Frankfurter Rundschau* unseren Film positiv ankündigten, titelte Welt-Online am 8. Oktober 2008: »Später Sieg der SED-Propaganda«. In dem Artikel heißt es, der Film bediene, »folgt man der Arte-Website, gezielt gleich mehrere Schlüsselreize«, etwa dass Globke mit Eichmann zusammengearbeitet habe, und wiederhole damit die SED-Propaganda. Doch von einer solchen Zusammenarbeit ist im Film gar nicht die Rede.

Vom preußischen Beamten zum Experten der NS-Bürokratie (S. 22 – 56)

1 Zit. nach: Reinhard-M. Strecker: Dr. Hans Globke. Aktenauszüge, Dokumente, Hamburg 1961, S. 24.
2 Vgl. Erik Lommatzsch: Hans Globke und der Nationalsozialismus. Eine Skizze, in: Historisch-politische Mitteilungen 10 (2003), S. 97f.
3 Roland Freisler/Ludwig Grauert: Das neue Recht in Preußen, II a 7, zit. nach: DDR-Justiz und NS-Verbrechen, Bd. III, Amsterdam University Press 2003, S. 86.
4 Zit. nach: Klaus Gotto (Hg.): Der Staatssekretär Adenauers, Stuttgart 1980, S. 247f.
5 Zit. nach: Heinz Höhne: Die Machtergreifung, Reinbek b. Hamburg 1983, S. 294.
6 Z.B. Der Mittag v. 11.1.1963; Markus A. Weingardt: Deutsche Israel- und Nahostpolitik. Die Geschichte einer Gratwanderung seit 1949,

Frankfurt a.M./New York 2002, S. 134, Anm. 233; Thomas Ramge: Die großen Politskandale. Eine andere Geschichte der Bundesrepublik, Frankfurt a.M./New York 2003, S. 55.

7 Zit. nach: Jürgen Bevers/Bernhard Pfletschinger: Der Mann hinter Adenauer. Dr. Hans Maria Globke, TV-Dokumentation, ARTE, Sdg. v. 8.10.2008; vgl. auch Strecker: Globke, S. 53.

8 Text abgedruckt in: Der Spiegel, Nr. 20 v. 10.5.1961, S. 22. Das Band mit Globkes Fernsehinterview wurde inzwischen beim NDR gelöscht.

9 Vgl. Stephan Reinhardt: Der Fall Globke, in: Neue Gesellschaft–Frankfurter Hefte 5 (1995), S. 439.

10 Vgl. Eidesstattl. Versicherung Dr. Hagemann, KAS, Globke-Nachlass, Bestand lfd. Nr. I-070-071/1.

11 Text abgedruckt in: Der Spiegel, Nr. 20 v. 10.5.1961, S. 22.

12 Das Reichsministerium des Innern und die Judengesetzgebung, in: Vierteljahrshefte für Zeitgeschichte, München, 9 (1961) 3, S. 262 ff.

13 Cornelia Essner: Die »Nürnberger Gesetze« oder Die Verwaltung des Rassenwahns 1933–1945, Paderborn u.a. 2002, S. 113 ff.

14 Zit. nach: Bevers/Pfletschinger: Der Mann hinter Adenauer.

15 Stellungnahme von Globkes Anwälten zum Strecker-Buch über Globke, KAS, Globke-Nachlass, Bestand lfd. Nr. I-070-101/3, S. 41.

16 Vgl. Essner: Die »Nürnberger Gesetze«, S. 296.

17 Interviewmaterial, zum Film: Bevers/Pfletschinger: Der Mann hinter Adenauer.

18 Zit. nach: Bevers/Pfletschinger: Der Mann hinter Adenauer.

19 Zit. nach: Der Spiegel, Nr. 14 v. 4.4.1956, S. 19.

20 Zit. nach: Essner: Die »Nürnberger Gesetze«, S. 228.

21 Zit. nach: ebenda, S. 227.

22 Zit. nach: Reinhard-M. Strecker: Dr. Hans Globke. Aktenauszüge, Dokumente, Hamburg 1961, S. 116 und Essner: Die »Nürnberger Gesetze«, S. 227. Globkes Haltung leitet Cornelia Essner aus seinem katholischen Hintergrund ab: »Es ist bekannt, dass Globke im Dritten Reich seine engen Kontakte zur katholischen Kirche nicht aufgab, und hierüber entstand die Nähe zu Adenauer, dessen Staatssekretär er 1953 wurde« (ebenda).

23 Vgl. Christiane Kohl: Der Jude und das Mädchen, Eine verbotene Freundschaft in Nazideutschland, Hamburg 1997.

24 Der Spiegel, Nr. 14 v. 4.4.1956 S. 15 ff.

25 Zit. nach: ebenda, S. 19.

26 Zit. nach: ebenda.

27 Zit. nach: ebenda.

28 Wilhelm Stuckart/Hans Globke: Kommentar zum Reichsbürgergesetz, Gesetz zum Schutze des deutschen Blutes und der deutschen Ehre, Gesetz zum Schutze der Erbgesundheit des deutschen Volkes, München/Berlin 1936, S. 132.

29 Adolf Hitler: Mein Kampf, zwei Bände in einem Band, München 1942, S. 630.

30 Der Spiegel, Nr. 14 v. 4.4.1956, S. 20.

31 Deutsche Verwaltung, Organ der Fachgruppe Verwaltungsjuristen des Bundes Nat.-Soz. Deutscher Juristen, 20.3.1936, Rezensent: Jäger, zit. nach: Strecker: Globke, S. 97.
32 Staatssekretär Roland Freisler in: Deutsche Justiz, Rechtspflege und Rechtspolitik, 1936, zit. nach: Strecker: Globke, S. 98.
33 Zit. nach: ebenda, S. 103.
34 Zit. nach: Stephan Reinhardt: Hans Maria Globke. Hitlers Ministerialrat und Adenauers Staatssekretär. Ein deutscher Fall, WDR Hörfunk, Sdg. v. 18.3.1993.
35 Interviewmaterial, zum Film: Bevers/Pfletschinger: Der Mann hinter Adenauer.
36 Globke – Kommentar-Los, in: Der Spiegel, Nr. 27 v. 28.6.1961, S. 17. Der Kommentar von Gütt/Linden/Massfeller (der praktizierende Katholik Massfeller war 1961 Ministerialrat im Bundesjustizministerium) vertrat wie Globke eine weite Auslegung des Begriffs Geschlechtsverkehr zur »Rassenschande«.
37 Der Spiegel, Nr. 20 v. 10.5.1961, S. 22.
38 Essner: Die »Nürnberger Gesetze«, S. 253.
39 Ebenda, S. 254.
40 Der Spiegel, Nr. 20 v. 10.5.1961, S. 22.
41 Vgl. Essner: Die »Nürnberger Gesetze«, S. 279.
42 Zit. nach: ebenda.
43 Von Januar 1940 bis Kriegsende wurden mindestens 24 500 jüdische Flüchtlinge an den Schweizer Grenzen abgewiesen, obwohl das Ausmaß der Judenverfolgung bekannt war. Für das Schweizer Justizministerium galt es »unerwünschte Elemente« (Juden, politische Extremisten, Spionageverdächtige) fernzuhalten.
44 Geschäftsverteilungsplan des RMdI v. 21.7.1938 mit den Änderungen v. November 1938 und Januar 1939, zit. n.: Strecker: Globke, S. 155 ff.
45 Zit. nach: ebenda, S. 84.
46 Ritter von Lex leitete die Vertretung der Bundesregierung im Verbotsprozess gegen die KPD und erklärte am 5. Juli 1955 vor dem Bundesverfassungsgericht, die KPD sei »ein gefährlicher Infektionsherd im Körper unseres Volkes, der Giftstoffe in die Blutbahn des staatlichen und gesellschaftlichen Organismus der Bundesrepublik sendet«. Die Terminologie spricht für sich. Vgl. dazu Weißbuch der KPD über die mündliche Verhandlung im Verbotsprozess vor dem Bundesverfassungsgericht in Karlsruhe, Berlin 1955, S. 16.
47 Erik Lommatzsch: Hans Globke und der Nationalsozialismus. Eine Skizze, in: Historisch-politische Mitteilungen 10 (2003), S. 101, Anm. 36.
48 Vgl. dazu Joachim Neander: Das Staatsangehörigkeitsrecht des »Dritten Reiches« und seine Auswirkungen auf das Verfolgungsschicksal deutscher Staatsangehöriger, in: theologie.geschichte, Open Access-Zeitschrift für Theologie und Kulturwissenschaften. Der vorliegende Beitrag ist die aktualisierte Version eines Manuskripts, das der Verfasser 2002 als Stipendiat des Center for Advanced Holocaust Studies am United States Holocaust

Memorial Museum, Washington D.C., erarbeitet hatte, in: http://aps.sulb.uni-saarland.de/theologie.geschichte; Strecker: Globke, S. 161f.

49 Zit. nach: Neander: Staatsangehörigkeitsrecht.

50 Vgl. Strecker: Globke, S. 168f.

51 Zit. nach: ebenda, S. 170.

52 Das waren Estland, Lettland, Sowjetunion (vor 1941), Rumänien, Bulgarien, Italien, Kroatien. Vgl. dazu Georg Hansen: Gedanken gegen Vertreibung – aber welche? Die ersten Vertriebenen des zweiten Weltkriegs, Aufsatz, Fernuni-Hagen, S. 3f. Hansen merkt an, dass unter Globkes Tätigkeit im Kanzleramt auch die weitgehende Übernahme der Definition »Deutscher Volksangehöriger« von 1939 in das Bundesvertriebenengesetz vom 19. Mai 1953 sowie die Rehabilitierung einiger Vereinbarungen über Bevölkerungsverschiebungen im Gesetz zur Regelung von Fragen der Staatsangehörigkeit vom 22. Februar 1955 erfolgten. Hansen kommentiert dies mit dem Satz: »Die völkischen Prämissen hatten sich ebenso wenig verändert, wie die Akteure« (ebenda, S. 3, Anm. 2).

53 Hans Globke: Die Staatsangehörigkeit der Volksdeutschen Umsiedler aus Ost- und Südosteuropa. in: Zeitschrift für osteuropäisches Recht. 10 (1943), S. 1–26.

54 Zit. nach: Bevers/Pfletschinger: Der Mann hinter Adenauer.

55 Zit. nach: Daniel Jonah Goldhagen: Die katholische Kirche und der Holocaust, Berlin 2002, S. 87.

56 1945 flüchtete Tiso in ein Kloster in Bayern. Der katholische Kardinal Michael von Faulhaber setzte sich für ihn bei der Militärregierung ein. »Da Dr. Jozef Tiso in seinem Lande das religiöse Leben trotz mancher Schwierigkeiten lebendig erhielt, bitte ich, ihn nicht anderen politischen Führern der ehemaligen Gegner der Alliierten Mächte gleichzustellen« (zit. nach: Ernst Klee: Persilscheine und falsche Pässe, Frankfurt a.M 1992, S. 10). Die Alliierten lieferten Tiso an die Tschechoslowakei aus. Er wurde zum Tode verurteilt und im April 1947 hingerichtet.

57 Stellungnahme von Globkes Anwälten zum Strecker-Buch, KAS, Globke-Nachlass, Bestand lfd. Nr. I-070-101/3.

58 Globke Stellungnahme vom 29.5.1962, S.57, KAS, Globke-Nachlass, Nr. Nr.: I-070-091/3.

59 Ebenda.

60 Globkes Aussage gegenüber der die Bonner Staatsanwaltschaft v. 19.3.1962, KAS, Globke-Nachlass, Bestand lfd. Nr. I-070-091/3.

61 Vgl. DDR-Justiz und NS-Verbrechen, Bd. III, Das Urteil gegen Hans Josef Maria Globke, Einzelausfertigung des Urteils des OG vom 23.7.1963, 1 Zst (I) 1/63, Band III, Lfd. Nr. 1068, Amsterdam 2003, S. 149.

62 Bundesarchiv Berlin, Akte Globke, Nr. 126587 17.

63 Zit. nach: Strecker: Globke, S. 218.

64 Stellungnahme der Anwälte Globkes zum Strecker-Buch, S. 57, KAS, Globke-Nachlass Bestand lfd. Nr. I-070-101/3.

65 Bundesarchiv Berlin, Akte, Nr. 126587 12.

66 Ebenda, Nr. 126587 16.

67 KAS, Globke-Nachlass, Bestand lfd. Nr. I-070-091/3.
68 Ebenda.
69 Protokoll der 73. Sitzung des Bundestages, in: Gotto (Hg.): Der Staatssekretär Adenauers, S. 240.
70 Schriftl. Erklärung Globkes vom 29. Mai 1962 zu den Ausführungen von Václav Král, einem kommunistischen Kritiker Globkes aus der Tschechoslowakei. Der Text wurde am 1.6.1962 Staatsanwalt Pfromm in Bonn übergeben., KAS, Globke-Nachlass, Bestand lfd. Nr. I-070-091/3, S. 11.
71 Hans Globke: Bericht über meine Reise in die besetzten Westgebiete, 10.–15.7.'40, KAS, Globke-Nachlass, Bestand lfd. Nr. I-070-096/3.
72 Ebenda.
73 Ebenda.
74 Ebenda.
75 Ebenda.
76 Ebenda.
77 Zit. nach: Strecker: Globke, S. 187; Der Spiegel, Nr. 24 v. 7.6.1961, S. 18.
78 Hans Globke: Bericht über meine Reise in die besetzten Westgebiete, 10.–15.7.'40, KAS, Globke-Nachlass, Bestand lfd. Nr. I-070-096/3.
79 Vgl. Strecker: Globke, S. 236.
80 Zit. nach: Strecker: Globke, S. 239; Der Spiegel, Nr. 24 v. 7.6.1961, S. 19.
81 Zit. nach: Strecker: Globke, S. 238; Der Spiegel, Nr. 24 v. 7.6.1961, S. 18.
82 Zit. nach: Strecker: Globke, S. 238; Der Spiegel, Nr. 24 v. 7.6.1961, S. 19
83 Zit. nach: Der Spiegel, Nr. 24 v. 7.6.1961, S. 19.
84 Zit. nach: ebenda.
85 Zit. nach: Strecker: Globke, S. 177.
86 Zu den Auszeichnungen vgl. ebenda, S. 153, 173, 221, 230ff.
87 Zit. nach: Der Spiegel, Nr. 15 v. 7.4.1965, S. 55.
88 Zit. nach: ebenda, S. 56.
89 Das Bormann-Schreiben zu Globkes Aufnahme-Antrag in die NSDAP, das in der *Spiegel*-Titelstory von 1956 erwähnt worden war, ließ die CIA im Berlin Document Center suchen. Der Fund wurde von einem CIA-Vertreter persönlich an Globke überreicht, der sich bedankte und versicherte, er wolle die Kopie von Bormanns Brief gern als »Souvenir« behalten (CIA-Mitteilung CIA Chief Bonn to Chief EE, 8.6.1956).
90 Hans Globke: Fragebogen der Militärregierung v. 17.7.1947, KAS, Globke-Nachlass, Bestand lfd. Nr. I-070-071/2.

Exkurs: Der Vatikan und Hitler (S. 57 – 65)

1 Vgl. Thomas Breuer: Die Haltung der katholischen Kirche zur Judenverfolgung im Dritten Reich, erschienen in Theophil-online, 22.5.2003, S. 5, Anm. 35.
2 Vgl. ebenda, S. 2.
3 Zit. nach: ebenda, S. 7, Anm. 46.
4 Vgl. ebenda, S. 5, Anm. 36.
5 Ebenda, S. 6, Anm. 44.

6 Zit. nach: ebenda, S. 5, Anm. 38.
7 Zit. nach: ebenda, S. 6, Anm. 39.
8 Dieter Pohl: Die Herrschaft der Wehrmacht. Deutsche Militärbesatzung und einheimische Bevölkerung in der Sowjetunion, 1941–1944, München 2008, S. 74.
9 Zit. nach: Manfred Messerschmidt: Die Wehrmacht im NS-Staat. Zeit der Indoktrination, Hamburg 1969, S. 293.
10 Vgl. Daniel Jonah Goldhagen: Die katholische Kirche und der Holocaust, Berlin 2002, S. 63.
11 John Cornwell: Pius XII. Der Papst, der geschwiegen hat, München 1999, S. 101.
12 Zit. nach: Jürgen Bevers/Bernhard Pfletschinger: Der Mann hinter Adenauer. Dr. Hans Maria Globke, TV-Dokumentation, ARTE, Sdg. v. 8.10.2008.
13 Zit. nach: Hubert Wolf: Wie der Papst zu Hitlers Machtantritt stand, in: Frankfurter Allgemeine Zeitung v. 28.3.2008, S. 38.
14 Zit. nach: ebenda.
15 Adenauer und Kaas saßen schon seit 1920 gemeinsam im Preußischen Staatsrat. Im Herbst 1929 wollte Adenauer Kaas als Dompropst nach Köln holen, damit er direkter mit der Bahn (statt von Trier aus) nach Berlin fahren könne; vgl. dazu Georg May: Ludwig Kaas, Bd. 1, Amsterdam 1981 (Kanonistische Stud. u. Texte Bd. 33), S. 276 ff.
16 Ebenda, S. 681.
17 Zit. nach: Hansjakob Stehle, Wer zahlte für das Reichskonkordat?, in: Die Zeit, 15/1978.
18 Verhandlungen des Reichstages, VIII. Wahlperiode 1933, Bd. 457, Berlin 1934, S. 37.
19 Zit. nach: Karlheinz Deschner: Mit Gott und den Faschisten. Der Vatikan im Bunde mit Mussolini, Franco, Hitler und Pavelic. Stuttgart: 1965. S. 108.
20 Zit. nach: Bevers/Pfletschinger: Der Mann hinter Adenauer.
21 Zit. nach: Stehle: Wer zahlte für das Reichskonkordat?
22 Zit. nach: Wolf: Wie der Papst zu Hitlers Machtantritt stand, S. 38.
23 Vgl. Georges Passelecy: Die unterschlagene Enzyklika. Der Vatikan und die Judenverfolgung, München 1997, S. 261 ff.
24 Papst Pius XI.: Rundschreiben über den atheistischen Kommunismus, Recklinghausen 1951, S. 10, Konrad-Adenauer-Stiftung, St. Augustin (KAS), Globke-Nachlass, Bestand lfd. Nr. I-070-037/2.
25 Memorandum zu den Beziehungen zwischen der BRD und dem Hl. Stuhl, KAS, Globke-Nachlass, Bestand lfd. Nr. 070-037/2.

Handlanger der Nazis und Katholik im Widerstand? (S. 66 – 84)

1 Stellungnahme Globkes über seine Beziehungen zum Bischöflichen Ordinariat Berlin, S. 55, Konrad-Adenauer-Stiftung, St. Augustin (KAS), Globke-Nachlass, Bestand lfd. Nr. I-070-071/2.

2 Vgl. dazu ausführlich Antonia Leugers: Widerstand oder pastorale Fürsorge katholischer Frauen im Dritten Reich? Das Beispiel Dr. Margarete Sommer (1893–1965), in: Irmtraud Gotz von Olenhusen (Hg.): Frauen unter dem Patriarchat der Kirchen: Katholikinnen und Protestantinnen im 19. und 20. Jahrhundert, Stuttgart/Berlin/Köln 1995, S. 161–188.

3 Zit. nach: Jürgen Bevers/Bernhard Pfletschinger: Der Mann hinter Adenauer. Dr. Hans Maria Globke, TV-Dokumentation, ARTE, Sdg. v. 8.10.2008.

4 Erklärung des Bischofs von Berlin, von Preysing, v. 18.1.1946, KAS, Globke-Nachlass, Bestand lfd. Nr. I-070-071/1.

5 Ebenda.

6 Zit. nach: Heinrich Herzberg: Dienst am höheren Gesetz. Dr. Margarete Sommer und das »Hilfswerk beim Bischöflichen Ordinariat Berlin«, Berlin 2000, S. 72.

7 Zit. nach: Bevers/Pfletschinger: Der Mann hinter Adenauer.

8 Wolfgang Koeppen: Das Treibhaus, in: ders.: Drei Romane, Frankfurt a.M. 1986, S. 286.

9 Interviewmaterial, zum Film: Bevers/Pfletschinger: Der Mann hinter Adenauer.

10 Vgl. Margarete Sommer: Auszug aus Besprechungsmitschrift im RSHA, Referat IV B 4, 6.3.1942, Diözesanarchiv Berlin, I/1-103-2 »Sammelmappe Hanky«.

11 Zit. nach: Bevers/Pfletschinger: Der Mann hinter Adenauer.

12 Brief Globkes an die StA Bonn v. 29.5.1962, S. 5, KAS, Globke-Nachlass, Bestand lfd. Nr. I-070-091/3.

13 Zit. nach: Eberhard Röhm/Jörg Thierfelder: Juden, Christen, Deutsche 1933–1945, Bd. 4: 1941–1945, Teil 2, Stuttgart 2007, S. 662.

14 Zit. nach: ebenda.

15 Zit. nach: ebenda, S. 660.

16 Interviewmaterial, zum Film: Bevers/Pfletschinger: Der Mann hinter Adenauer.

17 Zit. nach: Bevers/Pfletschinger: Der Mann hinter Adenauer.

18 Hans Globke: Aufzeichnung (Frühjahr 1956), in: Klaus Gotto (Hg.): Der Staatssekretär Adenauers, Stuttgart 1980, S. 257.

19 Günter Buchstab/Brigitte Kaff/Hans-Otto Kleinmann: Verfolgung und Widerstand 1933–1945. Christliche Demokraten gegen Hitler, Düsseldorf 1986.

20 Interviewmaterial zum Film: Bevers/Pfletschinger: Der Mann hinter Adenauer.

21 Vgl. Günter Buchstab: Engagierter Demokrat und begabter Kommunikator: Otto Lenz (1903 bis 1957) zum 100. Geburtstag, in: Die Politische Meinung, v. 4. Juli 2003, S. 65.

22 Gerd R. Ueberschär: NS-Verbrechen und der militärische Widerstand gegen Hitler, Darmstadt 2000, S. 123.

23 Zit. nach: Matthias Lohre: Das Attentat als moralische Dimension gegen die Machthaber, in: Das Parlament (mit der Beilage »Aus Politik und Zeitgeschichte«), Nr. 26 v. 21.6.2004.
24 Vgl. Saul Friedländer: Das Dritte Reich und die Juden, München 2007, S. 435.
25 Zit. nach: Horst Mühleisen: Hellmuth Stieff und der deutsche Widerstand, in: Vierteljahrshefte zur Zeitgeschichte, 39 (1991) 3, S. 343.
26 Zit. nach: ebenda.
27 Zit. nach: Carl Dirks/Karl Heinz Janßen: Der Krieg der Generäle. Hitler als Werkzeug der Wehrmacht, Berlin 1999, S. 156.
28 Zit. nach: ebenda.
29 Zit. nach: Karl-Heinz Janssen: Pflicht ohne Passion, in: Die Zeit, Nr. 18 v. 26.4.1991.
30 Zit. nach: ebenda.
31 Dieter Pohl: Die Herrschaft der Wehrmacht. Deutsche Militärbesatzung und einheimische Bevölkerung in der Sowjetunion 1941–1944, München 2008, S. 93.
32 Götz Aly: Hitlers Volksstaat. Raub, Rassenkrieg und nationaler Sozialismus, Frankfurt a.M. 2005, S. 197.
33 Ebenda, S. 198.
34 Pohl: Die Herrschaft der Wehrmacht, S. 96.
35 Ebenda, S. 274.
36 Robert M. W. Kempner (in Zusammenarbeit mit Jörg Friedrich): Ankläger einer Epoche. Lebenserinnerungen, Frankfurt a.M./Berlin/Wien 1983, S. 231, vgl. auch CIA-Bericht über Globke vom 9.5.1950, National Archives, Washington D.C., Interagency Working Group, Records of the Central Intelligence Agency (Record Group 263), Globke, Hans, Vol. 01, RC Box 19, Location 2000/06/05 [im Folgenden: CIA-Akte Globke]
37 Ingeborg Malek-Kohler: Im Windschatten des Dritten Reiches, Freiburg i.Brsg. 1986.
38 Eidesstattl. Erklärung v. Herbert Engelsing und Ingeborg Engelsing-Kohler, KAS, Globke Nachlass, Bestand lfd. Nr. I-070-071/1.
39 Landesarchiv Baden-Württemberg, Staatsarchiv Freiburg, Bestand D 180/2 Nr. 21846.
40 Malek-Kohler: Im Windschatten, S. 232f.
41 CIA-Akte Globke.
42 Dass Globke einmal mit Engelsing aus Berlin herausfuhr, beschreibt auch Ingeborg Kohler. Ob damit Globkes endgültige Flucht im Frühjahr 1945 gemeint ist, ist unklar.
43 Malek-Kohler: Im Windschatten, S. 160.
44 Ebenda, S. 159.
45 Brief von Lenz an Globke v. 24.12.1945, KAS, Globke-Nachlass, Bestand lfd. Nr. I-0170-127/2.
46 Jakob Kaiser, ehemaliger christlicher Gewerkschafter, Zentrumsmitglied, gehörte zum Widerstandskreis um Goerdeler, später Mitbegründer der Berliner CDU.

47 Georg Dertinger, Mitglied der Deutschnationalen Volkspartei, begleitete 1933 Franz von Papen zu den Verhandlungen um das Reichskonkordat nach Rom. Freund von Otto Lenz, über den er Globke kennenlernte, nach 1945 Mitglied der Ost-CDU, 1949–1953 DDR-Außenminister, 1953 Schauprozess wegen Spionage und Verschwörung.
48 Wilhelm Happ, Justitiar des Bischöflichen Ordinariats in Berlin.
49 Max Prange, 1938 bis 1950 Generalvikar von Berlin.
50 Brief v. 18.1.1946, KAS, Globke-Nachlass, Bestand lfd. Nr. I-070-071/1.
51 Zit. nach: Gotto (Hg.): Der Staatssekretär Adenauers, S. 268.
52 Zit. nach: Bevers/Pfletschinger: Der Mann hinter Adenauer.
53 Zit. nach: Klaus Dohrn: Globkes Verhältnis zu den Vereinigten Staaten, in: Gotto (Hg.): Der Staatssekretär Adenauers, S. 174.
54 Schreiben vom 17.12.1947, KAS, Globke-Nachlass, Bestand lfd. Nr. I-070-071/2.
55 Vgl. Der Spiegel, Nr. 33 v. 10.8.1960, S. 30.

Zeuge der Anklage und der Verteidigung (S. 85 - 94)

1 Brief von Kettner, 24.04.1950, Konrad-Adenauer-Stiftung, St. Augustin (KAS), Globke-Nachlass, Bestand lfd. Nr. I-070-071/1.
2 KAS, Globke-Nachlass, Bestand lfd. Nr. I-070-071/2.
3 Ebenda.
4 Ebenda.
5 Tagebuch von Werner Heisenberg, ins Netz gestellt von seinem Sohn Jochen H. Heisenberg, Physikprofessor in den USA, http://werner-heisenberg.unh.edu/heis-diary.htm.
6 Robert M. W. Kempner (in Zusammenarbeit mit Jörg Friedrich): Ankläger einer Epoche. Lebenserinnerungen, Frankfurt a.M./Berlin/Wien 1983, S. 112.
7 Ebenda, S. 301 f.
8 Robert M. W. Kempner: Begegnungen mit Hans Globke: Berlin–Nürnberg–Rom, in: Klaus Gotto (Hg.): Der Staatssekretär Adenauers, Stuttgart 1980, S. 217ff.
9 Globke: Von »Euthanasie« nur gerüchtweise gehört, Frankfurter Rundschau v. 20.6.1968.
10 Kempner: Ankläger einer Epoche, S. 302.
11 Der Spiegel, Nr. 14 v. 4.4.1956, S. 21.
12 Zit. nach: ebenda.
13 Zit. nach: Stephan Reinhardt: Hans Maria Globke. Hitlers Ministerialrat und Adenauers Staatssekretär. Ein deutscher Fall, WDR Hörfunk, Sdg. v. 18.3.1993.
14 Vernehmungsprotokoll vom 10. August 1948, Kommission II des Militärgerichtshofes Nr. IV, Fall XI, S. 15302, KAS, Globke-Nachlass.
15 Eichmann-Prozess, 79. Sitzung, 24. Juli 1961, in: Bundesarchiv, All. Proz. 6/58, Bl. B1 zit. nach Mark Roseman: Die Wannsee-Konferenz: Wie die NS-Bürokratie den Holocaust organisierte, München 2002, S. 141.

16 Vernehmungsprotokoll vom 12. August 1948, Kommission II des Militärgerichtshofes Nr. IV, Fall XI, S. 15767, KAS, Globke-Nachlass.
17 Zit. nach: Der Spiegel, Nr. 14 v. 4.4.1956, S. 21.
18 HICOG Office of Intelligence, Arouet to Analysts, 7.4.1950.
19 KAS, Globke-Nachlass.

Kalter Krieg und neue Chancen für alte Spezialisten (S. 95 – 103)

1 Vgl. dazu Die protestantische und die katholische Kirche in Deutschland, Leitfaden der Research and Analysis Branch des OSS für die amerikanische Militärregierung. 22. Juli 1944 in: Jürgen Heideking/Christof Mauch (Hg.): USA und deutscher Widerstand. Analysen und Operationen des amerikanischen Geheimdienstes im Zweiten Weltkrieg, Tübingen/Basel 1993.
2 Zit. nach: Christof Mauch: Schattenkrieg gegen Hitler: Das Dritte Reich im Visier der amerikanischen Geheimdienste 1941–1945, München 1999, S. 286f.
3 Interviewmaterial zum Film: Jürgen Bevers/Bernhard Pfletschinger, Der Mann hinter Adenauer. Dr. Hans Maria Globke.
4 Vgl. dazu Francesca Pozzoli/Christian Luchessa: Lugano 1939–1949, Document édité dans le cadre du projet Interreg III A La mémoire des Alpes, Lugano o.J., S. 18ff.
5 Cornell Law Library, Donovan Nuremberg Archive, Comprehensive Inventory and Contents, S. 39.
6 Vgl. L.L. Matthias: Die Kehrseite der USA, Reinbek b. Hamburg, 1985, S. 127f.
7 American University Library – Special Collections, Washington D.C., Drew Pearson, From The Bell Syndicate, Inc., release Wednesday, April 25, 1945, The Washington Merry-Go-Round.
8 Zit. nach: Jürgen Bevers/Bernhard Pfletschinger: Der Mann hinter Adenauer. Dr. Hans Maria Globke, TV-Dokumentation, ARTE, Sdg. v. 8.10.2008.
9 »Ich habe mich nie beirren lassen«, Günter Gaus im Gespräch mit Konrad Adenauer, (SFB) RBB, Sdg. v. 29.12.1965.
10 Brief an John Foster Dulles, 23.9.1955, in: Konrad Adenauer: Briefe 1955–1957, Rhöndorfer Ausgabe, Berlin 1998, S. 62.
11 Interviewmaterial zum Film Bevers/Pfletschinger: Der Mann hinter Adenauer.
12 Zit. nach: Bevers/Pfletschinger: Der Mann hinter Adenauer.
13 Interviewmaterial zum Film Bevers/Pfletschinger: Der Mann hinter Adenauer.
14 Zit. nach: Bevers/Pfletschinger: Der Mann hinter Adenauer.
15 Zit. nach: ebenda.
16 Interviewmaterial zum Film Bevers/Pfletschinger: Der Mann hinter Adenauer.

17 Annemarie Renger: Berlin–Bonn und zurück, in: Hermann Schäfer (Hg.): Abschied von Bonn, München 1999, S. 189.

Der Weg ins Kanzleramt (S. 104 - 117)

1 Interviewmaterial zum Film: Jürgen Bevers/Bernhard Pfletschinger: Der Mann hinter Adenauer. Dr. Hans Maria Globke.
2 Schreiben Keßlers vom 5. Mai 1949, Konrad-Adenauer-Stiftung, St. Augustin (KAS), Nachlass Adenauer, 09.01
3 Protokoll der Kabinettsitzung vom 20.9.1949, Bundesarchiv, B 106/45735-45738.
4 Gustav Stein: Hans Globkes Vorstellungen von Humanität und Staat, Eindrücke einer langjährigen Begegnung, in: Klaus Gotto (Hg.): Der Staatssekretär Adenauers, Stuttgart 1980, S. 59.
5 Brief von Adenauer an Jakob Kaiser, in: Konrad Adenauer: Briefe 1949–1951, Rhöndorfer Ausgabe, Berlin 1985, S. 144.
6 Bundesarchiv Koblenz, B 136/4222, Fiche 1.
7 Zit. nach: Jürgen Bevers/Bernhard Pfletschinger: Der Mann hinter Adenauer. Dr. Hans Maria Globke, TV-Dokumentation, ARTE, Sdg. v. 8.10.2008.
8 National Archives, Washington D.C., Interagency Working Group, Records of the Central Intelligence Agency (Record Group 263), Globke, Hans, Vol. 01, RC Box 19, Location 2000/06/05 (im Folgenden: CIA-Akte Globke].
9 Ebenda.
10 Ebenda.
11 Ebenda.
12 Tom Polgar betreute als Agentenführer auch den ehemaligen Kripo-Kommissar und SS-Untersturmführer Paul Dickkopf, der während des Krieges als Doppelagent in der Schweiz arbeitete. Er trat in den Dienst des OSS und später der CIA. Unter der Agenten-Nr. 9610 verfasste er nachweislich bis 1951 Geheimdienstberichte. Damals war er schon Vizepräsident des Bundeskriminalamts (BKA). Als Präsident schien er Adenauer und Globke, die ihn überprüft hatten, zunächst wohl noch nicht tragbar. Dickkopf baute das BKA nach dem Vorbild des Reichspolizeiamtes, einem Teil des Reichssicherheitshauptamtes, auf. Seine Personalpolitik ließ er von Tom Polgar absegnen. Fast alle 47 leitenden Beamten waren ehemalige Nazis, die Hälfte von ihnen NS-Verbrecher, deren Taten nie verfolgt wurden. 1965 wurde Dickkopf Präsident des BKA, zu den Gratulanten gehörte Tom Polgar. 1972 wurde Dickkopf Präsident von Interpol. Zu seiner Wahl geholfen haben soll sein Freund, der Schweizer Hitler-Verehrer und fanatische Antisemit François Genoud, der nicht nur die Verteidigung von Klaus Barbie, dem »Schlächter von Lyon«, finanzierte, sondern auch gute Kontakte zum Terroristen Carlos und zu arabischen Ländern unterhielt. Vgl. dazu ausführlich Dieter Schenk: Die braunen Wurzeln des BKA, Frankfurt a.M. 2003.

13 Zit. nach: Bevers/Pfletschinger: Der Mann hinter Adenauer.
14 Zit. nach: ebenda.
15 Zit. nach: Kay Müller/Franz Walter: Graue Eminenzen der Macht. Küchenkabinette in der deutschen Kanzlerdemokratie. Von Adenauer bis Schröder, Wiesbaden 2004, S. 26.
16 Matthias Weiß: Journalisten: Worte als Taten, in: Norbert Frei (Hg.): Hitlers Eliten nach 1945, München 2003, S. 231.
17 Zit. nach: ebenda.
18 Zit. nach: ebenda, S. 232.
19 Axel Schildt: Ankunft im Westen, zit. nach: Shida Kiani: Zum politischen Umgang mit Antisemitismus in der Bundesrepublik, in: Stephan Alexander Glienke/Volker Paulmann/Joachim Perels (Hg.): Erfolgsgeschichte Bundesrepublik? Die Nachkriegsgeschichte im langen Schatten des Nationalsozialismus, Göttingen 2008, S. 121.
20 Zit. nach: Helmut Dubiel: Niemand ist frei von der Geschichte. Die nationalsozialistische Herrschaft in den Debatten des Bundestages, München/Wien 1999, S. 88.
21 Alexander und Margarete Mitscherlich: Die Unfähigkeit zu trauern, Grundlagen kollektiven Verhaltens, München 2004, S. 42 f.
22 CIA-Akte Globke.
23 Ebenda.
24 Zit. nach: Der Spiegel, Nr. 14 v. 4.4.1956, S. 22.
25 Parlamentarisch-Politischer Pressedienst v. 3.8.1953.
26 Zit. nach: Stephan Reinhardt: Der Fall Globke, in: Neue Gesellschaft–Frankfurter Hefte 5 (1995), S. 445.
27 Der Spiegel, Nr. 14 v. 4.4.1956, S. 23.
28 Ebenda.
29 Zit. nach: ebenda.
30 Zit. nach: ebenda.
31 Ebenda, S. 24.
32 Vgl. ebenda.
33 Zit. nach: Bevers/Pfletschinger: Der Mann hinter Adenauer.
34 Lutz Hachmeister: Die Rolle des SD-Personals in der Nachkriegszeit. Zur nationalsozialistischen Durchdringung der Bundesrepublik, in: Michael Wildt (Hg.): Nachrichtendienst, politische Elite und Mordeinheit. Der Sicherheitsdienst des Reichsführers SS, Hamburg 2003, S. 368 und Anm. 50.
35 Interviewmaterial zum Film: Bevers/Pfletschinger: Der Mann hinter Adenauer.
36 Rechts und links der Koblenzer Straße. Das Bundeskanzleramt, WDR-Fernsehen, Sdg. v. 23.11.1956.

Adenauers Graue Eminenz (S. 118 – 124)

1 Stephan Reinhardt: Der Fall Globke, in: Neue Gesellschaft–Frankfurter Hefte 5 (1995), S. 445.

2 Karl Gumbel: Hans Globke – Anfänge und erste Jahre im Bundeskanzleramt, in: Klaus Gotto (Hg.): Der Staatssekretär Adenauers, Stuttgart 1980, S. 96f.
3 Walter Henkels: Globke blieb einsame Klasse, in: Frankfurter Allgemeine Zeitung v. 28.7.1972.
4 Horst Osterheld: Der Staatssekretär des Bundeskanzleramtes, in: Gotto (Hg.): Der Staatssekretär Adenauers, S. 107.
5 Interview mit dem CDU-Politiker Wilhelm Johnen, Landtagspräsident a.D. von NRW, WDR-Hörfunk, Sdg. v. 12.4.1977.
6 Rechts und links der Koblenzer Straße. Das Bundeskanzleramt, WDR-Fernsehen, Sdg. v. 23.11.1956.
7 Zit. nach: Osterheld: Der Staatssekretär, in: Gotto (Hg.): Der Staatssekretär Adenauers, S. 101.
8 Gumbel: Hans Globke, S. 97.
9 Osterheld: Der Staatssekretär, S. 102f.
10 Zit. nach: Jürgen Bevers/Bernhard Pfletschinger: Der Mann hinter Adenauer. Dr. Hans Maria Globke, TV-Dokumentation, ARTE, Sdg. v. 8.10.2008.
11 Osterheld: Der Staatssekretär, S. 108.
12 Zit. nach: Treuer Diener vieler Herren. Das Zeugnis des Staatssekretärs Globke, in: Kölner Stadtanzeiger, Nr. 67 v. 20./21.3.1965.
13 Zit. nach: Bevers/Pfletschinger: Der Mann hinter Adenauer.
14 Zit. nach: Eduard Schick: Ein Leben im Spannungsfeld von Christentum und Politik, in: Gotto (Hg.): Der Staatssekretär Adenauers, S. 49.
15 Egon Bahr: Zu meiner Zeit, Berlin 1999, S. 274.
16 Interviewmaterial zum Film: Jürgen Bevers/Bernhard Pfletschinger: Der Mann hinter Adenauer.
17 Zit. nach: Bevers/Pfletschinger: Der Mann hinter Adenauer.
18 Interviewmaterial zum Film: Bevers/Pfletschinger: Der Mann hinter Adenauer.
19 BILD v. 4.1.1962, zit. nach: Frank Bösch: Die Adenauer-CDU. Gründung, Aufstieg und Krise einer Erfolgspartei 1945–1969, Stuttgart/München 2001, S. 257.
20 Zit. nach: Osterheld: Der Staatssekretär, S. 125.
21 Zit. nach: Bevers/Pfletschinger: Der Mann hinter Adenauer.

Geheime Kontakte zu Agenten und Militärs (S. 125 – 148)

1 Der Spiegel, Nr. 14 v. 4.4.1956, S. 24.
2 Reinhard Gehlen: Der Dienst. Erinnerungen 1942–1971, Mainz/Wiesbaden 1971, S. 122.
3 Peter Sichel: Setting the Stage for Cooperation 1945–1949, Referat für das Symposion »U.S. Intelligence and the Gehlen Organization«, German Historical Institute Washington D.C., 15. September 2005.
4 Gehlen: Der Dienst, S. 149.

5 Vgl. Christopher Simpson: Der amerikanische Bumerang. NS-Kriegsverbrecher im Sold der USA, Wien 1988, S. 65.
6 Vgl. ebenda, S. 71 f.
7 Zit. nach: ebenda, S. 75.
8 Zit. nach: Jürgen Bevers/Bernhard Pfletschinger: Der Mann hinter Adenauer. Dr. Hans Maria Globke, TV-Dokumentation, ARTE, Sdg. v. 8.10.2008.
9 Simpson: Der amerikanische Bumerang, S. 74.
10 Vgl. ebenda, S. 77 f.
11 Sichel: Setting the Stage.
12 Zit. nach: Bevers/Pfletschinger: Der Mann hinter Adenauer.
13 CIA-Dokument »Special Connections, Progress Report No. 7« v. 20.12. 1950, Dispatch from Pullach 1.
14 Interviewmaterial zum Film: Bevers/Pfletschinger: Der Mann hinter Adenauer.
15 Gehlen: Der Dienst, S. 149.
16 Reinhard Gehlen: Der Aufbau und die Integration des Bundesnachrichtendienstes, in: Klaus Gotto (Hg.): Der Staatssekretär Adenauers, Stuttgart 1980, S. 185.
17 Gehlen: Der Aufbau, S. 185 f.
18 National Archives, Washington D.C., Interagency Working Group, Records of the Central Intelligence Agency (Record Group 263), Globke, Hans, Vol. 01, RC Box 19, Location 2000/06/05 [im Folgenden: CIA-Akte Globke].
19 Cross Reference Form, 26. Dezember 1950, »UTILITY's« Trip to Bonn, 10.–14.12.1950 (CIA-Akte Globke).
20 Gehlen: Der Aufbau, S. 189.
21 Admiral Wilhelm Canaris, im Krieg Chef der Abwehr, deckte konservative Widerstandskämpfer und wurde auf Befehl Hitlers am 9. April 1945 im KZ Flossenbürg erhängt.
22 Fernschreiben von CIA-Chief of Station Karlsruhe an CIA-Chief, Foreign Division M, 10.8.1951 (CIA-Akte Globke).
23 Hermann Zolling/Heinz Höhne: Pullach intern. Die Geschichte des Bundesnachrichtendienstes, 10. Fortsetzung, in: Der Spiegel, Nr. 21 v. 17.5. 1971, S. 137.
24 Ebenda.
25 Gehlen: Der Aufbau, S. 187.
26 Gegen Freund und Feind, Die Geschichte des BND, Teil 1, TV-Dokumentation von Michael Mueller und Peter F. Müller, WDR 2002.
27 Zit. nach: Peter F. Müller/Michael Mueller: Gegen Freund und Feind. Der BND: Geheime Politik und schmutzige Geschäfte, Reinbek b. Hamburg 2002, S. 232.
28 Zolling/Höhne: Pullach, S. 137.
29 Ernst Achenbach war während des Krieges Leiter der Politischen Abteilung der deutschen Botschaft in Paris und mitverantwortlich für Judendeportationen. Nach dem Krieg machte er Karriere in der FDP. 1953

unterhielt Achenbach Beziehungen zu einer Gruppe ehemaliger Nazis, dem Naumann-Kreis, der versuchte, die FDP in Nordrhein-Westfalen zu unterwandern.

30 »In Bonn lernte ich, wie käuflich Deutsche sind«, Interview mit dem Schriftsteller John Le Carré von Hendrik Bebber, Nürnberger Nachrichten, 2.6.2007.

31 CIA-Akte Globke.

32 Zit. nach: Gegen Freund und Feind, TV-Dokumentation.

33 Müller/Mueller: Gegen Freund und Feind, S. 164.

34 Zolling/Höhne: Pullach intern, S. 137.

35 Ebenda.

36 Konrad Adenauer: Teegespräche 1955–1958, Rhöndorfer Ausgabe, Berlin 1986, S. 46. In einer Anmerkung wird zu Unrecht behauptet, 1956 sei keine Titelstory über Globke erschienen.

37 Das bezieht sich auf die rheinischen Separatisten, die 1923 eine unabhängige rheinische Republik gründen wollten und zunächst von der französischen Besatzung unterstützt wurden. Adenauer wurde lange verdächtigt, eine entsprechende Streitschrift geschrieben zu haben, inzwischen weiß man, dass sie von Ludwig Kaas stammt.

38 Zolling/Höhne: Pullach intern, S. 137. Das Zitat stammt aus: F. W. Heinz: Sprengstoff. Autobiografischer Roman, Berlin 1930.

39 Verfassungsschutzpräsident Dr. Otto John, ehemaliger Widerstandskämpfer, ging am 20. Juli 1954 nach Ost-Berlin. Bis heute ist unklar, ob freiwillig oder als Opfer einer Entführung. Dort begründete er seinen Übertritt bei einer Pressekonferenz mit der Kritik an Bundeskanzler Adenauer und dessen Politik der Remilitarisierung. Er wurde vom sowjetischen KGB ausführlich verhört. Im Dezember 1955 flüchtete er zurück in den Westen, wo ihm der Prozess gemacht wurde. Er selbst kämpfte um seine Rehabilitierung. »Was vor 50 Jahren wirklich geschah, wird wohl nie mit letzter Klarheit ans Licht kommen. Gewichtige Indizien besagen: Der Geheimnisträger Otto John hat sich am 20. Juli 1954 freiwillig zu Gesprächen nach Ost-Berlin begeben. Innerlich bewegt von einem naiv-patriotischen Impetus, der deutschen Einheit auf eigene Faust voranzuhelfen, hat er nicht damit gerechnet, dass ihm die Rückkehr in den Westteil Berlins verlegt werden könnte. Als ihm dies bewusst wurde, mag er geglaubt haben, einen groben Fehler durch einen noch gröberen korrigieren zu können« (Hartmut Jäckel: Das Geheimnis des Dr. John, in: Die Zeit, Nr. 28 v. 1.7.2004).

40 Der Spiegel, Nr. 14 v. 4.4.1956, S. 22.

41 Markus Wolf: Spionagechef im geheimen Krieg. Erinnerungen, München 1997, S. 145–147.

42 CIA-Akte Globke.

43 Ebenda.

44 Zit. nach: Daniele Ganser: NATO-Geheimarmeen in Europa. Inszenierter Terror und verdeckte Kriegsführung, Zürich 2008, S. 300.

45 Ebenda, S. 297.

46 Ebenda, S. 311.
47 Timothy Naftali: New Information on Cold War CIA Stay-behind Operations in Germany and on the Adolf Eichmann Case, 6.6.2006, S. 4, http://fas.org/sgp/eprint/naftali.pdf.
48 Zit. nach: Ganser: NATO-Geheimarmeen in Europa, S. 300 f.
49 Kriegsheimkehrer – Adenauers historischer Moskauflug im Dienst der CIA, SWR, Report Mainz v. 17.10.2005.
50 Ebenda.
51 Ebenda.
52 Ebenda.
53 Der Spiegel, Nr. 14 v. 4.4.1956, S. 18.
54 Ebenda, S. 17.
55 Vgl. dazu: Detlef Bald: Mythos Wehrmacht. Zu Interessen und Funktion einer militärischen Vergangenheitspolitik; Wolfram Wette: Neue Form, alter Geist, in: Die Zeit, 12/1999.
56 Konrad Adenauer: Briefe 1945–1947, Rhöndorfer Ausgabe, Berlin 1987, S. 124.
57 Johannes Hürter: Hitlers und Adenauers General, Rezension, in: Frankfurter Allgemeine Zeitung v. 29.12.2001.
58 Auf der Internetseite des Bundesministeriums für Verteidigung sucht man vergebens nach einem Hinweis auf diese Episode in der Laufbahn des späteren ersten Generalinspekteurs der Bundeswehr.
59 Zit. nach: Otto Köhler: Remilitarisierung von Pullach aus: Wie aus der Wehrmacht alsbald die Bundeswehr entstand, in: Junge Welt v. 18.5.2006.
60 Konrad-Adenauer-Stiftung: Auszug aus: Erster Parteitag der Christlich-Demokratischen Union, Bonn 1950, S. 11–21.
61 Das Bundesarchiv online, Auf dem Weg zum Verteidigungsministerium: Die Zentrale für Heimatdienst und das »Amt Blank« 1950–1955, http://www.bundesarchiv.de/aktuelles/aus_dem_archiv/galerie/00130/index.html.
62 Ebenda.
63 James H. Critchfield: Auftrag Pullach. Die Organisation Gehlen 1948–1956, Hamburg/Berlin/Bonn 2005, S. 164.
64 Prof. Dr. Holger H. Herwig, The University of Calgary, Final Report, NATO Research Fellowship, Aggression Contained?, The Federal Republic of Germany and International Security, S. 25. Internetadresse: http://www.nato.int/acad/fellow/96-98/herwig.pdf))
65 Detlev Bald: Die gespaltene Ausrichtung der Bundeswehr – oder: warum sich die Bundeswehr mit der »Inneren Führung« seit 1950 schwer tut, in: Sicherheit und Frieden, 4/2005, S. 179.
66 Konrad Adenauer: Briefe 1953–1955, Rhöndorfer Ausgabe, Berlin 1995, S. 284; vgl. dazu auch Critchfield: Auftrag Pullach, S. 209.
67 Critchfield: Auftrag Pullach, S. 248.
68 Noch im Frühjahr 1966 in der Grundausbildung in der 15. Kompanie des Luftwaffenausbildungsregiments 5 in Wesendorf bei Gifhorn bekam ich

persönlich einige Kostproben der Traditionspflege zu spüren. Wenn wir bei Alarm antreten mussten, brüllten die Ausbilder regelmäßig: »Kommt in die Gänge, Kameraden, der Russe nagt schon am Türpfosten!« Beim Marschieren wurde besonders gern das Lied der »Legion Condor« angestimmt. Die »Legion Condor« kämpfte als Expeditionskorps der Wehrmacht auf Seiten der Franco-Faschisten gegen die gewählte republikanische Regierung Spaniens. Bomber der Legion zerstörten die baskische Stadt Guernica, Picasso hat die Schrecken des Bombardements in seinem berühmten Bild »Guernica« festgehalten. Am 6. März 1967 berichtete auch der *Spiegel* unter dem Titel »Vorwärts Legionäre« über den Fall. Skeptikern sei erklärt worden, die Legion habe das Abendland gegen den Kommunismus verteidigt, deshalb passe das Lied durchaus ins NATO-Konzept.

69 Zit. nach: Eckhard Siepmannn (Hg.). Bikini. Die Fünfziger Jahre, Kalter Krieg und Capri-Sonne, Reinbek b. Hamburg 1983, S. 142.

Der (un)heimliche Generalsekretär der CDU (S. 149 – 160)

1 Frank Bösch: Die Adenauer-CDU. Gründung, Aufstieg und Krise einer Erfolgspartei 1945–1969, Stuttgart/München 2001.
2 Interviewmaterial zum Film: Jürgen Bevers/Bernhard Pfletschinger: Der Mann hinter Adenauer. Dr. Hans Globke.
3 Ebenda.
4 Ebenda.
5 Zit. nach: Bösch: Die Adenauer-CDU, S. 114.
6 Der Spiegel, Nr. 14 v. 4.4.1956, S. 17.
7 Interviewmaterial zum Film: Bevers/Pfletschinger: Der Mann hinter Adenauer.
8 Ebenda.
9 Franz Walter: Souffleure der Macht. Heinrich Krone – Adenauers Alleskleber, Spiegel-online, 17.12.2006.
10 Vgl. Franz Josef Bach: Konrad Adenauer und Hans Globke, in: Dieter Blumenwitz u.a. (Hg): Konrad Adenauer und seine Zeit. Politik und Persönlichkeit des ersten Bundeskanzlers, Bd. 1: Beiträge von Weg- und Zeitgenossen, Stuttgart 1976, S. 181f.
11 Heinrich Krone: Der Berater Adenauers, in: Klaus Gotto (Hg.): Der Staatssekretär Adenauers, Stuttgart 1980, S. 26.
12 Interviewmaterial zum Film: Bevers/Pfletschinger: Der Mann hinter Adenauer.
13 Zit. nach: Bösch: Die Adenauer-CDU, S. 195
14 Vgl. ebenda, S. 215.
15 Interviewmaterial zum Film: Bevers/Pfletschinger: Der Mann hinter Adenauer.
16 Zit. nach: Bösch: Die Adenauer-CDU, S. 149f.
17 Vgl. ebenda, S. 232.
18 Zit. nach: ebenda, S. 227.

19 Interviewmaterial zum Film: Bevers/Pfletschinger: Der Mann hinter Adenauer.
20 Vgl. Bösch: Die Adenauer-CDU, S. 211.
21 Zit. nach: Eckhard Siepmannn (Hg.): Bikini. Die Fünfziger Jahre, Kalter Krieg und Capri-Sonne, Reinbek b. Hamburg 1983, S. 134.
22 Zit. nach: Dieter Pohl: Die Herrschaft der Wehrmacht. Deutsche Militärbesatzung und einheimische Bevölkerung in der Sowjetunion, 1941–1944, München 2008, S. 172.
23 Bösch: Die Adenauer-CDU, S. 233.
24 Interviewmaterial zum Film: Bevers/Pfletschinger: Der Mann hinter Adenauer.
25 National Archives, Washington D.C., Interagency Working Group, Records of the Central Intelligence Agency (Record Group 263), Globke, Hans, Vol. 01, RC Box 19, Location 2000/06/05.

Die Schatten der Vergangenheit (S. 161 – 178)

1 Der Spiegel, Nr. 15 v. 7.4.1965, S. 54.
2 Ebenda, S. 56.
3 Zit. nach: ebenda.
4 Zit. nach: ebenda.
5 Zit. nach: Heike Kleffner/Miriam Rürup: Das vergessene Vernichtungslager Sobibor: Überblick über die juristische Verfolgung der NS-Täter und die Wahrnehmung in der Öffentlichkeit, in: Frankfurter Rundschau v. 7.11.2003.
6 Von Globke nichts Neues, in: Stuttgarter Zeitung v. 13.5.1965.
7 Zit. nach: Staatssekretär Globke im Zeugenstand, in: Fuldaer Zeitung v. 28.9.1965.
8 Globke-Brief v. 26.01.1965, Konrad-Adenauer-Stiftung, St. Augustin (KAS), Globke-Nachlass, Bestand lfd. Nr. I-070-090/1.
9 Globke-Brief v. 17.12.1965, ebenda.
10 National Archives, Washington D.C., Interagency Working Group, Records of the Central Intelligence Agency (Record Group 263), Globke, Hans, Vol. 01, RC Box 19, Location 2000/06/05 CIA-Akte Globke [im Folgenden: CIA-Akte Globke].
11 Ebenda.
12 Ebenda.
13 Telegram from Bonn to Secretary of State, 15.11.1956, CIA-Akte Globke.
14 Bericht v. 11. März 1957, CIA-Akte Globke.
15 CIA-Akte Globke.
16 CIA-Akte Globke.
17 CIA Bonn to Director Frankfurt, CIA-Akte Globke.
18 Zit. nach: Wolfgang Breyer: Dr. Max Merten – ein Militärbeamter der deutschen Wehrmacht im Spannungsfeld zwischen Legende und Wahrheit, Dissertation, Universität Mannheim 2003, S. 94.
19 Zit. nach: ebenda, S. 143.

20 Fritz Bauer kritisierte am 27. Februar 1963 in einem Interview gegenüber der Zeitung *Berlingske Tidende* die schleppende juristische Aufarbeitung von NS-Verbrechen in der Bundesrepublik und vermutete in der Gesellschaft immer noch unterschwellige Sympathien für Adolf Hitler (»Wenn Hitler heute in Deutschland auftaucht, würde er vom deutschen Volk nicht abgewiesen.«) und ebenso einen latenten Antisemitismus.

21 Vgl. Der Spiegel, Nr. 8 v. 15.2.1961, S. 22.

22 Der ehemalige Bonner Staatsanwalt und spätere Kölner Generalstaatsanwalt Werner Pfromm »war ›Nationalsozialistischer Führungsoffizier‹, der in einer Beurteilung am 1. Oktober 1944 bescheinigt erhielt, er sei ›ein überzeugter Nationalsozialist‹ [...] und hätte ›besonders anerkennenswerte Leistungen aufweisen lassen‹, wie im [...] Buch *Stille Hilfe für braune Kameraden* von Oliver Schröm und Andrea Röpke nachzulesen ist. Anfang der 80er Jahre versetzte Pfromm einen Staatsanwalt, der zu forsch gegen die einstigen Kameraden vorging, zur Jugendstrafkammer« (Burkhart List: Von der deutschen Justiz zum Betrüger gestempelt, in: Die Weltwoche v. 23.8.2001). »Generalstaatsanwalt Werner Pfromm (hatte sich) für den Posten offenbar unter anderem dadurch qualifiziert, dass er 1962 als Bonner Staatsanwalt die Ermittlungen gegen Adenauers Staatssekretär und einstigen Kommentator der Nürnberger Rassengesetze, Hans Globke, führte – und einstellte« (Ingrid Müller Münch: Übergroße Nachsicht mit den Nazi-Tätern, in: Frankfurter Rundschau v. 13.9.1996).

23 Der Spiegel, Nr. 8 v. 15.2.1961, S. 22.

24 Zit. nach: ebenda, S. 23

25 Brief Adenauers an Zinn, Januar 1961, KAS, Globke-Nachlass, Bestand lfd. Nr. I-070-092/1.

26 Methoden des Rufmordes, Dr. Barzel über das Kesseltreiben gegen Dr. Globke, in: Union in Deutschland v. 20.7.1961.

27 Zit. nach: Peter Merseburger: Willy Brandt, 1913–1992. Visionär und Realist, Stuttgart 2002, S. 410.

28 CIA-Akte Globke.

29 Ausstellung »Ungesühnte Nazi-Justiz«, Beitrag in Report, WDR-Fernsehen, Sdg. v. 29.3.1965.

30 Schreiben v. 13.1.1960, Bundesarchiv Koblenz, B 136/1744, Fiches 1–13.

31 Bericht über die »Aktion ungesühnte Nazijustiz«, deren Gründung am 27. und 28.11.1959 in Karlsruhe stattfand, S. 1, Bundesarchiv Koblenz.

32 Interviewmaterial zum Film: Jürgen Bevers/Bernhard Pfletschinger: Der Mann hinter Adenauer. Dr. Hans Maria Globke.

33 Bericht über die »Aktion ungesühnte Nazijustiz«, S. 2, Bundesarchiv Koblenz.

34 Ebenda, S. 7.

35 Reinhard-M. Strecker: Dr. Hans Globke. Aktenauszüge, Dokumente, Hamburg 1961, S. 6.

36 Interviewmaterial zum Film: Bevers/Pfletschinger: Der Mann hinter Adenauer.

37 Strecker: Globke, S. 182.

38 Ebenda.

39 Stellungnahme zum Strecker-Buch, KAS, Globke-Nachlass, S. 52 f. I-070-101/3.

Der Eichmann-Prozess und die verschwundenen 40 Seiten (S. 179 - 202)

1 Zit. nach: Nach dem Holocaust. Geschichte der deutsch-israelischen Beziehungen, DLF, Deutschlandradio Kultur, Zeitreisen, Sdg. v. 18.5.2005.

2 Zit. nach: ebenda.

3 Vgl. dazu ausführlich: Shida Kiani: Zum politischen Umgang mit dem Antisemitismus in der Bundesrepublik, in: Stephan Alexander Glienke/Volker Paulmann/Joachim Perels (Hg.): Erfolgsgeschichte Bundesrepublik? Die Nachkriegsgeschichte im langen Schatten des Nationalsozialismus, Göttingen 2008, S. 118 f.

4 Konrad Adenauer: Teegespräche 1959–1961, Rhöndorfer Ausgabe, Berlin 1988, S. 31.

5 Zit. nach: Stephan Reinhardt: Der Fall Globke, in: Neue Gesellschaft – Frankfurter Hefte 5 (1995), S. 445.

6 Robert M. W. Kempner: Begegnungen mit Hans Globke: Berlin–Nürnberg–Bonn, in: Klaus Gotto (Hg.): Der Staatssekretär Adenauers, Stuttgart 1980, S. 228.

7 Nahum Goldmann, Gründer und langjähriger Präsident des Jüdischen Weltkongresses (WJC), der Dachorganisation aller jüdischen Verbände außerhalb des Staates Israel.

8 David Ben Gurion, israelischer Ministerpräsident von 1949 bis 1953 und von 1955 bis 1963.

9 Franz Josef Bach: Globke und die auswärtige Politik, in: Gotto (Hg.): Der Staatssekretär Adenauers, S. 169 f.

10 Vgl. Nach dem Holocaust, DLF Sdg. v. 18.5.2005.

11 Interviewmaterial zum Film: Jürgen Bevers/Bernhard Pfletschinger: Der Mann hinter Adenauer. Dr. Hans Maria Globke.

12 Vgl. dazu ausführlich: Dalia Abu Samra: Deutschlands Außenpolitik gegenüber Ägypten, Dissertation, Fachbereich Politik- u. Sozialwissenschaft, Freie Universität Berlin 2002, S. 47 ff. und S. 96.

13 Tom Polgar: AFIO Weekly Intelligence Notes, #24-06 dated 19 June 2006, Rubrik: Letters, S. 9, http://www.afio.com/sections/wins/2006/2006-24.html.

14 Vgl. Yeshayahu A. Jelinek: Deutschland und Israel 1945–1965. Ein neurotisches Verhältnis (hg. vom Institut für Zeitgeschichte), München 2004.

15 Vgl. Joachim Schweben: Das gute Geld des Julius Klein, in: Die Zeit, Nr. 27 v. 1.7.1966.

16 Näheres dazu vgl. Inge Deutschkron: Israel und die Deutschen. Das schwierige Verhältnis, Köln 1991, S. 106 ff.

17 Akten zur Auswärtigen Politik der BRD 1965, hg. im Auftrag des Auswärtigen Amtes vom Institut für Zeitgeschichte, München 1996, Dok. 2: Aufzeichnungen des Staatssekretär Carstens, S. 8, Anm. 10.

18 Zit. nach: Igal Avidan: Zwischen Schuld und Versöhnung, Gedenken und Normalisierung. 40 Jahre deutsch-israelische diplomatische Beziehungen, SWR2, Sdg. v. 12.5.2005.
19 Vgl. Ernst Klee: Persilscheine und falsche Pässe, Frankfurt a.M. 1992, S. 25.
20 Zit. nach: ebenda.
21 Vgl. Eichmanns gefälschter Pass entdeckt, in Spiegel-online v. 30.5. 2007.
22 Die Journalistin Gaby Weber berichtete, dass Antonio dies ihr gegenüber bestätigt habe. Vgl. dazu »Er galt als Amispitzel und musste aus dem Weg geräumt werden«, Gespräch mit Gaby Weber, in: Junge Welt v. 11.10.2008.
23 Timothy Naftali: University of Virginia, New Informations on Cold War CIA Stay Behind Operations in Germany and on the Adolf Eichmann Case, June 6, 2006, S. 5, http://fas.org/sgp/eprint/naftali.pdf.
24 Reuters, zit. nach: Stern v. 7.6.2006.
25 Zit. nach: Adenauer wusste, wo Eichmann sich versteckte, in: Hamburger Abendblatt v. 8.6.2006.
26 Vgl. Thomas Kleine-Brockhoff/Joachim Riedl: Unter Freunden, in Die Zeit, Nr. 25 v. 14.6.2006.
27 Willi Winkler: Schlächter-Konsens, in: Süddeutsche Zeitung v. 8.6.2006, S. 11.
28 Vgl. dazu »Er galt als Amispitzel und musste aus dem Weg geräumt werden«.
29 Interviewmaterial zum Film Bevers/Pfletschinger: Der Mann hinter Adenauer.
30 Markus A. Weingardt: Deutsche Israel- und Nahostpolitik. Die Geschichte einer Gratwanderung seit 1949, Frankfurt a.M./New York 2002, S. 134.
31 Jelinek: Deutschland und Israel, S. 349.
32 Vgl. Akten zur Auswärtigen Politik der BRD 1965, hg. im Auftrag des Auswärtigen Amtes vom Institut für Zeitgeschichte, München 1996, Dok. 2: Aufzeichnungen des Staatssekretär Carstens, S. 9, Anm. 13 mit Verweis auf: Deutsch-Israelischer Dialog I/1, S. 179–184.
33 Naftali: New Informations on Cold War, S. 6.
34 Ebenda.
35 CIA, Memorandum for: Director, United States Information Agency, Subject: Allegation That Eichmann Is Now a Communist, von Allen W. Dulles, Director, 21.4.1961; The National Security Archive, The CIA Names File on Adolf Eichmann, Directorate of Operations File – Vol. 3, Document 36, http://www.gwu.edu/~nsarchiv/NSAEBB/NSAEBB150/box15_do_file_vol3/doc36.pdf.
36 Das Reichsministerium des Innern und die Judengesetzgebung, in: Vierteljahrshefte für Zeitgeschichte, 9 (1961) 3, S. 262 ff.
37 Bundesarchiv Koblenz.
38 Jelinek: Deutschland und Israel, S. 351.

39 Zit. nach: Fernschreiben von Dr. Stercken aus Jerusalem, Nr. 82 v. 28.4. 1961, Bundesarchiv Koblenz, B136, 1885, S. 277.
40 Ebenda.
41 Interviewmaterial zum Film: Bevers/Pfletschinger: Der Mann hinter Adenauer.
42 Zit. nach: Fernschreiben von Dr. Stercken aus Jerusalem, Nr. 29 v. 14.4. 1961, Bundesarchiv Koblenz, B136, 1885, S. 389f.
43 Zit. nach: Fernschreiben von Kroneck aus Jerusalem, Nr. 147 v. 12.5. 1961, Bundesarchiv Koblenz, B136, 1885, S. 194.
44 Zit. nach: Fernschreiben von Kroneck aus Jerusalem, Nr. 262 v. 22.6. 1961, Bundesarchiv Koblenz, B136, 1884, S. 391f.
45 The Bureaucrat, in: Time Magazine v. 30.6.1961.
46 The National Security Archive, The CIA Names File on Adolf Eichmann, Directorate of Operations File, Vol. 3, Document 66 (Eichmann Comments on Globke), http://www.gwu.edu/~nsarchiv/NSAEBB/NSAEBB150/index.htm#1.
47 Zit. nach: Michael Wildt: Eichmanns Götzen, in: Die Zeit, 13/2000.
48 Zit. nach: Guido Knopp: Hitlers Helfer, Täter und Vollstrecker, München 1998. S. 28.
49 Stellungnahme zu dem Buch »Dr. Hans Globke, Aktenauszüge, Dokumente«, hg. von R.-M. Strecker, Hamburg 1961, sowie zur Person Globkes. 16. Jan. 1962, Bundesarchiv Koblenz, ALLPROZ 6/171 (handschriftliches Original) und 231 (maschinenschriftliche Abschrift), S. 1.
50 Ebenda, S. 2f.
51 Ebenda, S. 5f.
52 Ebenda, S. 7.
53 Ebenda, S. 11.
54 Ebenda, S. 16.
55 Ebenda, S. 35.
56 Zit. nach: Reinhard-M. Strecker: Dr. Hans Globke. Aktenauszüge, Dokumente, Hamburg 1961, S. 104.
57 Stellungnahme zu dem Buch »Dr. Hans Globke«, S. 18f.
58 Ebenda, S. 24f.
59 Ebenda, S. 36.
60 Ebenda, S. 38.
61 Zit. nach: Winkler: Schlächter-Konsens, S. 11.
62 Bericht v. Klaus Bölling (NDR), aufgezeichnet von der Nachrichtenzentrale des Bundespresseamts, Fernschreiben vom 23.3.1962 an das Bundeskanzleramt, KAS, Globke-Nachlass, Bestand lfd. Nr. I-070-089/2.
63 Zit. nach: Weingardt: Deutsche Israel- und Nahost-Politik, S. 136.
64 Jelinek: Deutschland und Israel, S. 350.
65 Akten zur Auswärtigen Politik der BRD 1965, hg. im Auftrag des Auswärtigen Amtes vom Institut für Zeitgeschichte, Dok. 2: Aufzeichnungen des Staatssekretär Carstens, S. 8f.
66 Ebenda, S. 9.
67 Vgl. ebenda, S. 10.

68 Zit. nach: Sehnsucht nach Globke, in: Der Spiegel, Nr. 25 v. 17.6.1964, S. 35.
69 Egon Bahr: Zu meiner Zeit, Berlin 1999, S. 280.

In der Schweiz unerwünscht (S. 203 - 207)

1 Franz Josef Bach: Konrad Adenauer und Hans Globke, in: Dieter Blumenwitz u.a. (Hg): Konrad Adenauer und seine Zeit. Politik und Persönlichkeit des ersten Bundeskanzlers, Bd. 1: Beiträge von Weg- und Zeitgenossen, Stuttgart 1976, S. 184.
2 Vgl. dazu ausführlich Christian Bremen: Die Eisenhower-Administration und die zweite Berlin-Krise 1958–1961 (Veröffentlichungen der Historischen Kommission zu Berlin, Bd. 95), Berlin/New York 1998, S. 159.
3 Heinrich August Winkler: Der lange Weg nach Westen, Band 2: Deutsche Geschichte vom »Dritten Reich« bis zur Wiedervereinigung, München 2001, S. 196.
4 Zit. nach: HS 30 Ausschuss. Alle miteinander, in: Der Spiegel, Nr. 27 v. 30.6.1969, S. 73.
5 Der Spiegel, Nr. 52 v. 18.12.1967, S. 30.
6 Ebenda.
7 HS 30 Ausschuss. Alle miteinander, in: Der Spiegel, Nr. 27 v. 30.6.1969, S. 73.
8 Ebenda, S. 75.
9 Ebenda, S. 74.
10 Vgl. Globke. Reisen in die Vergangenheit, in: Der Spiegel, Nr. 15 v. 7.4.1965, S. 54.
11 Schweizerisches Bundesarchiv, Akten der Bundesanwaltschaft, E 4320-01 (C) 1996/203 Bd. 184 Fiche Hans Josef Maria Globke, 1944–1973.
12 Ebenda.
13 Ebenda.
14 Ebenda.

Der Mann hinter Adenauer – totgeschwiegen (S. 208 - 211)

1 Interviewmaterial zum Film: Jürgen Bevers/Bernhard Pfletschinger, Der Mann hinter Adenauer, Dr. Hans Maria Globke.
2 Ebenda.
3 Alexander und Margarete Mitscherlich: Die Unfähigkeit zu trauern. Grundlagen kollektiven Verhaltens, München 2004, S. 313f.
4 Zit. nach: Globke, in: Interpress v. 26.4.1963.
5 Zit. nach: Stephan Reinhardt: Hans Maria Globke. Hitlers Ministerialrat und Adenauers Staatssekretär. Ein deutscher Fall, WDR Hörfunk, Sdg. v. 18.3.1993.

Personenregister

Die Namen von Hans Maria Globke und Konrad Adenauer wurden aufgrund der Häufigkeit ihres Vorkommens im Text nicht in das Register aufgenommen.